本研究获得江苏省社会科学基金项目（19JYD003）

江苏省教育科学"十三五"规划项目（D／2020／03／02）

江苏省职业教育教学改革研究课题（ZLT32）的资助

企业参与现代学徒制的动因与机制研究

陆玉梅 高 鹏 陶宇红 著

九 州 出 版 社
JIUZHOUPRESS

图书在版编目（CIP）数据

企业参与现代学徒制的动因与机制研究／陆玉梅，高鹏，陶宇红著 . -- 北京：九州出版社，2021.11

ISBN 978-7-5225-0699-9

Ⅰ.①企… Ⅱ.①陆… ②高… ③陶… Ⅲ.①职业教育—学徒—教育制度—研究—中国 Ⅳ.①G719.2

中国版本图书馆 CIP 数据核字（2021）第 241968 号

企业参与现代学徒制的动因与机制研究

作　　者	陆玉梅　高　鹏　陶宇红　著
责任编辑	曹　环
出版发行	九州出版社
地　　址	北京市西城区阜外大街甲 35 号（100037）
发行电话	（010）68992190/3/5/6
网　　址	www.jiuzhoupress.com
印　　刷	唐山才智印刷有限公司
开　　本	710 毫米×1000 毫米　16 开
印　　张	17
字　　数	251 千字
版　　次	2022 年 1 月第 1 版
印　　次	2022 年 1 月第 1 次印刷
书　　号	ISBN 978-7-5225-0699-9
定　　价	95.00 元

前　言

随着我国经济社会发展和产业结构不断调整升级，契合企业需求的技术技能型人才供不应求。在这种背景下，国家适时推动各类职业教育院校实施"现代学徒制"，通过深化校企合作，提高学生（徒）职业技能，以满足企业的人力资源需求。但从我国现代学徒制试点实践来看，企业参与动力明显不足。有些试点企业因主体地位虚化而与学校形成弱合作关系，也有企业参与现代学徒制仅限于合同层面，"校热企冷"现象普遍存在，直接影响了技术技能型人才培养效果。因此，研究我国企业参与现代学徒制的动机因素及其内在作用机理，并在此基础上构建适合我国企业的现代学徒制运作机制，不仅是我国职业教育体系完善的要求，更是增加企业技能人才储备，实现企业适应产业转型升级的重要推动力。

本研究以中小企业为对象，以提升其参与现代学徒制的积极性和有效性为出发点，在梳理我国学徒制历史演进脉络的基础上，研究我国企业（尤其是中小企业）参与现代学徒制的利益诉求、动机因素、行为决策及运行机制。具体包括：（1）剖析我国学徒制各历史阶段的主要特点，归纳各行业主体参与现代学徒制的利益诉求；（2）寻找企业（尤其是中小企业）参与职业教育现代学徒制意愿和行为的促进因素和抑制因素，探索各种情景下企业参与现代学徒制的行为决策；（3）构建我国现代学徒制具体运行机制；（4）在产业转型升级背景下，从政府、市场、行业组织等角度，探讨中小企业参与现代学徒制的社会支持体系。

本研究按照"理论基础—现状调研—机理分析—机制构建—案例验证"

的应用研究思路展开，旨在解决我国中小企业参与职业教育现代学徒制的意愿和行为缺失问题。具体研究内容包括：（1）现代学徒制理论基础与历史沿革。对职业教育、人才管理、社会交换等理论进行阐释，从奴隶社会、封建社会的"艺徒制"到校企协同的"现代学徒制"，对我国学徒制历史演进过程和内涵变迁进行梳理。（2）企业参与现代学徒制影响因素与机理分析。在对各利益主体诉求冲突进行阐述的基础上，基于社会交换理论和实证调研，从利益感知、成本感知、内外部环境三个维度归纳中小企业参与现代学徒制意愿及持续参与行为影响因素，并借助结构方程模型以及博弈模型，从理论上探讨企业参与的内在机理及行为决策。（3）现代学徒制运行机制与典型案例研究。遵循现代学徒制的实践逻辑，从招募和成长、技能资格融通与人才流转、校企平台协同共建三个方面构建企业参与现代学徒制的具体运行机制，利用不同学科现代学徒制运行的案例验证运行机制的有效性。

　　通过上述研究工作，得出了以下主要结论：（1）在传承我国学徒制优良传统的基础上，吸收国外学徒制的先进经验，特别是要提升企业参与现代学徒制的动力，增强企业和学校共同进行人才培养的合力，不断完善我国现代学徒制培养体系。（2）现代学徒制各利益主体诉求存在差异，政府与职业院校、政府与企业、行业协会与企业、企业与职业院校、企业与学徒之间，在现代学徒制运行过程中存在责权利冲突，需要借鉴德国"双元制"形成企业参与的长效机制。（3）对企业（尤其是中小企业）而言，经济利益因素在利益感知中的重要性高于人力资源优势及社会形象，成本感知则主要来自实习成本费用及效益损失，而外部政策法律环境的保障作用比内部资源充足更加明显。（4）在职业院校严格监管下，企业有更强的动机参与现代学徒制，同时受到学生价值创造、社会外部性以及政府支持的影响；学生是否努力实习取决于对两种状态下取得收益的权衡；鉴于两者决策行为存在耦合性，当企业参与成本和学生机会收益均适中的情景下，双方参与策略的稳定性将降低。（5）企业参与现代学徒制需要建立一套灵活有效的运行规则和制度，包括招募及成长、技能资格融通与人才流转、校企平台协同共建等机制，各个机制之间相互联系，且具有一定的可扩展性和柔性。（6）工科类专业现代学徒在实施过程中，企业参与积极性较高，但存在缺少师资保障长效机制、教学体系缺乏柔性等问题，直接影响企业参与的意愿和行为；商科类专业现代学徒制在实施过程中，企业参与积极性差别较大，存在课程教材与企业个性化要求冲突大、缺乏长效的制度规范等问题，这对现代学徒制实施效果产生了不利影响。

　　本研究的创新之处体现在以下几个方面：（1）厘清了我国学徒制的历史演进脉络。从"艺徒制"到"练习生制"，到"半工半读制"，到"边缘化制"，最后到"校企合作"的现代学徒制，对我国学徒制历史进程和发展脉络进行了全面梳理，对比了各个阶段学徒制运行的时代环境、基本特征及具体模式，形成了较为完整的我国现代学徒制历史演进脉络体系，拓展了现代学徒制的研究范畴。（2）从中小企业视角探讨企业参与现代学徒制的意愿及行为机制。通过实证调研归纳出中小企业参与现代学徒制的利益感知和成本感知因素，并验证中小企业参与意愿及行为机理，进一步探讨在各种因素的复杂作用下，企业制定参与行为的决策过程及决策结果，为全面推广现代学徒制提供方案参考与借鉴。（3）对现代学徒制的运行机制进行了案例分析。在介绍现代学徒制总体试点情况的基础上，分别选择工科类和商科类专业的现代学徒制试点案例，分析其运行机制的实际情况及绩效，探讨企业参与现代学徒制存在的问题，并给出优化策略。这与传统的理论分析相比具有显著的创新性。

目　录
CONTENTS

第一篇 **01**

现代学徒制理论基础与
历史沿革（基础篇）

作为职业教育最早形态的学徒制，历经多个发展阶段后陷入了一段时间的沉寂。随着德国双元制职业教育助力其经济发展异军突起，学徒制真正引起了世界各国教育界和企业界的再思考。20世纪90年代以来，英、瑞、澳等职业教育发达国家逐渐以德国为效仿对象，加大学徒制改革力度，呈现学徒制的"现代"特征（关晶，2014）。

20世纪80年代，我国的职业院校也开始模仿学习德国双元制教育模式，但制度、文化等方面的差异直接影响人才培养效果。近年来，国内职业院校又开始了契合中国实际的现代学徒制探索，这就需要明晰现代学徒制的理论基础，为现代学徒制创新实践做好理论支撑。本书第二章以企业参与学徒制是为了实现战略人才储备为假设，对职业教育理论和战略人才管理理论进行了梳理。同时，考虑到企业参与现代学徒制的决策过程，就是对感知利益和感知成本的交换性思考过程，进一步对社会交换理论进行了详细阐释。

本书第三章对我国学徒制历史演进和发展脉络进行了较为详细的梳理。重点分析了中华人民共和国成立以来经历的"半工半读"制实验教育、"边缘化"学徒制、"校企合作"现代学徒制三个阶段。通过分析各个阶段学徒制运行的时代环境、主要环节、基本特征、政策措施以及具体模式，找出我国现代学徒制的关键环节和制约因素，并借鉴职教发达国家和地区现代学徒制的经验和实践，为探索符合我国国情的学徒制运作模式奠定基础。

第一章

现代学徒制导论

第一节　研究背景与意义

一、研究背景

随着信息技术的快速发展，互联网+、大数据、智能化等对我国制造业和服务业的影响日益深入，推动着供给侧结构性改革向纵深发展。我国已进入产业结构升级的关键阶段，给社会劳动力的需求带来了巨大变化。新的产业模式需要大量技术精湛并具备创新精神的高素质复合型技能人才，这与我国现阶段职业教育所培养的传统"劳动型"人才有着较大的差异，导致企业"用工难"现象层出不穷（杨丽好，2019），特别是中小企业的用工问题尤为突出。由于中小型制造企业和服务企业的用人岗位大多存在复合性、专业化特征，其员工必须拥有区别于其他企业的专业技能，而这种专业技能需要对接受现代职业教育者进行内部培养才可能形成并不断提升（周红利，2010）。在此背景下，建立政府主导、职业院校推动、相关行业组织引导、企业积极参与的校企协同教育机制迫在眉睫。德国"双元制"职业教育的现代学徒制就是校企协同育人的典型模式。自 2011 年 3 月提出现代学徒制思路以后，有关部门先后出台了多项现代学徒制试点的纲领性文件及配套政策，促使其有规划、有步骤地在全国范围内推动，并逐步加大对参与企业的税收优惠及资金支持。经过近 10 年的运行和实践，我国现代学徒制已经取得了一定成效，但企业参与不足问题也逐步凸显。

（一）现代学徒制体现了校企协同培养技能人才的高效性

现代学徒制之所以在全世界范围内被广泛推崇，正是因为它在推进校企协同育人，提升职业教育人才素质等方面发挥了巨大作用。主要体现在：

1. 现代学徒制是发达国家在全球职业教育中的共同选择

现代学徒制通过持续的职业技能培训促进人的全面发展。它是国际公认的职业教育当今最流行模式和未来趋势。德国是典型的实行"双元制"现代学徒制的国家，500 人以上的企业参与现代学徒制的比例高达 90%；英国已将现代学徒制度提升到实施国家技能培训战略的水平，要求 16 岁以上的年轻人必须积极选择参与现代学徒制度；美国、加拿大、澳大利亚等发达国家也陆续推出了多种形式、各具特色的现代学徒制，并逐步建立了完善的法律制度和资金支持体系，确保其顺利运行（贺艳芳，2018）。另外，世界各地职业教育的实践也充分证明了现代学徒制对国民经济发展的重要性。

2. 现代学徒制是我国深化产教融合的有效途径

校企合作是职业教育的本质特征，中央领导对职业教育的批示也主要集中于产教融合方面。现代学徒制培养模式充分体现了在专业层面深化"工学融合"、在学校层面推进"校企合作"、在产业层面突出"产教融合"的重要特征。它既符合职业教育的本质要求，又符合校企根本利益，能够有效解决学校培训设施缺乏、教师实践教学素质低下、教学内容与企业需求严重脱节等现实问题。因此，重视推动现代学徒制，有利于促进我国职业教育体制化建设，有利于借鉴国外产教融合育人的先进经验，对促进企业、学校、学生三者需求的契合，培养符合产业结构转型所需技术技能性人才的意义重大。

3. 现代学徒制是培养学生职业技能及职业素养的有效载体

专业技能和专业素养是人才核心竞争力的重要组成部分。现代学徒制坚持教育与企业实践相结合，关注职业学生的成长和职业形成条件，既注重专业技能，又将人文、专业素养融入人才培养全过程，强调知识与实践的统一，充分发挥校园文化和企业文化在职业素质培养中的特殊作用。它不仅有助于培养学生吃苦耐劳、团队协作和契约精神，而且将节能环保、循环利用等绿色理念与教育过程相结合，能进一步加速学生职业技能和敬业精神的融合。这对于培养精益求精、追求卓越、长期贡献、开拓创新的工匠精神意义重大。

（二）我国企业参与现代学徒制尚未达到预期效果

现代学徒制不仅为企业培养技术技能人才，更是以"由企业"和"在企业"培养技能人才为显著特征，企业充分参与是现代学徒制成功的先决条件。企业作为现代学徒制度的双主体之一，承担着培养学生成为学徒的任务，对现代学徒制度发展的重要性不言而喻。2015年8月，教育部办公厅发布重要文件《教育部办公厅关于公布首批现代学徒制试点单位的通知》。从此，我国现代学徒制试点工作进入全面推广阶段。截至2018年3月16日，已确定365个企业为现代学徒制试点单位，主要参与形式如表1.1所示，我国现代学徒制取得了初步成效。

表1.1　我国企业参与现代学徒制的主要模式

企业参与现代学徒制 主要模式	内涵
实践课程嵌入模式	专业技能竞赛实践和集中性实训课程的合作开发、执行。
企业配合模式	以专业为主体，企业为辅助的合作育人模式。例如，企业提供实训平台，或者企业员工进行专业课程的讲解。
校企联合培养模式	两方或三方合作实行校企联合，共同培养人才。
校企实体合作型模式	企业以设备、技术、师资、资金等多种形式向专业学校注入合作办学元素，进行合作办学，专业输出合格人才。
订单式人才培养模式	根据中小企业对人才规格的要求，从企业获取人才需求订单，双方共同制定培养方案，为企业"量身订造"，培养专业技术技能人才。
"实训—科研—就业" 模式	单纯的技能培训向全面素质培养转变，实现课程开发、实训、就业、深造一体化的综合培养模式。

然而，与德国相对成熟的"双元制"体系相比，我国的现代学徒制一直

以来呈现出"校热企冷"的局面，主要表现为企业参与积极性不高，参与企业的合作稳定性不强。这导致"双主体"模式形成的困难程度大大增加，严重制约了我国现代学徒制的发展。

1. 企业参与积极性不高

在现代学徒制的施行过程中，企业需要投入大量人才、物力、财力成本，需要按契约支付学徒劳动报酬（实习工资或补贴），专门人员（企业导师）的配备更是必不可少。而大多数企业认为培养期过后学徒的回报无法弥补付出的成本，特别是对于技术含量较高的企业，培养的学徒根本无法成为企业的人力资源储备。另外，政策失衡是造成企业参与现代学徒制动机不强的重要原因。其一，我国现代学徒制试点工作时间不长，自首批试点单位发布至今近6年，关于学徒制校企合作的政策文件并不完善；其二，现发布的政策文件中，大多是基于方向性指导的宏观政策，执行层面的政策法律依据依然缺乏；其三，相关政策的增补和修订工作较为滞后，特别是对合作企业的政策优惠、权益保障、质量考评等方面，亟待国家给予强有力的政策保障及法律支持（张志平，2018）。比如，有关规定提出，"对参加现代学徒制并取得一定成效的企业，地方政府应给予一定程度的褒奖"。但是，对于什么是"一定成效"以及"褒奖"的数额如何决定，规定并无明确说明。还有些地方政策规定对于参与学徒制企业给予一定税收优惠，但优惠的范围仅限于实习工资，对实训过程中投入的设备损耗费、师傅误工费、管理费等均未纳入其中。企业作为经济组织，追逐利益是其天性，若不能从根本上保证其经济利益则很难调动其参与积极性。根据课题组对长三角地区的调研数据，八成左右的企业对现代学徒制兴趣不高，超过四分之三的企业认为参与现代学徒制所得的合作收益不及预期。只有不到15%的企业有加入学徒制试点项目的主动性，并且其中六成以上企业参与目的在于获得"廉价劳动力"（李传伟等，2016），而非真正进行技能人才培训。而瑞士、德国开展现代学徒制培训的企业比例分别达到1/3和1/4，差距非常明显。

2. 参与现代学徒制的企业合作关系不够稳定

现代学徒制的目标任务以及"双主体"特征决定了在实施过程中企业和

职业院校至少应处于平等地位，或者企业占据主导地位。然而，现代学徒制实施的实际情况却是学校居于中心地位。一般而言，在人才培养方案以及课程质量标准的制定过程中，主要还是由学校负责相关文件的起草工作，而后再送交合作企业探讨。企业的意见是否会被接受由学校决定。可见，企业完全处于被动地位，其意愿也就无法体现在学生培养过程中。即使真正参与人才培养的企业，由于我国开放式劳动力市场环境、可信承诺制度（人才培养的契约保障）的缺失（张志平，2018）、激励机制的不完善，企业将会面临着极其严重的人才培养"搭便车"问题，企业利益无法得到完全保障。很多企业即使已嵌入职业院校学徒制的培养过程，但双方真正建立稳定合作关系的情况极少。据统计，我国所有校企合作项目中，约24%左右是靠学校个人资源促成，七成左右是企业希望利用学校场地、人力、技术等资源，真正考虑共建稳定合作关系的案例不到10%（李传伟等，2016）。因此，我国现代学徒制的校企合作"表象"大于"实质"，为了宣传效应而催生的"校企合作协议"也并不在少数，我国现代学徒制"学校热，企业冷"的现象并未得到根本改观。

二、研究意义

企业参与现代学徒制人才培养全过程是我国企业技术技能型人才资源开发的最有效途径。在全球市场竞争中，我国企业长期处于"制造-加工-组装"的低附加值环节，缺乏核心技术和创新能力，技术工人短缺现象严重。这从我国2016年发布的《中国劳动力市场技能缺口研究》报告中可见一斑（技能劳动者数量占总就业人数19%，高技能者仅占比1%）。随着我国老龄化社会的到来，人口红利也将逐渐消失，技能型人才短缺问题将更加严重。因此，研究我国企业参与现代学徒制的动机因素及成功因素，分析其内在作用机理，并在此基础上构建适合我国企业发展的现代学徒制运作机制，不仅是我国职业教育体系完善的要求，更满足了企业人力资源储备优化的长远要求，对于推进我国产业转型升级具有重要研究意义。

（一）为构建职业教育现代学徒制夯实理论基础

产业转型升级对企业的技能人才需求产生重要影响，职业教育作为技能人才的重要来源渠道，亟待寻找适应经济社会发展的人才培养路径。近年来，我国关于企业参与职业教育研究的关注度已逐渐上升，但有关企业参与现代学徒制的研究还需不断深入。本研究将通过深化对我国职教实践中企业主体地位的认知，达到完善职业教育理论体系的目的。并进一步通过系统研究企业参与现代学徒制的动力及阻碍因素，为深入阐释现代学徒制的诸多关键问题提供理论依据。

（二）为企业参与现代学徒制提供行为决策参考

在我国，以"校企合作"为主要形式的职业教育已开展多年。实践表明，企业参与职业教育的过程会遇到五花八门的问题。职业院校普遍反映，各种问题所导致的民营、中小企业与职业院校合作意向不高是制约职业教育现代学徒制落地的关键痛点。事实上，在我国政府引领、学校主导的职业教育模式中，企业很难发挥其在职业教育人才培养中的主动性，完全处于"被选择"境地。那么，在我国产业升级的背景下，促进企业尤其是中小企业深入参与现代学徒制的关键因素有哪些？企业真正参与后，又该如何构建有效的现代学徒制运作模式以实现人才培养质量的全面提高？对这些问题的回答，具有破解我国现代学徒制实施瓶颈的实践意义。

第二节　国内外相关研究进展

一、关于现代学徒制本质与特征研究

作为最早的职业教育形式，学徒制在我国的发展史可追溯至奴隶社会。西方的"学徒制"最早文献出现于公元前 2100 年。工厂制生产方式宣告了传统学徒制时代的终结，而德国工业的异军突起却引起了世界对现代学徒制的重新思考。众多学者尝试从不同角度对现代学徒制的内涵及本质展开阐述。
鉴于各国的国情不同，现代学徒制内涵差异化程度很高。蒋竞芳和吴雪萍
（2008）以"职教形式"及"学习途径"来标识英国的现代学徒制（appren-
ticeship），鉴于其与年轻人工作本位的契合性，又被英国政府誉为最有效的
"工作本位职业教育"（蒋竞芳和吴雪萍，2008），并指出在学徒制实施过程
中赋予雇主地位及权力对提高其参与积极性非常重要（欧阳忠明和韩晶晶，
2014）。在德国，学徒制被称为"双元制"（Dual-System），其中"一元"指
在企业接受职业技能及培训，另"一元"指在职业学校接受专业理论和普通
文化教育（冯增俊等，2008）。关晶等人（2014）的研究侧重于对"现代性"
的解析，他们将其时间范畴定义为"20世纪60年代以来"，并强调其"以德
国双元制为典型，在质形方面均异于一般教育制度"。曹美红等（2017）结合
我国现代学徒制的实践，从微观和宏观两个层面分析了现代学徒制的内涵。
他们认为，从微观层面看，现代学徒制是这样一种人才培养体系：以职业院
校学生为主体，以课堂和车间为场所，以工作学习相互交替为形式，以知识
技能为培养目标，以业绩和产品为评价依据。在宏观层面，它是以企业参与
为中心，以工作过程的学习为基点，以制度的规范和实施为保障的职业教育
体系。这一定义也与教育部等机构发布的相关文件精神相符，不应把现代学
徒制视为一种教育制度，而应作为一种人才培养模式更为合适（闫运嵩等，
2008）。因为现代学徒制是对传统学徒制的传承和发展，若把其作为普通的教
育制度而忽视其在技能培养方面的特殊性，忽视其依托职业教育制度的特性，
将会大大提高推广现代学徒制的难度并造成现代学徒制可以在全国范围内推
广的误解（张运嵩和蒋建峰，2020）。

关于现代学徒制的基本特征，其基本表述来源于重要文件《教育部关于
开展现代学徒制试点工作的意见》："坚持合作共赢、职责共担"。李进和薛鹏
（2015）在此基本表述基础上又加入了"政府主导、行业指导、校企深度融
合"。黄晶晶（2016）总结为学校、企业、教师、企业师傅"四位"联合指
导。徐国庆（2017）则从师徒关系稳定、现代产业和服务业人才培养机制、
新型学徒学习方法与学校职业教育相结合三个方面进行了概括。欧阳丽和罗

金彪（2017）则在现代学徒制与传统教育模式的差异性研究中得到了"双场所""双规范"两个特征。张金果等（2019）进一步把"两双"拓展为"五双"的人才培养模式：双主体、双身份、双导师、双场地和双考核。然而，关晶（2011）认为，"二双""五双"仅为现代学徒制的表征，不足以形成理论框架，只有从深层次（功能目的、教育性质、利益相关者机制等）理解的"现代"学徒制，才能成为构建符合我国国情的现代学徒制的重要依据。

二、关于现代学徒制的运行机制研究

现代学徒制的运行机制，是指参与主体（学校、企业、企业师傅、政府、学生等）在实施现代学徒制过程中根据自身需求寻求相互合作时发生的互动（贾文胜，2018），即现代学徒制是如何运作的。从运作机制的横向理论维度来看，可以分为利益均衡机制、合作开发机制、"导学关系"机制以及质量保障机制等多个方面；从运作机制的纵向实践维度来看，则可分为招募、流转、合作、评价等前后相关的步骤。由于利益均衡、合作开发、质量保障等横向维度嵌入在运作机制实际运行的每一步骤中，因此以下主要从横向理论维度来梳理运行机制的研究现状。而本文第三篇则从纵向实践维度来组织运行机制的相关内容。

（一）现代学徒制利益均衡机制

任何一个主体参与现代学徒制都在一定程度上基于自身的利益需求。因此，利益均衡机制一直是国内外学者关注的焦点问题。Steven（2007）基于英国研究，发现现代学徒制能对政府产生很高的经济收益，在所有职业资格教育项目中稳居第一，内部回报率高达39%。在利益驱动方面则存在着"政府放权，企业主导"的特征。德国"双元制"虽为现代学徒制的典范，但在运作机制构建的过程中同时也受企业利益的强烈驱动。德国政府规定，无论是否参与现代学徒制，所有企业必须从当年收益中拨出部分比例上交中央，然后由中央政府根据参与现代学徒制的企业或培训中心的各种参数（如规模、区域经济状况）进行统筹划拨，这直接调动了企业参与热情（关晶，2017）。瑞士把现代学徒制的运行经费分为公共经费、行业经费以及教育职业基金三个部分，按"成本分担、利益共享"的原则进行分配（田英玲，2014）。李传双（2011）、冉云芳和石伟进（2015）等通过实证调研发现，"低成本、低收益"符合我国企业参与现代学徒制的基本特征，企业类型和合作目的对收益情况起调节作用。因此完善现代职业教育的激励机制至关重要。

（二）现代学徒制的合作开发机制

作为建立在校企合作基础上的职业教育模式，职业教育思想始终贯穿于现代学徒制运作流程的各个环节。因而，合作开发机制应该与人才培养方案的制定、教材的开发、教学设计与评价、成绩考核、企业与学校导师的管理、实训与就业等多个方面紧密融合（李传伟等，2015）。不少学者认为，中国特色现代学徒制的运作需要学校和企业的主导、政府的推动、行业的引导、培训中介的积极参与。依托政府、学校、企业的合作平台，建立层次化、系统化的合作管理机制和多方联动机制（陈爽，2015；郭全洲和谭立群，2014）。朱厚旺和高树平（2015）通过意向解释模型的研究发现，校企合作、工学结合的协同教育机制是加强现代学徒制技术技能积累、服务发展意图的最优途径。杨公安等（2017）认为，只有将政府、行业、企业、学校、职业资格认证考核机构五个层次的参与者凝聚成一个利益共同体，并通过整体目标和个人目标的有机结合，形成"五位一体、多元交流"的现代学徒制运行模式，才能支持我国产业结构的转型。

（三）现代学徒制的"导学关系"机制

导学关系是现代学徒制运作机制的几对利益主体关系中及其重要的一环，因为"师承"模式是现代学徒制最直观的特征表现（杨小燕，2017）。传统的导学关系是"技术熟练者与无技术者之间的一种协议"，因而往往偏向于师傅（雇主）一方，"师吃徒"现象屡见不鲜。作为职业教育的一种形式，现代学徒制的导学关系应秉承合作、平等、互助关系（王海林等，2017）。然而，王海林等（2015）通过实践发现，雇佣、从属、放养、单一化等痼疾仍广泛存在于当前我国现代学徒制的导学关系中。因而，构建科学的导学关系评价体系，保障现代学徒制导学关系的平等和谐尤为重要。在导学关系实践方面，Monkhouse（2010）发现师傅和学员多年形成的密切关系奠定了现代学徒制的教学基础，他们的研究是基于医学训练的教学案例；陈红和罗雯（2015）对某区域中职业院校学生的实习情况进行调查与分析后发现，师徒关系问题的解决途径在于加强礼仪规范；潘建峰（2016）则提出了更为具体的措施，提倡通过校企共建双师与学徒间的培训管理制度来阐释如何促进"师徒关系"的和谐化。但他们的研究只是基于某工业院校的学徒制试点，该措施能否推广尚存疑问。总而言之，现代学徒制下的师徒关系有别于学校教师与学生之间的显性关系，它是一种隐形契约下的关系，应该以传递工匠精神为最高境界，具体表征为技术、情感、文化等非物质要素的传递（刘潇芊，2017）。因此"师徒共同体"的构建是必须且尤为重要的（吴吟颢和秦炳旺，2016）。

（四）现代学徒制的质量保障机制

作为当今世界范围内最受青睐的技能型人才培养模式，在现代学徒制的运行过程中会遭遇各种类型的问题。例如，由被当作廉价劳动力及孽徒行为盛行引起的"岗位相关"问题，"不愉快"的工作环境问题，职场关系及培训机会不足的抱怨问题，监督或雇主的承诺失信问题，合格培训导师数量不足的问题等等（Snell & Hart，2008；Lamamra & Masdonati，2009；Ryan，2001）。因此，如何保障学徒的培养质量，并在质量保障的基础上形成一种稳定的长效机制对于现代学徒制的运行异常关键。张启富（2015）把现代学徒制的质量保障机制分为结果控制型（英国、澳大利亚）和过程控制型（德国、瑞士、奥地利等德语系国家）。陈伟芝和陈岩（2016）认为在外贸人才培养的质量保障构建方面，法律、合作、激励及约束具有同等效力，并且要遵循可持续发展的思路。贾文胜（2018）在对德国、英国、瑞士等发达国家现代学徒制运行机制详细对比的基础上，形成了我国现代学徒制关于质量保障机制的重要经验："高度重视各方利益，搭建多方沟通合作平台，融入课程建设，创新教学实施路径，形成责任鲜明、各方广泛参与的质量保障机制"。显然，质量保障体系的推行不仅需要法律层面的支持，更需要在机制层面建立相应的管理和经费机制，实践方面则需要学校和企业共同开展微观具体的改革。

三、关于企业参与现代学徒制的研究

（一）企业参与职业教育和现代学徒制的收益成本分析

企业参与现代学徒制的动机研究可以扩展至整个职业教育范畴。一般而言，大多数文献都从收益成本的角度来探讨企业为什么会参与职业教育这一问题。在收益方面，学徒培训完成后可以成为正式工人，企业可以节省从外部劳动力市场招聘员工以及对陌生员工进行额外进修及其他适应性措施所产生的费用，还能尽可能避免停工损失，降低员工跳槽的可能（Jansen 等，2015）。另外，鉴于企业之间关于学徒真实生产率信息不对称问题，培训企业可以利用其信息优势向优质学徒支付低于平均市场的工资，使得企业获得潜在收益，如德国学徒的工资仅为正式员工的 1/10 左右（刘盈盈和徐国庆，2019；徐小英，2011）。从长远利益的角度来看，双元制现代学徒制的最大优势在于可以培养符合企业需求的各专业人才，明晰人力资本（王迎春和段鑫星，2020），保障企业拥有未来具备专业资格的人力资源优势，这是企业参与现代学徒制最大的回报。Walden（2003）通过对德国"双元制"的实践研究发现，学徒在实习期间不仅积累了工作经验，还直接参与了企业销售额的创造。通过真实工作环境的感受，员工对企业的认可度和归属感大大增强，这有利于企业形成稳定的薪资结构，降低内部成熟员工的抬价问题，提高双方的稳定性和满意度。

在参与成本方面，Walden（2003）对各类参与过程中发生的各类显性成本进行了列举式说明，如支付的培训津贴、培训师傅工资、注册考试费、学习材料费用等。李朝敏（2020）全面探讨了企业参与现代学徒制的交易费用，按照流程发生的先后分为合作伙伴信息的搜集和甄别费用、签订学徒培养协议的议价费用、履行学徒培养协议的执行费用、制定学徒培养标准及制度的决策费用、学徒培养过程中的监督费用以及学徒培养协议修改和违约的风险费用，并有针对性地提出了补偿策略。冉云芳（2016）给出了企业参与现代学徒制办学的量化成本公式。该公式是基于对 60 家企业的深度访谈得出，成本项主要包含信息搜索及决策成本、支付给学生及培训人员的费用、场地设

备和材料损耗费用、合作研发的技术成本，产品成本等。

（二）企业参与职业教育和现代学徒制的动机分析

众多学者不仅进行了企业参与现代学徒制的成本收益分析，更对参与动机进行了详细分类。Lindly（1975）基于德国"双元制"职业教育的现实，把企业参与动机分为生产动机、投资动机、筛查动机、声誉动机、社会责任动机五部分。其中生产动机可解释为经济动机，即由学徒工作一段时间内的工资来偿还学徒培训费用，无论学徒毕业后是否留任。通过以上方式将实习成本转嫁给受训者。Merriless（1983）、Stevens（1994）、Mohrenweiser和Zwick（2009）又分别对投资动机、筛查动机以及声誉动机做出了进一步详细阐释，并且他们认为这几个动机是无法完全分离的。徐国庆（2007）认为企业参与职业教育的初衷还应包含慈善动机。慈善动机是鉴于企业的公共属性，认为企业有责任和义务促进社会进步。这是一个受西方宗教观和成熟度影响的企业的最高精神境界。姜大源（2004）从宏观和微观两个方面探究企业在职业教育中获得的效益。宏观是指企业可以从职业教育学徒制中获得优质的人力资源，是面向未来的重要投资。微观则强调企业当前经济利益的获得，包括直接收益、间接收益以及社会效应三个部分。冯旭芳和李海宗（2009）则归纳出了德国企业参与职业教育的内外部动机。外部动机与历史传统、法律保障、社会氛围以及产业结构升级等社会因素相关，内部动机则多为经济方面的利益，如获得经费补贴，利用廉价劳动力等等。周红利（2010）则在此基础上补充了文化和结构两个内部动机。文化动机是指企业培养的员工认同感和忠诚度方面优势明显；结构动机是指中小企业高度专业化特征对员工区别于其他企业技能的需求，这种需求只有通过内部培养才能获得。贺艳芳（2018）认为，企业参与现代学徒制主要受以下三种动机的影响：行为结果动机、社会激励动机和内部控制动机。行为结果动机是企业参与现代学徒制的预期结果。社会激励动机是企业所感受到的外部压力和社会压力。内部控制动机包括企业内部特征、技能密集度、分工精密度和组织扁平度等。内部控制力决定了就业的数量和质量。以上三者彼此之间存在着交互关系。

（三）各国企业参与现代学徒制的实践研究

动机是行为实践的基础。各国企业不同的动机因素决定了企业参与职业教育以及现代学徒制的实践存在相当大的差异。

国际方面："双元制"学徒制是德国职业教育的主要形式，同时也是世界范围内职业教育与劳动力市场深度融合的典型，其最主要特征即为企业高度参与（Keep & Mayhew，2002）。然而，除了少数受到政府支持的培训项目以外，绝大部分企业参与现代学徒制的费用都由自己承担。不同的行业领域、不同的企业规模、不同的技能要求都对德国企业的现代学徒制实践策略产生了重要影响（Neubaumer & Bellman，1999；Mohrenweiser & Bakes，2008）。由于大部分参与企业均是有利可图的，所以"双元制"现代学徒制具有强大的吸引力。形成这一优势的根本原因在于政府规定可由学徒协议续约来补偿企业部分培训成本，从而节约大量外聘费用（Rauner，2007）。

企业参与现代学徒制同样也为瑞士经济保持了强大的国际竞争力。与德国"双元制"不同，具有高度灵活性的劳动力市场是引导瑞士学徒培训系统的主要因素，因此该国的学徒制是一种"三元制"（传统学徒制，职业学校和入门培训）。近年来，成本收益、职业需求、企业规模（Muehlemann 等，2007）、劳动力市场的竞争程度（Blatter 等，2012）、甚至政策因素也对瑞士企业参与现代学徒制产生了重要影响。相关调研表明，瑞士学徒制的效果稍逊于德国。在学徒制培养过程中直接受益的企业大致为六成左右，同样有60%的学徒会在一年内离开培训企业，而大部分学徒不需要在培训结束后偿还培训费用（Strupler 等，2012）。德国和瑞士参与培训企业盈利状况不同的主要原因在于瑞士企业分配给学徒的任务中生产性活动的数量以及两国在薪资体系方面的差异。

英国企业的现代学徒制实践可以追溯至 20 世纪 90 年代。随着联邦政府从政策导向上要求同时提升产品市场策略和劳动者素质，英国参与现代学徒制的企业以及学徒的数量均有了大幅上涨（Hasluck & Hogarth，1995）。Green 等（1999）的研究发现，除了成本收益、政策、劳动力市场等一般因素外，英国工会的存在对企业参与现代学徒制的影响非常重要，并且可能存在着多条影响路径（Freeman 等，1987）。进一步，通过对食品零售、酒店餐饮、建筑、金融服务、信息技术、工程技术等各行业的案例分析，学者们发现英国企业一般能在相对较短的周期内收回学徒投资的培训成本，但是不同行业培训企业收回成本的速度存在较大差异（Hogarth 等，1998；Hasluck 等，2008；Hasluck 等，2009）。如零售行业的回收时间远远高于工程技术行业。总体而言，英国企业对学徒制取得了较为积极的效果：培训质量获得下游企业"满意"评价的比例达到三分之二；一半以上的企业致力于学徒培训的传播；五分之一以上的企业在接受调研时主动报告了诸如生产效率增加、员工士气大涨、产品服务质量改进、社会形象提升等正面效果；超过五分之二的企业认为参与学徒制不会有任何的负面影响（Winterbotham 等，2012）。

除了主要发达国家外，现代学徒制也在其他国家全面开展。鹿霖和温贻芳（2016）基于扬弃和创新职业教育理念，介绍了加拿大乔治亚学院行之有效的 CO-OP 校企合作模式；贾文胜和何兴国（2020）研究了美国"注册学徒制"的运行过程，指出其特色在于岗位培训（企业或企业联盟主导）和理论教学（社区学院等主导）的协同合作；刘鑫淼（2018）认为澳大利亚现代学徒制的特点是施行集团培训制度，由培训集团担当雇主并负责学徒向企业的输送及在岗培训工作；匡瑛（2013）阐述意大利出现的史上层次最高的"高等学徒制"以及其四个方面的创新。更有许多研究对多国现代学徒制的运行模式效果进行了横向对比研究（张斌，2014；贾玲玲，2020）。由上可知，鉴于各国国情不同，企业参与现代学徒制的模式以及取得的效果存在较大差异。

国内方面：与国外企业相比，相关学者对我国企业参与现代学徒制的实践研究并不是非常丰富，且主要是在外部政策环境的框架下展开。原因在于我国的学徒制不仅是一种具有悠久历史的职业教育形式，更是一种有效的技艺传承方式（张晶，2012）。另外，我国现代学徒制的实践历程始终是与行会制度相伴随行的（彭南生，2013）。王星（2014）把西方技能形成理论与中国行会和单位体制相结合，发现我国传统学徒制已陷入无以为继的境地，并运用学徒制变迁行为理论揭示了陷入困境的根源，最终总结出我国传统学徒制变迁的动力机制。这些层面主要偏重于从宏观层面研究学徒制开展的外部政策环境对学徒制实践的影响。

在微观企业实践层面的研究则大多采用案例分析的形式。例如张渝（2013）以我国具有40多年历史的国有企业辛店电厂为例，介绍现代学徒制的培训模式。该企业针对发展环境及国家政策引起的人才断层局面，率先在其检修部开展学徒制试点，由技能培训领导小组（校企双方）制定专项培养方案，签订协议明确师徒双方责任，以企业现场设备为实践平台开展学徒制项目实践，取得了良好效果。金福（2005）则以国有大型企业大连重工为例，探讨了"名师带高徒"的技能传承模式，从培训数额和评估指标的确定、高技能师傅及专家的选拔、培训期限和工作场所的确定、培训结果的评估以及师徒双方的奖励措施等方面详细解读了现代学徒制的实施环节及经验。芮禹（2012）则研究了西门子这家德资企业的学徒制员工培训，发现其和我国企业内部培训并未显示出太多的差异，如为每位"学徒"设置专门的师傅，为其量身定制六个月的培训计划，并由企业导师协助完成等等。然而，外资企业在学徒培训中的差异之处在于更侧重于让学徒了解文化、规章制度等企业情况，而不仅仅局限于技能方面的培训。李玉玲和都秋玲（2008）通过对青岛啤酒学徒制在线培训的研究也得出了同样的结论，即我国企业的在岗培训与德国"双元制"中企业所负责的培训部分非常相似。孙梦水等（2020）对近年来我国现代学徒制试点实施情况进行了概览，分析了技工院校供给侧改革、助力精准扶贫、双班制、异地教学等背景下的四个现代学徒制典型案例，得出了企校高度融合统筹推进学徒制实施、采取多渠道培养等经验。我国现代学徒制实践中存在的管理问题主要有：培训目标不够长远，培训周期太短，忽视徒弟的利益，没有形成独特的培训体系，缺乏评价激励（孙章丽，2010），可信承诺制度缺失，校企合作供给失衡（张志平，2018），企业主体地位虚化，责任意识淡化（杨公安等，2017），大多数企业在教育人才方面没有起到很好的作用，"校热企冷"现象严重（张桂芳，2019），严重影响了技术技能型人才培养的效果。基于此，向企业释放办学权利、给予企业优惠财税政策、营造良好社会环境、建立技术支撑框架体系等措施是有效地提高企业参与动力的政策建议（赵鹏飞，2014；许世建和杨进，2018）⁻。

四、国内外研究述评

由以上文献梳理可以看出，国内外有关现代学徒制理论和实践方面的研究已经非常丰富，研究内容涉及现代学徒制的概念、内涵特征、运行机制构建以及实践经验总结等各个方面，并且从学校、企业这两个角度对现代学徒制实施进行了分国别的详细讨论，总结了各国学徒制的成功经验，这为本专著研究的展开提供了非常坚实的基础。然而，仍然存在着以下几个方面的缺陷。

其一，现有研究对国外现代学徒制的运行机制展开了详细阐述，但对我国学徒制的历史传承问题缺乏理论和实践模式的深入剖析。鉴于我国与德、英、澳、瑞等发达国家在职业教育体系和国情方面的差异，尽管我国现代学徒制产生的时间并不长，但其历史发展脉络和演进轨迹也存在着自身的显著特点。鉴于企业参与学徒制行为动机与外部环境的密切相关性，从理论上厘清我国学徒制纵向变迁过程，把握其各阶段的主要特征十分必要。另外，在参与实践方面，现有研究主要采取案例分析的手段对典型企业的试点情况展开研究，总体来讲呈现碎片化、零星化特征，并未系统总结各种实践模式的特征并进行横向对比研究，因而不能对各类情景条件下最优现代学徒制模式的选择提供借鉴。

其二，对我国企业参与现代学徒制的行为动机因素和决策机制研究存在一定缺口。参与者动机是研究其参与行为的依据。现有关于企业参与现代学徒制的动机研究主要采取定性范式，从典型案例中进行萃取（徐国庆，2007；冉云芳，2016），但大多缺乏基于大数据的实证模型检验；其次，现有成果对企业参与的各类利益和成本因素进行了探讨，这些因素决定了企业参与的动机，但并不一定会引起参与行为。从参与动机到参与行为的具体路径缺乏理论研究和实证检验。再次，现有文献并未对企业参与现代学徒制的决策机制展开详细探讨。现代学徒制是由多个利益相关者组成的复杂系统，在多种动机因素的综合影响下，企业参与现代学徒制的情景条件存在着高度的不确定性。

其三，以中小企业为对象的企业参与现代学徒制研究非常缺乏。中小企业是我国国民经济的重要组成部分。它们数量众多，在我国所有企业中占到95%以上的份额。它们有业务创新的强烈动机，但普遍缺乏资金和技术的支持，因而对技术技能型人才的渴望甚至超过了大型企业。从我国长三角地区职业教育的实践来看，中小企业确实是参与现代学徒制的主力军。因此，对中小企业主导的现代学徒制研究极为迫切。然而，现有关于我国现代学徒制运行机制、实践模式、评价体系的研究大多以国有大型企业为案例。显然，中小企业参与现代学徒制的动机、决策机制以及实践模式都与大型企业存在诸多不同。这就为本专著的研究提供了新的方向和契机。

鉴于此，本文在国家对职业教育现代学徒制高度重视的大背景下，首先对我国现代学徒制的发展脉络、演进轨迹及实践模式进行深入阐述。其次，以中小企业为研究对象，寻找企业参与现代学徒制的动机因素，并深入探讨参与行为决策机制，在此基础上对中小企业参与现代学徒制的典型案例进行分析以及绩效评价，针对性引导中小企业积极参与职业教育现代学徒制，从而为实现现代学徒制的价值提供借鉴。

第三节　研究思路与方法

一、研究思路

本研究以提升我国企业（尤其是中小企业）参与职业教育现代学徒制的动机及行为实践为出发点。在对我国学徒制历史演进过程以及各利益主体诉求冲突进行阐述的基础上，基于社会交换理论和实证调研，从利益感知、成本感知、内外部环境三个维度归纳企业（尤其是中小企业）参与现代学徒制意愿及持续参与行为影响因素，并借助结构方程模型以及博弈模型，从理论上探讨企业参与的内在机理及行为决策。以此为依据，遵循现代学徒制的实践逻辑，从招募和成长、技能资格融通与人才流转、校企平台协同共建三个方面构建了企业参与现代学徒制的实际运行机制，并利用不同学科现代学徒制运行的案例验证了运行机制的有效性并提出了相关对策建议。整个研究按照"理论基础—现状调研—机理分析—机制构建—案例验证"的应用研究思路展开，旨在解决现代学徒制发展面临的"学校热、企业冷"的现实问题。研究技术路线如图 1.1 所示。

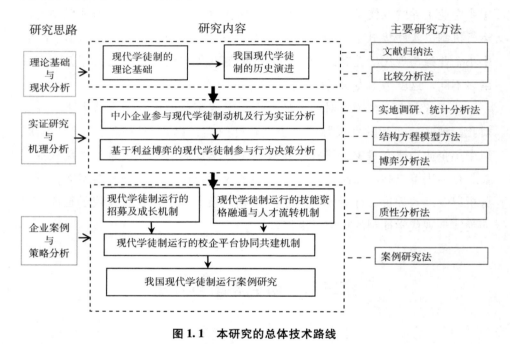

图 1.1　本研究的总体技术路线

二、研究方法

本研究将采用多种定性和定量研究方法，主要研究方法如下：

（一）文献归纳法

对学徒制、现代学徒制、员工在岗培训以及德国"双元制"的相关研究文献进行查阅，对已有研究进行归纳总结、系统概括，在这个过程中找到自己研究的立足点和创新之处。

（二）调查分析法

在第四章研究中小企业参与现代学徒制意愿和行为时需要采用调查分析法。通过发放问卷、实地走访等调查形式，了解被调研企业的基本特征并对主要动机因素进行归类，由此形成利益感知（促进）和成本感知（抑制）两类动机因素，为探讨中小企业参与现代学徒制的内在机理提供依据。

（三）实证研究法

为了挖掘中小企业参与现代学徒的动力因素，将选择参与和尚未参与现代学徒制的中小企业进行对比研究。同时，根据研究目的设计访谈提纲，对中小企业的 HR 进行实地访谈。然后，构建概念模型，编写量表，采用结构方程模型分析中小企业参与现代学徒制的内在机理和动力机制。

（四）博弈分析法

在了解企业参与现代学徒制的内在机理后，需要进一步定量分析企业参与的行为决策，解决"什么情况下会参与，什么情况下不参与"的问题。本研究通过分析各种策略下参与企业和实习学生经济利益，构建博弈支付矩阵，采用博弈分析法研究了职业院校严格监管、不严格监管两种情况下企业和学生的行为决策规则，深入探讨了企业稳定参与、不稳定参与、不参与等行为产生的条件，为后面运行机制的分析提供理论参考。

（五）案例分析法

选择不同类型的职业院校，将工科和商科两门学科类别作为调研对象，分析其开展现代学徒制取得的绩效和存在的不足之处，形成现代学徒制运行经典案例，研究分学科现代学徒制运行规律，总结运行机制模型加以推广。

第四节　研究的创新之处

首先，本研究厘清了我国学徒制的历史演进脉络。现代学徒制起源于德国，并且在德、英、澳、美等发达国家的职业教育体系中占有重要地位。鉴于此，现有研究大多聚焦于发达国家的现代学徒制运作模式和效果评价。我国现代学徒制产生的时间并不长，但从古代的"艺徒制"开始，其发展脉络和演进轨迹存在着异于发达国家职业教育的特征。而现有对我国现代学徒制发展的研究较少且不成体系。本研究从"艺徒制"到"练习生制"，到"半工半读制"，到"边缘化制"，最后到以"产教融合"为主要特征的现代学徒制，全面梳理了我国学徒制发展的历史脉络，对比了各个阶段学徒制运行的时代环境、基本特征及具体模式，形成了较为完整的我国现代学徒制历史演进脉络体系，拓展了现代学徒制的范畴。

其次，本研究从中小企业视角探讨企业参与现代学徒制的意愿及行为机制。以往职业教育现代学徒制研究中涉及企业相关内容不多，对企业规模加以区分的研究成果更少。实际上，对于我国职业教育发达地区（如长三角、珠三角地区），中小企业在国民经济中占有极高比重，它们也是参与现代学徒制的主力军。中小企业由于受到经营资金、人力资源、外源创新等方面的限制，参与现代学徒制的动机因素将明显异于大型企业。本研究通过实证调研，详细归纳了中小企业参与现代学徒制的利益感知和成本感知因素，进一步用实证调研的数据结合结构方程方法验证了中小企业参与意愿及行为机理。研究发现，不同于大型企业，经济因素在中小企业参与中具有最重要作用。并以此为依据构建利益博弈模型，分析中小企业参与现代学徒制的行为决策及运作机制，提出优化建议。可见，本研究以中小企业为独特视角研究现代学徒制，不但有助于丰富和拓展职业教育现代学徒制的研究体系，也为解决"校热企冷"的现实问题提供了有效思路，为全面推广现代学徒制提供了方案参考与借鉴。

最后，本研究对现代学徒制的运行机制进行了案例分析。设计出来的现代学徒制运作机制是否有效，需要经过实践的检验。现有研究注重各类运作机制理论方面流程设计和绩效推演，却未能进一步探寻运作机制的原型及实践效果。本研究在介绍现代学徒制总体试点情况的基础上，分别为工科类和商科类两个类别搜集现代学徒制运行的典型案例，分析其运行机制的实际情况及绩效，探讨其存在的问题，并给出优化策略。这与传统的理论分析相比具有显著的创新性。

第二章

现代学徒制的理论基础

第一节　现代学徒制的内涵

一、现代学徒制的概念与特征

现代学徒制是学徒制发展的最新阶段。学徒制在古代主流社会（古希腊，古拉丁）中并不存在，最早起源于中世纪，是从手工业中发展而来的一种技能培训制度。国际劳工组织在《职业培训发展建议》中对"学徒制"的权威性定义为："是某一职业的长期系统性培训。该培训由企业或手工艺者按合作协议承办，在此过程中双方必须遵守既定规定。"关晶（2010）等把学徒制区分为狭义的契约型学徒制和广义的非契约型学徒制，强调学徒制是"以师徒为主体的职业教育形式，以学习某一行业或职业的知识和技能为主要内容，学徒可以从中获得一定的劳动报酬"。学徒制的研究范围不仅涉及职业教育学，同样也触及经济管理和人力资源领域。在中国，学徒制兼具社会和市场特征。它不仅是一种劳动机制，也是一种谋生手段；不仅是社会阶层流动的一种手段，也是职业认同形成的一种形式；不仅是一种关系、一种制度，更是一种教育方式和学习方式。二战后，随着德国"双元"制度、英国新型学徒制、澳大利亚新学徒制的完善，"现代学徒制"逐渐成为世界范围内职业教育改革的标签。"现代"与"传统"不仅是时间上的差异，更是功能目的、教育性质、制度规范等方面的全面差异化。两者的区别如表 2.1 所示。

表 2.1 传统学徒制与现代学徒制对比

	传统学徒制	现代学徒制
功能目的	重生产性，以压榨廉价劳动力为目的	重教育性，以培养高质量技能型人才为目的
教育性质	较狭隘：就业培训、非正规培训、终结性教育	较广泛：职业教育、正规培训、终身教育
利益相关者机制	简单：仅包含企业和学徒，两者处于不对等关系	复杂：包括政府、行业、企业、工会、师傅、学校、教师、学徒、第三方机构等等。通过跨部门合作机制、合同制约以及多方监督实现多方利益的制衡
制度规范	行会控制，无国家层面的规范	国家层面的统一：国家法规的保护，国家机构的统筹，课程框架的统一，认证资质的通行
教学组织	非结构化：教产合一，教学随意性大，以模仿和实践为主，培训质量决定于师傅个人能力	结构化：学校、企业、培训中心共同安排教学场所；混合型师资团队；统一规范的课程框架

由表 2.1 可知，现代学徒制内涵的各要素均存在较大不确定，因而世界各国对其定义差异化程度较大，却也不能掩盖其诸多共性：必须有工场工作与在校学习的融合；学徒在工场工作的内容需有明确的文件进行规范化定义和控制；双方必须严格遵守契约；学徒与一般雇员有所差异，他们在工作内容选择及工作要求方面具有一定自主权；在培训期间学徒依法获得劳动报酬等等。可见，在学徒制的转型过程中，尽管目标、功能、主体等诸多要素发生了变化，但变化的仅仅是促进学习的条件，学徒制的本质并未发生改变，仍然为"一种基于稳固师徒关系的技术实践能力学习方式"（徐国庆，2017）。

二、现代学徒制的本质及主体构成

（一）现代学徒制的本质

在我国，现代学徒制是职业教育领域中以产教融合为主要形式的试点项目，是在借鉴德国"双元制"职业教育体系的基础上，结合我国教育教学实践，旨在通过增加企业在职教育人才培养过程中的参与程度来提高人才培养水平的一种模式。从实践来看，西方工业国家几乎都已实施了现代学徒制，但所推行的现代学徒制形式各具特色，不尽相同（邓泽民和张扬群，2006）。一般认为，现代学徒制由传统学徒制发展而来，与传统学徒制相比，具备学徒数量庞大、利益群体复杂、规范化运作机制、把学生需求置于核心位置、更注重理论和实践等系统性融合等特征（赵志群和陈俊兰，2013），是学校教育与学徒制教育的有机结合。因此，从教育管理宏观视野的角度，现代学徒制具有法治化这一本质属性，明显区别于传统学徒制；从教育教学活动的微观视野来看，现代学徒制又具有师徒化这一本质属性，明显区别于一般学校教育。如图 2.1 所示。

图 2.1　现代学徒制的本质属性

1. 教育管理法治化。包含法制化、民主化两个方面。法制化方面，尽管传统学徒制也强调法制，但其所涉及的法律关系主要是学徒与雇主之间的民事关系，属于私法领域。而始于西方工业革命的现代学徒制涉及公法领域，政府的作用非常明显。表现之一就是强调参与各方的权益受到国家法律法规的保护。例如，德国相继出台了《职业教育法》《企业基本法》《职业教育促进法》等，从基础性法典到一系列配套法律法规，均对各方权利义务进行了详细规定，以保障职业教育制度的贯彻落实。表现之二为充分发挥政府的主导作用。例如澳大利亚政府在监管地方政府职业教育专项资金、规范职业教育分类等宏观政策方面投入了大量的工作。其次，不同于传统学徒制，现代学徒制富有"民主化"这一特有色彩。也就是说，学校、行业、企业、学生以及社会其他组织等多元主体可以自愿加入职业教育活动，各司其职且并无强制性（李玉珠，2014）。与传统学徒制相比，学生（徒）由原来依附于雇主，转变为与师傅、学校、企业之间的平等社会关系。

2. 教育教学师徒化。世界范围内学徒制始于2000年前的古埃及。近代产业革命的兴起加速了机器设备替代手工劳动的进程，古典学徒制无论是数量还是质量上都无法满足社会化大生产的需求，催生了职业学校的兴起以逐步代替传统学徒制。"二战"以来，社会经济的发展速度进一步加快，企业对劳动者技能和素质要求显著提高，职业学校教育的弊端日渐显现。主要体现在理论与实践脱节，人才培养效果与企业实际工作需要不符等方面。于是，人们开始重新审视学徒制，积极探索独具特色的具有"现代化"气息的职业教育模式。由此，现代学徒制兼具学校教育与传统学徒制的"双面"特征。即便如此，学校教育的介入也不足以改变"导师制（师徒制）"这一学徒制的最本质属性，现代学徒制的基本矛盾仍然是学徒和企业（师徒）之间的矛盾，而非企业与学校的矛盾。师徒关系的确立对现代学徒的教育活动至关重要。

值得注意的是，现代学徒制的"师徒关系"比传统学徒制的"师徒关系"内涵更为深刻。其一，在教育教学活动状态方面，师傅言传身教+学生倾听、观察、模仿、思考是主要方式。但现代学徒制实施"双导师"制，学徒在获得实践技能的同时能获得更深入的理论知识体系。其二，在培养目标方面，现代学徒制除了注重学徒在技术、技能方面的实践外，还在其社交、方法、专业等核心能力方面都进行了大幅度拓展，致力于多元化复合型人才的培养。其三，在知识传授方式方面，传统学徒制中师傅所传授的均为可言传身教的显性知识，且知识较为单一；而现代学徒制传授知识范围更加广泛，同时包含隐性和显性知识，且知识具有复合性、复杂性、边缘化、综合性等特征。这是两者最显著的区别。其四，在法律关系上，两者都是在师徒合同关系的基础上开展的教育教学活动，但后者已经由不平等的权力义务关系转变为平等的法律关系。

（二）现代学徒制的主体构成

现代学徒制是由各利益相关的参与主体组成的多元复合系统（谢燕红和李娜，2020）。就运行机制而言，学校（主要是中高职院校）与企业的两大合作伙伴共同培养技术技能型人才，其他利益相关者根据自身需求寻求相互合作与互动。参与现代学徒制的主体有：政府、职业院校、学校教师、学生（学徒）、企业、企业师傅、行业协会及其他社会组织等，其模型结构图见图2.2。

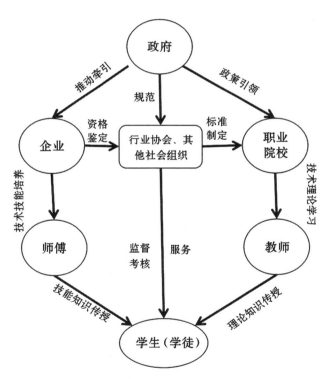

图 2.2 现代学徒制的主体构成及关系模型

1. 政府。在传统学徒制中，政府一般处于"旁观者"角色，很少直接干预学徒制的运行。但随着学徒制中对"学徒"剥削现象的日益严重，政府逐渐开始通过法律法规保障学徒的合法权益，并明确各参与主体在学徒制中的权利、义务及责任。例如德国的《职业教育法》不仅明确了"双元制"这一称谓，更对企业、学校、行业协会在"双元制"中的地位及作用做了细致的规定。英国政府则直接将现代学徒制与国家职业资格制度对接，并为最高级别的学徒设计了"基础学位"这一与高等教育的接轨入口（关晶和石伟平，2014）。通过以上举措，现代学徒制不再游离于国家高等教育体系之外，而成为整个国家教育体系不可分割的一部分。由此可见，政府已经积极参与现代学徒制的构建过程，其原因一方面是希望推动更多的职业院校和企业参与到现代学徒制的人才培养，从而为地方经济发展提供优质的人力资源支撑，并促进青少年就业；另一方面则在于可以从现代学徒制人才培养中探索职教发展规律，从而引导地区职业教育的高质量发展。具体而言，政府不仅应该在宏观层面出台现代学徒制基础权益保障法，明确各方责权利，界定其内在价值及法律地位，更应该在微观层面根据学校、企业等各主体特点和权益保障需求，出台专门性法律法规，细化权益保障具体条款。同时，政府还应通过财政支持等方式积极调动各方参与现代学徒制的积极性，并发挥其组织协调、统筹规划的作用。

2. 职业院校。职业院校是现代学徒制的利益相关者之一，是最重要的实际办学主体，其主要职责体现在人才培养、技术研究和社会服务等方面（陈海峰，2015）。由于传统学徒制难以满足企业对技术技能型人才的需求，德国等职教发达国家都规定凡是招收了学徒的企业都要将其送进职业院校学习普通文化知识和技术理论知识，这构成了"双元制"的雏形。只有具备技术理论指导下实际操作经验的复合型人才，才能体现知识型人才资本的稀缺性。因此，企业必须有效介入职业院校的人才培养过程，同其形成紧密合作关系才能满足其日益增长的人才需求。进一步，职业院校不仅是技术技能型人才的供给主体，而且还能在校企合作过程中通过员工培训等途径提升现有员工的知识理论水平，促进企业的长远发展。因此，职业院校对于现代学徒制的构建起到了非常重要的作用。反过来，职业院校也是现代学徒制的积极推动者。因为对于职业院校本身而言，其参与现代学徒制主要可以满足以下几方面的诉求：（1）提高学校与企业、行业的紧密性程度，利用行业、企业资源解决职业院校教学资源、实训条件不足的缺陷，满足学生技术技能实践能力培养的需要；（2）利用行业劳动力信息资源及企业岗位人才质量标准，调整学校专业设置，优化人才培养目标和培养规格，有利于凸显学校人才培养特色和专业建设优势，最终实现职业院校人才培养质量的提升，促进学校声誉的提高；（3）积极响应政府号召，从而获得政府经费支持。

3. 学生（学徒）。职业院校的学生（学徒）也是现代学徒制的重要参与者，他们既是学校教育教学活动的对象，也是企业价值创造的主体，其利益的满足对现代学徒制的顺利运行极其关键。学生（学徒）通过自身在学习和实习过程中的积极投入来提升自身的技术技能，彰显现代学徒制的价值。因此，若没有学生的认可和积极参与，现代学徒制的运行机制也难以构建。现代学徒制运行的过程中，学生的主要目标是把自己打造成高技能高素质人才，符合社会、企业对人才的需求，其权益诉求（包括其父母的诉求）为：（1）在学校学到扎实的理论知识；（2）在企业提高专业实践技能，提前适应职场氛围，锻炼各种技能和社会能力，得到企业的认可，从而获得潜在的优质工作岗位机会，实现自身价值；（3）在学习和实习的过程中身心不受伤害。因此，保障学生的利益诉求，通过精心设计的人才培养方案以及实践方案，高质量的提升学徒技能是吸引学生积极参与现代学徒制的关键。传统学徒制的最大缺陷即在于学生的利益诉求难以得到保障。富士康把职业院校顶岗实习的学生当作廉价劳动力，每天 10 多个小时从事单一枯燥的、与专业技能毫不相关的流水线工作，对学生而言毫无价值，甚至导致"跳楼""猝死"事件时有发生。这些事件的发生使得学徒制的声誉受到很大的损害，严重影响了校企合作的顺利实施。因此，现代学徒制的首要任务是在保护学生利益，促进学生技术技能真正有所提升基础上实现企业的价值。

4. 企业和行业。西方发达国家的实践经验证明，离开企业和行业，单凭学校的教学活动以及政府的政策推动是无法培养出满足社会需求的高素质人才的。行业、企业是与社会接触最密切的社会组织，是现代学徒制最突出的主体，其在现代学徒制运行中的主体地位主要体现在以下三个方面：（1）参与学校教育活动的全过程，包括人才培养目标的制定、教学大纲的设置、参与毕业生的资格审核和质量鉴定。也就是说，企业拥有教育决策权和管理权；（2）拥有招收学徒的资格，包括制定招生计划、制定企业用人标准和岗位技能要求，并据此设置选录学徒的程序，与学徒签订合同，并把录用结果上报学校和政府；（3）直接参与教育教学过程，负责学生实践能力的培养。由此可见，企业参与是保证现代学徒制顺利运行的最重要环节。同样，行业协会作为企业利益的代表，在现代学徒制的发展中也起着重要控制和管理作用：（1）制定一般性的管理规范；（2）教学指导和监督；（3）为学徒制的运行提供各类服务；（4）学徒的考核等（关晶，2010）。

由此可见，满足企业的诉求，吸引企业参与，对于现代学徒制的实现至关重要。而利益最大化是其参与所有社会经济活动的根本目的所在。企业（尤其是中小企业）参与现代学徒制，一方面，可以节约短期用工成本；另一方面，可以以较低的成本、较少的精力从实习学生中挑选符合企业需求的优秀人才，从而提升企业人力资源储备；同时，还可以借助学校优势资源提升科研成果转化率（谢燕红和李娜，2020），加快科技创新步伐的同时提升社会声誉，实现企业长远利益。然而，参与学徒制也意味着企业大量资源、精力等成本的投入，企业从中获得的利益能否补偿投入的成本是企业参与动力的本质问题，也构成了本专著研究的主要内容。

5. 企业师傅。企业师傅是技术技能的直接传授者，在现代学徒制中也起到重要作用。然而，一般理论认为企业师傅是企业员工，理应服从企业安排，只要企业有积极参与学徒制的意愿，企业师傅就必然服从，因此不需要单独考虑其利益诉求。然而现实情况远比理论复杂。师傅与企业之间是一种劳动雇佣关系，雇员和雇员之间存在激烈竞争，而学徒未来也将对师傅产生严重的竞争威胁，因而很多企业师傅处于自身"安全"考虑，并不愿意全身心投入学徒制（王星，2014）。这一点已在当前一些国企的学徒制实施中得到验证。因此，本专著也把企业师傅的利益诉求考虑在企业参与动机之内。

6. 学校教师。教师承担着教书育人的角色，这决定了其在现代学徒中的知识本位取向，其主要职责为理论知识的传承。在现代学徒制人才培养过程中，教师更希望通过符合时代要求的教学方法与内容提升教学效果，为参与实习的学生打下理论知识基础，为学徒在企业中高效的掌握技术技能提供理论支持，从而得到学校、学生、家长及社会的尊重和认可。现代学徒制本身即包含一系列先进的实践教学理念以及创新型的教学方法，与教师教书育人的本职工作高度契合。

第二节　现代学徒制的相关理论

学徒制隶属于国家职业教育的范畴，对现代学徒制的研究毫无疑问能丰富职业教育理论内容，继而完善职业教育研究体系。同时，在以企业为主体的双元制国家现代学徒制研究中，企业人力资源及工作模式方面的内容也经常被列入参考范围。因此，本章将职业教育理论、人力资源培训理论作为现代学徒制的理论基础进行阐述。另外，本章基于企业参与现代学徒制的利益感知因素和成本感知因素，从社会交换的角度分析企业参与现代学徒制的动力机制。因而社会交换理论也是本专著的重要理论基础。以下分别对职业教育理论、人力资源培训理论以及社会交换理论展开阐述。

一、职业教育理论

（一）职业教育的概念及内涵

职业教育是众多理论在现代教育学中的综合运用，包括系统论、激励理论、产业发展理论等。到目前为止，国内外对职业教育的定义不下 100 种，但并没有明确一致的说法。《教育词典》从职业教育的功能出发，将其定义为"传授某种职业或生产劳动所必需的知识和技能的教育"；《中华人民共和国职业教育法》明确了职业教育在国民经济中的地位，认为"职业教育是国民教育的重要组成部分，是促进经济发展及人们就业的重要途径"；联合国教科文组织对职业教育的定义为"旨在引导学生掌握特定行业或某种职业所需的实践技能、专业知识和认知的教育"。综上所述，职业教育可看作是学校教育或职业培训的一种特例，兼具以下几个特征：

1. 以培养企业需要的专业技能型人才为目的；

2. 历经初等、中等、高等三个阶段；

3. 核心为职业及职业群体需求，包括基础理论、专业技能、职业态度三个维度；

4. 属于就业教育的范畴；

5. 可分为学校职业教育和职业培训两阶段，涵盖人的一生，是一种终身教育。两阶段的形态分类如图 2.3 所示。

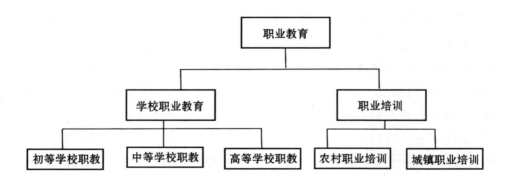

图 2.3 职业教育的分类

（二）职业教育发展的影响因素

一般而言，政府、工业化、社会转型、学习型社会和职业院校等五个因素与一国职业教育的发展密切相关（杜利，2008）。

政府在一个国家的职业教育发展中起着主导作用。首先，职业教育作为教育的一种类型，具有社会非垄断性公共产品的基本属性，而该产品提供的角色非政府莫属。因此，职业教育的发展需依赖政府在公共资源供给方面的国家预算。其次，尽管我国政府发布了多个促进职业教育发展的政策文件，大大增强了职业教育的社会功能，但总体而言并未彻底改变我国职业教育经费不足、办学条件差、机制不成熟且发展不平衡的现状，导致的后果就是职业教育所培养的人才与经济社会发展的需求差距较大。这些问题的解决离不开政府的主导。

　　新型工业化与职业教育相辅相成，互相促进。新型工业化是指面对世界工业化、信息化、现代化的多重挑战，在充分考虑我国国情的基础上形成一条具有中国特色的工业化实践道路。首先，新型工业化需要职业教育提供人力资源支持。因为科技进步、产业结构优化升级、内涵式发展等新型工业化的特征都要靠职业教育所提供的高素质劳动者才能实现。其次，新型工业化反过来为职业教育提供了发展机遇以及强大动力。一方面，经济发展的每一个阶段对人力资源的需求是不同的，经济起飞初级阶段决定了我国劳动力结构"两头大，中间小"的现状，高技能型人才为社会所亟须。另一方面，制造业在我国国民经济中占据核心地位，这决定了职业教育具有广阔发展空间。最后，新型工业化对技能型人才理论知识的要求不断提升，智力技能及应用能力的内涵不断丰富，这要求技能型人才的学历层次提升，学习创新能力、复合能力以及适应能力增强。对职业教育而言，其培养目标也应从适应单一生产、服务岗位转变为面向一类职业群体的适应能力。

　　社会转型因素对我国职业教育结构影响不容忽视。受经济发展影响的劳动力层次是决定职业教育层次和人才规格的根本因素。发展经济，提高生产效率和劳动效率，是我国社会转型期面临的主要任务。这要求受教育者具备丰富的知识储备及灵活的应变能力。目前，我国职业教育存在学习目标过于短浅，课程内容陈旧，专业设置、课程设置、教学方法等与社会现实脱节严重，教学时间过长而实践周期过短，资源浪费严重，毕业生培养深度和个性化严重不足等明显问题，导致我国职业教育无法在社会转型期迅速适应劳动力市场变化。

　　学习型社会对职业教育的影响主要来自信息化、智慧化对人们创造性带来的挑战。在此背景下，以往只强调教学过程统一性而忽视学生个性化发展的模式必将被淘汰。同样，成为学习型社会有用人才的目标使得培养过程更注重于人的可持续发展能力。因此，现代化的职业教育应考虑政府管理部门、行业协会、教育培训机构、企业等主体的协同性，多方共建明晰化、条理化的职业教育管理体制。

职业院校是职业教育的直接影响因素。一方面，办学方针的确定、专业课程的设置、教学质量的提升都是职业院校的本职职责，能否为生产、经营、管理的一线培养对口实用的具有熟练操作技能的劳动者，归根到底需要依赖于职业院校。职业教育是否有自己的特色，能否为地方经济建设服务，关键是要建立一支数量充足、素质高、专兼结合、注重专业化和创新性、师德高尚、理论和实践教学水平俱佳、学历层次高的"双师型"教师队伍。这是职业教育现代化的关键要素和根本出路。

（三）职业教育的体系与模式

体系是指某一系统内部要素相互联系相互影响而构成的整体；模式是指可作为范本的系统运行样式。两者对立统一。职业教育体系和模式研究带有战略性、宏观性和全局性，包含的内容非常丰富，且具有高度的综合性和复杂性，必须从广义的视角进行探究。

1. 职业教育体系

职业教育体系包括培养体系以及与其具有相关性所有社会因素之和。一般包括需求体系、培训体系、监管体系以及社会保障体系四个部分（齐爱平，2009）。

需求体系是指企业、事业单位等因人才需求而与职业教育培训体系密切相关的各类社会组织的总和。需求体系主要通过供求市场与培训系统（供给系统）相连接，具体表现为实体与网络人才市场相连接、社会组织与培训机构相连接。将属于本社会系统的各类社会组织纳入职业教育需求系统主要有两个原因：一是按系统论的观点，任何系统都不能独立存在和运行，必须相互沟通，必须以某一制度为核心，合理扩大制度规模，分析相关的核心因素。就职业教育而论职业教育完全没有出路；其次，职业教育体系的核心是以学校和培训机构为主体的培训体系，但它们并不能完成全部职业教育的环节。其他社会组织可以共同开展不同形式的实践教学活动。学生在毕业和工作后并没有完全脱离培训体系，需要不断学习以适应知识经济的不断发展。这一切都离不开各种社会组织的支持。

职业教育培训体系由各级职业教育学校和培训机构组成，它是职业教育体系的核心部分，是职业教育的主战场，本处不再进行详述。职业教育监管体系由政府监管和市场监管两部分组成。前者包括各级政府教育行政部门，通过法律法规、政策规划、财政等资源进行调整。后者主要由各类人才市场组成，自由调节专业人才的供求。市场监管是政府监管的基础，政府监管是对市场监管的必要补充。

职业教育社会保障体系主要包括信息发布制度、科研学术制度、教师培训制度、职业教育认证制度、教育教学评价制度、交流宣传制度、社会激励制度等社会制度。它不直接属于职业教育培训体系，但为培训提供社会保障，在需求体系、培训体系、服务保障体系等方面发挥了积极的推动作用。

2. 职业教育模式

职业教育模式阐释了以上各体系是如何运行的，通过供求模式，培养模式，服务保障模式和社会调控模式四个方面进行详细说明。

供求模式与需求体系、培养体系紧密关联。市场经济的不断深入要求职业教育的供求模式逐渐摒弃了原有僵化、滞后的规划模式，倾向于灵活多变的人才需求和供给。然而，"灵活多变"意味着市场不确定性增大，短期行为频发，给职业教育带来了负面效应。因此，必须追求成熟调控下的市场模式，同时结合"计划"与"市场"的优势。

培养模式也是职业教育模式的核心。它可以分为宏观、中观和微观三个层次。职业教育宏观培养模式可分为校本模式、企业模式、双体制模式、职业教育集团化模式和职教园区模式。前三种模式的主要特点是单一职业院校、单一企业和双主体互补。职业教育集团化模式是以职业人才培养为纽带，吸收前三种模式的优势，由多所职业院校、企事业单位组成的联合办学组织，有利于教学资源的整体优化。职教园区模式是职业教育与区域城乡建设改造的结合体，有助于增强职业教育服务于区域经济社会发展的功能；职业教育的中观培养模式主要是指招生制。我国目前的职业教育招生制度主要包括初中制、高中制、单一招生制、专升本制和正在积极探索的综合跟进制，其中包括普通高中、职业高中、专科学校等要素；职业教育微观培养模式即教学模式，包括形成课程、教材和有效教学活动的开展。职业教育教学模式应建立以专业能力为核心的课程体系，按照企业岗位工作流程逻辑安排课程，学与做相结合，并尝试将教学场景与专业角色的工作场景相匹配。教学工作在课堂上进行，在实验室上进行培训和实践。综上所述，职业教育的培养模式可以看作是办学模式、招生模式和教学模式的统一，三者分别解决了培养方式，培养对象以及培养方法等三大问题。

职业教育服务保障模式。社会经济结构的变化促使职业教育向社会化、规范化、多元化方向发展。如教学评价多元化、资格认定和后勤保障社会化、职业教育宣传规范化等。如今，职业教育规模日渐扩大，已占据中学及高等教育阶段一半以上的份额。这也要求职教服务保障体系必须向社会化、规模化方向发展。这主要体现在：（1）教学评估中介机构的不断兴起；（2）各级政府设置的职业教育研究机构数量显著增加；（3）高校职业教育研究机构纷纷成立等。

职业教育的调控模式可分为微调和宏观调控两类。人才市场的培训体系与需求体系之间存在着一种微调模式。其主体为职业院校和培训机构，具体是指这些主体根据市场需求设置和调整专业类型，培养不同类型、不同数量的专业人才，不断满足社会需求。宏观调控是指政府和主管部门不仅在政策、利益、资源等方面提供保护，而且致力于人才培养体系的建设，职业教育人才市场的培育，职业教育政策的宣传，职业教育合作交流的促进等方面。可见，宏观调控由政府、培训制度和市场三部分组成，有助于克服单纯市场调控的负面影响。

（四）职业教育的理论发展

1. 国内发展进程

可以把"艺徒制"视为我国古代职业教育的开端。它也是我国延续时间最长、运行最成熟的古代职业教育模式。"艺徒制"起源于奴隶社会，统治者集中全国工匠建造工坊，因而开始时仅局限于某些行业。在封建社会则日益兴盛，原因在于商品经济不断发展。古人们也认为，一个国家经济的发展、国力的强盛与劳动者的素质密切相关。论语云："学而时习之，不亦说乎。"

意思是说学习了理论知识以后，更重要的是要促进学生的反复练习，使之变成自己的职业技能，并不断付诸实践。孔子的这一思想对我国现代职业教育有较大启发，体现了现代职业教育的目标。

中国近代职业教育的开端是1862年京师同文馆的创办。著名教育专家黄炎培很好地阐释了该阶段的教育理念。在他看来，大多数人都有先天的个性和特点，而兴趣是先驱者，在不断的天赋灵感积累中，它就有可能尽力发挥出来。教育是祖先所获得的知识和经验，他们愿意将其传递给下一代，并通过模仿或发明其他东西来改进它。社会生活方式采用分工制度，寻求工作效率的提高和对劳动者才能的认可，进而适应劳动者的工作，职业教育由此而生。也就是说，职业教育不仅是知识传承的一种方式，更是伴随着社会分工而产生，是利用工作者天赋特长来增进工作效率的一种方式。

随着我国改革开放向纵深发展，中国特色现代职业教育理论和实践体系初步建立。职业教育服务经济社会的能力逐步增强，为社会主义现代化建设培养了大批高素质技能型人才。"大力发展职业教育，投身于职业教育，提升并发展职业教育层次"已成为政府和各级教育部门的共识。

随着我国改革开放的不断深入，具有中国特色的现代职业教育理论与实践体系初步建立。职业教育服务社会的功能逐步增强，一大批投身于社会主义现代化建设的高素质技能型人才在职教体系下应运而生。各级政府和教育部门都深刻认识到"参与职业教育，提高和发展职业教育水平"的重要性。作为知识经济时代的职业教育同时兼具两方面的职能：向社会输送新的高素质技能人才以及教育和培训现有劳动者，提高其技能素质以适应新经济形式。与此同时，新时期职业教育由原来的计划培养转向了由市场需求驱动，政府的角色由直接安排者变为了宏观调控者，在分级领导、地方优先、政府协调、社会参与的管理制度下，真正实现了"以服务为宗旨，以就业为导向"的目标。目前我国的现代职业教育正处于蓬勃发展的时期，每年职业院校招生规模都达到1000万，在校生总数超过3000万，职业教育学生人数占普通教育学生人数的近一半，职业教育正不断向纵深推进。

2. 国外主要职业教育理念

(1) 美国实用主义教育家杜威的"民主"论。美国著名实用主义哲学家、教育家杜威主张民主社会。他在其代表作《民主与教育》中提出：如果所有成员之间存在着一种互动关系，能够平等地分享社会利益，并通过各种形式的工会生活，使各种社会制度能够灵活地加以调整，这个社会就是民主社会。杜威认为，衡量社会的标准不仅是主观臆测，还取决于社会成员分享利益的程度，以及该社会能否与其他社会进行交流以实现互利。杜威的民主社会论否定了外部权威原则，提倡全民自愿利益。学校是社会群体的核心机构，重视传播价值和目标。通过学校教育，任何社会群体的价值受到重视，他们会努力实现沟通、维护和发展民主社会的目标。这一理论在民主社会教育的形成、维护和发展中发挥了重要作用。

(2) 德国的"双元制"职业教育理念。德国的"双元制"以企业参与为第一要素。在职业教育体系下，企业实习生作为学徒，接受职业技能培训，跟随师傅学习如何做；作为学生，他们在职业学校接受教师的专业理论和公共文化知识教育，解决为什么的问题。这就将企业教授的实践技能和学校教授的理论知识相结合，从而培养具有良好操作技能、扎实专业理论知识和一般文化知识的技术性人才。在"双元制"教学理念指导下，职业学校以市场为导向，开设灵活的课程。虽然德国的专业大纲在全国是统一的，但是没有统一的国家大纲，学校和企业有权根据市场的需要，改变课程和教材的设置和选择。德国职业教育学院不仅要跟踪形势的变化，还要负责公布人才市场的需求信息。

(3) 日本的"终身职业"教育模式。20 世纪 60 年代，日本的教育逐渐向终身学习体制过渡。日本的终身教育包括学校教育、社会教育和家庭教育的新概念。终身教育是学校教育、社会教育和家庭教育的有机组成部分，需要对家庭、学校和社会各领域的教育体系和学习机会进行全面重组，认清各领域在终身教育中的作用。在实施终身教育时非常注重各领域的协调合作，以构建终身学习社会为终极目标。

(4) 澳大利亚的"能力本位教育"。澳大利亚能力本位职业教育，它提供企业和社会对培训对象履行岗位职责所需要的能力基本准则。强调学生在学习过程中的主导地位。其培养目标、教学内容、教学方法和过程、教学效果评估都是以动手能力为出发点来确定的。学生动手能力的培养是学校教育的头等大事，教师在教学过程中始终强调动手，教学目标明确，以能力为教学单元，打破传统课堂教学模式，每个学生在学习前阅读大量资料，自学在前，动手在后，调动了学生的学习积极主动性，真正做到了因材施教，学生可以根据自己的学习情况、动手能力进行职业选择。

二、企业战略人才管理理论

如前文所述，大多数企业参与现代学徒制的根本动机在于可以培养符合企业需求的专业人才，保障企业具有充足的战略型人才储备和人力资源优势。因此，战略人才管理是企业研究和职业教育研究的融汇点，在丰富企业人力资源管理理论方面意义重大。

（一）战略人才管理内涵

关于人才的概念，不同的学科不同的专家给出了不同的定义。总结起来可以分为主观（人自身）和客观（人的特质）两种方法（Gallardo，2013）。Ulrich（2007）提出了人才方程，即人才=胜任力（完成工作的能力）＊组织承诺（完成工作的意愿）＊贡献（工作的价值）。由此可见，高效能和高工作能力是人才致力于组织目标实现的两大要素。自从 20 世纪 50 年代衍生单一员工管理的概念后，人才管理的概念就一直处于发展演化中，历经了更换计划、人力资源规划、战略人力资源管理、人才管理、战略人才管理等重要阶段。随着现代商业环境动态竞争性的加剧，传统的竞争性人力资源的研究方向逐渐向人才管理的研究方向转换。Lewis & Heckman（2006）从三个方面考察人力管理的内涵：其一，人才管理应该包括诸如招聘、人才开发、培训、职业管理等人力资源部门的相关实践活动；其二，使用人才池（Talent Pool）来定义人才管理，确保员工的需求得到满足；其三，聚焦于组织特定岗位上的人才。第三点又可以分为两个维度，第一是将人才定义为具有高绩效和高潜能的群体。因此，发现、奖励高胜任力的员工是非常重要的。第二是将人才管理视为一种组织文化，其中员工可以准确评价。组织获得了竞争性优势，也就获得了在战略性计划中评估人力资源从业者作用的机会。可见，人才在人力资源管理过程中起到了重大作用。

而 21 世纪 10 年代之后的一长段时间内，战略人才管理都将成为组织人力资源管理的主流趋势，它提供了一种相对于传统人力资源完全不同的管理模式和理念。传统人力资源管理的每个活动都是独立的，焦点在于管理功能的整体上。而战略人才管理尽管是人力资源的一部分，但其紧密地与企业竞争优势的关键来源——人相关，因此成为人力资源理论中与职业教育结合最紧密的部分。人才管理和人力资源管理的关系可以用图 2.4 表示。

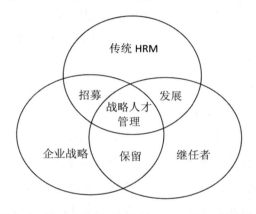

图 2.4　战略人才管理与传统 HRM 的区别与联系

可见，战略人才管理和传统人力资源管理的概念即存在着部分重合之处，也有着根本性差别，前者是在后者基础上的扩展和延伸。相比于传统人力资源管理的普遍性，战略人才管理更强调针对组织的关键岗位稀缺人才的个性化管理，具有一种战略性的视角。基于此，可对战略人才管理做出如下定义：企业战略人才管理是指系统识别企业竞争优势并在岗位上发挥关键作用的一系列活动和过程，通过高绩效、高工作能力的人才库获得发展潜力，建立差异化的人力资源结构，帮助稀缺人才填补关键岗位，确保对组织的持续承诺（Collings & Mellahi，2009）。

（二）战略人才管理系统的主要模式及构成

战略人才管理系统即与培养战略人才相关联的所有要素的综合体。对于企业而言，战略人才管理系统是一种综合战略行为，旨在通过制定吸引、培养、保留和使用具有所需技能和能力的人才，以满足企业当前的需求，提高企业的竞争优势。当前学者对战略人才管理系统的发展阶段进行了详细的研究，认为人才池战略是最重要的阶段（周丹，2018）。

战略人才池战略阶段。在挑选出对于实现组织战略目标有贡献的员工进入人才池后，需要确定人才池的数量、规模、结构。可以通过劳动力分割系统（Iles 等，2016）来进行人才池结构的划分和界定，分为四种人才模式。如图 2.5 所示。

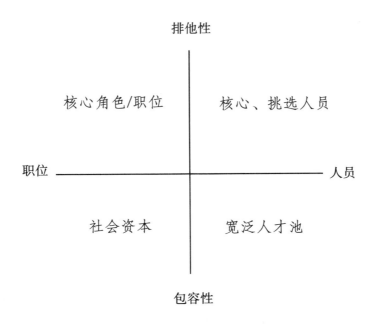

图 2.5　基于劳动力分割系统的四种人才管理模式

第一，排他性-人员（经挑选的核心人员）。此类人才具备使得企业当今和未来的绩效进行持续改善的能力。因而对于此类经过严格挑选的核心人才，需要建立特定的管理政策，同时也应"昭告天下"，让其他员工了解此类员工池的构成，以起到示范作用。

第二，排他性-职位（核心角色/职位）。这种人才池包含了少量为职位而设置的人力资源（如人事总监），应该为这种人才设立特定政策但不应公开该类人才池。一般而言，一个组织中最有才能的人员往往就在这种职位中。

第三，包容性-人员（宽泛人才池）。这种人才池中每个人都具有内在的才能，人力资源最基础的工作就是帮助这类员工提高工作绩效。

第四，包容性-职位（社会资本）。这种模式的人才池强调人才团队的重要性，把人才团队与人才网络相分割，意味着所有员工要么作为组织内部的团队，要么包含在组织内外部人员的人才网络。组织将专门为团队或网络人才设计管理实践措施。现代学徒制即可以视为把外部网络人才内化为组织团队的过程。

当前的战略人才系统一般由核心竞争力的架构和人力资源信息系统（企业软件系统）构成。其中，人力资源信息系统是核心要素。为了在组织内部开发和使用信息系统，可以采用学习管理系统（LMS）模式。这种 LMS 包含招聘、培训、绩效管理、薪酬管理等组织整体人才管理项目的核心部件，并且可以合并或集成组织的其他管理系统。然而，一旦企业人才管理系统中所有员工都被纳入 LMS，则准确的人才识别将会受到阻碍。因此，不同的研究人员提出了关于人才管理系统的多种建议，例如构建支持组织当前或未来愿景的人才储备模型（Berger 等，2004），将组织与其人力资本相联结的人才生命周期模型等（Schiemann，2014）。

（三）战略人才管理的实践

实践活动一直以来都是战略人才管理系统的主体部分。其中有多种子系统划分标准（Oehley & Theron，2010；Zyl 等，2017）。然而，公认的战略人才管理实践子系统可以分为以下四个模块：规划、招募、发展和保留。

1. 人才规划

首先是吸引人才。随着人力资本的重要性越来越被组织所认知，通过长期人力资源开发建立持续性竞争优势成为组织面临的重要挑战，而吸引人才则是人力资源开发的重要环节。吸引人才的关键过程就是通过员工对组织绩效的贡献来定义人才，并确保通过不同的渠道展开。在其中，一些关键的领域开始引起了关注，例如组织文化、雇主品牌、针对人才的管理开发活动（培训、继任以及灵活的薪酬体系）、职业机会以及公司视角等。

其次是招聘人才。大部分组织通过外包和内包来源获取人才。外包的一种方式来自猎头等咨询公司的帮助，另一种方式则来自人力资源部通过人才市场的竞争或学徒制方法为组织的空缺职位或根据组织下一步的计划寻找合适人选。内包则是组织通过人力资源存量工具来定义和选择内部人才，根据组织内个人的历史背景和业绩来发现潜在的人才。

2. 招募过程

现有关于战略管理人才的招募理论均聚焦于对小规模高潜能员工的评估与开发。其中最有效的是通过针对组织内特定员工开发的人才池战略。这种人才池是组织内高潜能和高绩效个人组成的群体，他们是一些重要职位下一步的接班人。随着行业的动态变化，人才池战略在一些国家逐渐兴起。英国人力资源协会最近的统计发现，英国实行了人才管理的 67% 的企业关注于开发高潜能的经理人（Yarnall，2011），众多公司把其拥有的人才纳入了人才池管理。人才池的形式多种多样，不同的人才池可以依据不同的胜任力条件来设立，也可以根据不同组织发展阶段下的不同人才需求来设立。"关键人才池"扩展了人才池的概念，这一概念认为对于组织的持续成功而言，不仅仅管理层职位是关键的，较低层次的职位同样也是重要的。

3. 人才开发的过程

这一过程始于通过个人的潜能和业绩来识别其是否是企业战略人才。而如何继续开发这些员工，使其能力和绩效进一步提高则是这一阶段面临的主要挑战。显然，人才的开发管理活动不应仅仅关注于当前的工作绩效能力，更应该考虑到未来商业需求发展必要的技能。因此，组织为人才开发所策划的活动应该包括在职活动、培训机会、职业管理、继任计划、导师制培训、领导力发展等环节。

无论从个人胜任力还是组织胜任力的角度，组织都应该将战略管理人才视为关键的成果因素加以开发。唯有如此，核心人员才有可能被置于企业的核心岗位，从而确保组织赢得竞争性优势。从开发过程来看，应该通过组织安排的有计划或无计划的学习活动来实现。组织应该在组织内开展综合统一的学习计划来推动人才发展项目，即人才开发的组织战略。

4. 保留人才的过程

尽管众多理论研究者强调组织人才管理的焦点在于吸引和开发高水平员工，但大量的管理实践则显现了一个很重要的现象：对公司而言最好的方法是从竞争对手处招募有才干的员工。尽管企业在大量招募人才，但失去人才的速度往往会快于招募的人才。因此，如何吸引和保留高质量人才，对于保持人才队伍的稳定性，为组织赢得竞争优势至关重要。为了从人才保留中获利，需要采取以下八大有效行动：（1）强烈支持和保障人才管理的优先权；（2）有效评估当前招聘资源的质量；（3）拓展招聘来源；（4）倡导全球化人才资源；（5）持续关注劳动力市场变化；（6）设计差异化的人才保留项目；（7）人才保留的目标具体化；（8）根据人才保留的业绩设计奖惩措施。在人才保留的过程中，应该将绩效管理、继任者计划、优先机会以及薪酬管理等视为重要的实践措施。

三、社会交换理论

由前所述，现代学徒制是社会职业教育的最新发展模式，由政府，学校、企业等社会组织构成，具有明显的社会属性。对于任何社会主体而言（无论企业还是个人），参与某项社会活动时都会在利益感知因素和成本感知因素之间进行衡量，基于衡量结果做出行为选择。这也是社会交换理论的主要观点。因此，本专著基于社会交换理论进行企业参与现代学徒制的动机模型的构建和分析。以下对这一理论进行详细介绍。

（一）基本理论

社会交换理论（Social Exchange Theory）由 Homans 等行为社会学家提出，是一种借用经济学概念解释社会行为的一种社会心理学理论。它起源于 20 世纪 60 年代的美国，其理论基础来源于古典政治经济学、人类学、社会学、心理行为学的相关观点，比如"理性人""需求""互惠""社会秩序"等等，不仅把人类个体行动归结为一种交换（Exchange），还把各种复杂的社会关系也视为一种特殊交换关系（Exchange Relationship）。自 Homans 创立以后，社会交换理论在发展过程中分化出了行为主义交换理论、社会结构交换理论、相互依赖交换理论、资源交换理论、公平交换理论等五个存在相互联系的理论学说。这些理论尽管有着不同的理论基础，但它们都描述了社会交换如何影响人们的决策过程，也都阐述了人际关系交换模式的不同特征。它们的演进关系如图 2.6 所示：

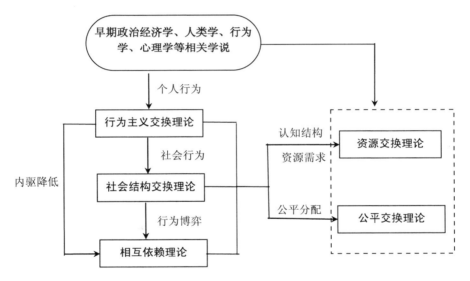

图 2.6　社会交换理论的演进脉络图

（二）行为主义交换理论

Homans 的行为主义理论是五大社会交换理论的源泉。这一理论主要建立在斯金纳的操作心理学说之上，核心思想在于把"行为"视为"在至少两人以付出成本换取奖励为主要形式的交换活动"。可见，该理论关注的是个体交换行为的微观社会规律，将社会视为个体行为的结果。为了更透彻的阐述行为主义交换理论，Homans 吸收并修改了经济学和心理学中的多个经典概念

（Homans，1961）：

行动：认为寻求奖励而逃避惩罚的个体行为；

情感：群体中个体的内在利益，如偏爱、厌恶、赞同、反对等。它也是一种可交换的社会资源；

报酬：满足个人特定需求的东西。它可以是有形的，如金钱；但也有无形的，如口碑、分享、赞美；

成本：有两种情况。一种是实际成本，即做某事的痛苦。例如，足球运动员为了冠军而努力训练；另一种是机会成本，机会成本是指为了获得某种奖励而失去其他可能的报酬，例如为了参加培训而放弃一场音乐会；

利润：一项行动所获得的报酬减去所产生的成本所剩下的纯报酬。

在基本概念的基础上，Homans还构建了一套完整的交换命题系统，包含六个命题，用以阐释其关于个人交换行为的基本观点。

1. 成功命题。就一个人的全部行动而言，一个行动获得奖励的次数越多，他就越有可能重复这个行动。换句话说，人们倾向于重复那些得到奖励或避免惩罚的行为。进一步，如果某一行为获得的奖励是无规律的而不是有规律的，那么主体重复该行为的频率会更高。

2. 刺激命题。如果过去一个人的行为奖励总是伴随着一个特定的刺激或一系列的刺激，当前的刺激与前一个刺激越相似，这个人就越有可能接受这个动作或类似的动作。这个命题描述了刺激的普遍性。例如，夫妻中的一方会使用一种说服策略，这种策略在过去类似的情况下是成功的，这被称为"类似的情况"。

3. 价值命题。一个人行动的后果对他越有价值，他就越有可能采取行动。人们倾向于做对自己有价值的事情。这里的价值是指使人们受益资源的大小。各种资源都有不同的价值。

4. 剥夺/满足命题。一个人获得奖励的次数越多，奖励对他的价值就越小，这就是边际价值递减规律。该命题体现了成功命题的局限性，认为超过某一程度便不需要奖励。

5. 攻击/赞同命题。该命题分为两个部分。首先，如果一个人的行为没有得到预期的奖励或导致意料之外的惩罚，那么他就会非常生气，采取一些攻击性行为。其次，如果一个人的行为得到了符合或超出预期的奖励，或者没有受到预期的惩罚，那么他会很高兴，更可能同意别人的行为，这对他来说更有价值。这一命题充分说明了"强化"的理论本质。

6. 理性命题。一个人在采取行动时，要同时考虑行动的价值以及行动成功的概率。该命题在 Homans 的交换理论中尤为突出，它是一个综合性的命题，强化了成功命题、刺激命题和价值命题。

以上六个命题构成了霍曼斯社会交换理论的决策支持体系。Homans 认为，它们之间是相互联系的一个整体，只有联合所有命题才能解释所有的社会行为结构。即使最复杂的制定性社会行为或者不制定社会行为，都可以通过以上命题组合加以阐述。

Homans 描述了个人交换行为的特征：致力于在现有环境中寻求积极刺激，愿意做"过去成功"，积极追求利益。若交换对象是无生命物体，那么就是为了获取某一有价值的资源而放弃该物体；但若两人处在一个交换关系时，情况就复杂了。因为对方是环境刺激下有主动性的人，是以过去的"成功经历"来做选择的。而我们不可能充分了解他人的"过去成功经历"，因此交换中就碰到了问题，除非我们提供足够的回报。Homans 还提到了社会交换中的"公平"，认为公平是由分配正义决定的。也就是说，"在交换关系中，一方会期望另一方获得与其成本成比例的利润——回报越大，成本越高。他还期望对方的净回报（回报减去成本）与他们的投资成正比——你投资得越多，你得到的就越多"。

总体而言，Homans 的社会交换理论仅基于个人行为层次，是社会交换理论的最原始阶段。遇到诸如社会制度变革等重大宏观社会问题时，该理论解释力并不强。

（三）社会结构交换理论

Blau 将交换理论从个体的角度推广到社会结构（Blau，1964）。该理论认为，从微观到宏观的交换过程是相同的，但交换的主体从个体延伸到群体和社会组织，交换的过程无疑将更复杂。特别的，Blau 用内部补偿和外部补偿来定义各种报酬。其中，内部补偿从社会交换关系本身获得。如乐趣、信誉、社会认可、爱心、感恩等；外部补偿则来源于社会交往关系之外。如金钱、物品、邀请、遵守等。在此基础上，从成本—收益的角度来解释社会交换中的人类行为：成本指的是人们在与他人的互动中，面临的惩罚或奖励损失，包括直接成本（为换取他物而给予他人的资源）、投资损失（将可能奖励他人的时间和精力用于个人技能开发）和机会成本（错失从其他活动获得奖励的机会）等；收益指的是正强化资源，包括快乐、满意、满足等（是从具体到象征的连续），包括个人吸引力、社会欣赏、社会认同、尊重/声望、权力等。在社会交换中，人们会尝试不同行为且以最小化的成本获得最大收益（Molm，2003）。

Blau 还描述了影响人们选择的三种期望：一般期望、特定期望和比较期望。一般期望是人们认为他们将从生活的各个方面得到回报：与工作相关的收入和利益，从朋友那里得到的情感支持和友谊；特定期望来源于对他人的奖励，包括期望他人的行为符合社会行为规范；比较期望包括分析关系的回报和维持关系的成本之间的差异。比较期望福利越是令人向往，就越有吸引力。这三种期望影响着人们对社会回报的渴望。Blau 认为，人们获得了一定水平的回报，便希望至少保持在这个水平。换句话说，令人满意的最低回报水平就是当前的回报水平。更重要的是，符合预期收益的获得比超出预期收益的获得更令人满意。这在经济学中被称为边际效用递减定律。

（四）相互依赖交换理论

该理论由 Kelley 和 Thibaut 提出，它继承了传统社会交换理论的一部分，也认为"最具社会意义的行为只有在得到加强或以某种方式得到奖励时才会重复"。另外，该理论不仅仅是一种交换理论，更涉及协调方面的问题。其创新源自对两个基本概念的认知：内驱力降低和博弈原理。Kelley 和 Thibau 认为社会过程就是行为双方相互提供资源以减少动机或满足对方需求的过程（Kelley & Thibau，1978），他们提出了采用博弈论来描述两个人之间的社会交流，因为动机的降低通常仅限于个人行为。在此基础上提出了利益最大化、信息对称、结局相互依赖以及价值固定等四个博弈论基本假设。他们强调社会交换是来自满足需要的强化行为，同时提出了个人行为的概率函数。该函数由内部刺激（感情）与外部刺激（环境力量）决定。而无论内部刺激还是外部刺激，均与以前采取该行为得到的强化案例相关（Kelley & Thibau，1978）。相互依赖交换理论还对社会关系的评估进行了深入分析，认为社会关系的稳定性取决于将眼下关系产生的后果与替代比较水准相比后得出的结果。

（五）资源交换理论

E. Foa 和 U. Foa（1974）的资源交换理论认为，人们倾向于用相似的资源交换，如爱换爱，钱换钱。这种倾向在特定资源（如爱情、地位和服务）的交换中最为突出，但在一般资源（如商品和金钱）的交换中则不太显著。此外，交换关系的形式也对资源交换产生影响。例如，友谊最有可能涉及爱情、地位、信息和服务的交换，但不太可能涉及金钱或货物的交换。

此外，E. Foa 和 U. Foa 的资源交换理论也对资源交换管理规则感兴趣。他们提出了两个命题：（1）每一种人际行为都涉及一种或多种资源的给予和接受；（2）涉及较高相似度资源的交换行为比涉及较低相似度资源的交换行为更容易发生。在这两个命题中，第二个命题对于预测资源交换更为重要。这个命题假设人们通常认为两种资源或多或少是相似的。例如，人们普遍认为爱情类似于地位和服务，不太类似于商品和信息，最少类似于金钱。其实，爱情和地位在交换中是很相似的，完全可以用同样的行为去交换。

（六）公平交换理论

E. Walster 等的公平交换理论强调交换关系中公平的重要性，其核心思想是：人都是自私的，会为自己的利益而行动（Walster 等，1978），总是试图将结果（即回报减去成本）最大化。他们对公平做了详细的解释：公平是指交换关系的一方或外部人士认为双方从交换关系中获得的相对利益是相等的。这里的相对收益是双方获得净利润比率（关系的结果和输入之间的差除以输入的绝对值）的比较。

另外，该理论认为，社会因素会影响人们在交换关系中的公平感。众所周知，如果社会成员不可以追求个人目标而致力于相互帮助，则社会将更加稳定。因此，社会通过规则和正式法律的确定，以确保在交换关系中公平的建立。同时，社会群体可以逐步建立一些公共资源公平分配的制度，从而为自己获得最大的回报。

第三节　本章小结

本章在阐述现代学徒制内涵的基础上，围绕现代学徒制对完善职业教育的重要意义，以及企业参与学徒制是为了实现战略人才储备这一根本动机，对职业教育理论和战略人才管理理论进行了梳理。同时，考虑到企业参与现代学徒制的决策过程其实是对感知利益和感知成本的交换性思考，进一步对社会交换理论进行了详细阐释。本章不仅详细阐述了各理论的主要观点、发展脉络，更注重于厘清现代学徒制与各个理论之间的关联。本章为后面内容的展开提供了理论依据。

第三章

我国学徒制的历史演进

在我国职业教育历史上，学徒制又称师徒制、艺徒制、工徒制，是指师徒共同工作过程中，徒弟通过师傅的言行获得知识和技能的一种实践教育形式。在学校教育出现以前，学徒制一直是最为流行的技能学习方式，也是职业教育的初级阶段。我国的学徒制经历了古代的世袭制和艺徒制的依赖剥削、民国时期练习生制的师徒代际相传和现场模仿，中华人民共和国成立后的近现代半工半读技能相传，改革开放后的校企合作（雷前虎等，2016）。在各阶段均承担着培养与社会经济发展需求相匹配的技能型人才的重要任务。本章详细介绍我国学徒制的历史演进过程。

第一节　我国古代的"世袭制"和"艺徒制"

我国最早有记载的学徒制发生在公元前21世纪至公元前475年（春秋末期）的奴隶社会。在这一时期，青铜器的出现使得人类摆脱了石器工具的束缚，生产力水平得到了显著提升。在此背景下，奴隶主为了满足自身生活多样化需求，把属于自己的奴隶分为不同群体，组成从事不同职业的社会劳动组织，这些组织"以职业为氏，以行业为居"，形成了不同门类的世袭制技艺世家，主要以"子承父业"的形式进行技艺传承（洪家义，1992）。在人们追求"生存"的社会背景下，单线技能传承的"世袭制"适应了当时生产力发展的需要。其主要特点是：（1）严重依赖血缘关系，依靠父亲手工教儿子的模式传授技艺；（2）技艺者由于紧密依赖关系而被迫为奴隶主提供免费服务；（3）同类工种聚集，形成家族社会而保持技艺流传。来到封建社会，随着手工业的兴起和技术的进步，社会迫切需要在短期内培养技艺熟练的工人，以世袭代际相传的传承方式已经不符合社会生产力扩容的需求。于是，作为我国古代最著名职业教育形式的"艺徒制"开始流行。艺徒制一般由"工匠"和"工师"组成，通过专业技能学习，在一定实习年限内达到培养学徒的目的。另外，艺徒制在培养技能人才的同时更注重技术技艺的累积和传承，通过把实践经验总结编撰成著作的方式达到承载国家技艺保留的目的，极大推进了社会及科技文化的发展。例如《营造法式》《天工开物》《园冶》等设计军事、建筑、园林等领域的著作可以视为我国最早的职业教育课程教材。可见，艺徒制的出现改变了原来父子口耳相传的"单线"方式，不仅提高了技艺传承的效率，更使得学徒阶层出现了流动，技艺精湛的学徒有了"逆袭为师"的机会。然而，艺徒制仍然带有剥削的色彩，因为完成学习年限后，需要无偿或者低偿为师傅或行会服务一段时间，以抵消学徒培养过程中的成本。

第二节　近代及民国时期的"练习生制"

一、"练习生制"的发展史

1840年鸦片战争改变了我国近代闭关锁国的状况，历经洋务运动、实业救国等浪潮，新兴工商业得到蓬勃发展。新兴工商业对规模化生产的管理需求使得原来的艺徒制无论在学徒培养的数量还是质量方面都开始捉襟见肘，一种以企业为主导的新型技术型人才培养模式——练习生制应运而生（雷前虎和崔莉萍，2019）。经过清末民初的崛起、民国的繁荣和中华人民共和国成立初期的演变，练习生制已成为我国学徒制实践的重要组成部分。

（一）清末民初：练习生制的出现

在洋务运动、维新变法等改革浪潮下，新业务的兴起需要大量的新员工接受系统的技能和思维训练。旧式的学徒制盛行于小家庭作坊，在数量和质量上都已大大落伍于时代要求。"供不应求"这一教育人才供给侧矛盾严重突出。"新工商业兴起后，组织规模与以往不同，旧的学徒制不适用，也不可能"，近代著名职业教育大师何清如先生的描述可以很好地解释这一现象。中日甲午战争前后，日本经常派遣"练习生"到中国调查上海水产品销售情况，随后先后到重庆、杭州、汉口调查操作。可见，"练习生"最初具有商业间谍的性质。北洋政府将"学徒制"改为新产业、新企业的学徒制，以区别于"旧学徒制"。1913 年，北洋政府总理赵炳军提交了海外练习生招聘案，提出新企业应自行招聘海外练习生，并要求严格规定他们的权利以及企业与练习生之间的义务，这可以说是我国最早正式定制的"练习生"制度。后来，由中国银行编制的《中国银行公报》详细记录了学员的招聘、试题、评分、规则、晋升、奖惩等情况，"练习生"制度由此诞生，标志着我国已逐步形成了新型人才培养的规模体系。

（二）民国时期：繁荣

从 1919 年到 1937 年，中华民国的经济迎来了一个黄金时代。自由交流的市场、开放的国际竞争环境、企业家的市场自治秩序、知识分子的意识形态自治秩序、竞争与创新等新的社会禀赋使练习生制度迈向繁荣和成熟。每年各类新兴工商企业都会通过《南京市政府公报》《银行周报》《实事公报》等报刊发布大量的招考信息，相关试题及上届录取信息等，引来了众多高中乃至大学毕业生的竞争，成为毕业生求职、企业竞相招聘的重要资源。例如，中国飞轮线材厂成立于 1929 年，每年招聘练习生 200 余人，通过练习生制度培养生产工人人数占员工总数的 65% 以上。彼时，《论提高银行练习生待遇的必要性》《一名练习生》等反映练习生现状的文学作品层出不穷，练习生的薪酬和生活问题尤其成为社会关注的重点。练习生制也在学徒的招收、拜师、训练、考核、就业等各个方面形成了一套相对成熟的模式，如表 3.1 所示。

表 3.1 民国时期成熟练习生制运行模式

内容	主要特点
招生对象	以高小或中学毕业生为主，兼备数学、英语、国文等基础知识
招聘程序	报刊招聘或业内人士推举为主，经考试、口试后确定录用名单
训练培养	练习期一般为 0.5—2 年，选配专门师傅，业务能力和品行修养同时培养，按月发放培养工资
工作及出路	由招收企业进行考核，考核成绩成为企业使用和晋升的主要依据，择优定级、聘用及岗位分配

练习生制在民国经济转型及实业救国的过程中发挥了极其重要的作用。一方面，该制度通过大批工商业人才的培养催生了民国经济"黄金时期"的到来；另一方面，"凡纺织厂莫不有练习生，且有而至于多，多如过江之鲫"（刘晏如，1932），大批高素质、低成本的练习生降低了民族企业的生产经营成本，构建了独特的人力资源培育机制，为民族工商业的原始积累提供了良好的社会环境。此外，他们中的一些人通过在实习制度中获得的技能成为民族资本家和银行家。根据对现代企业家诞生的统计，34%的资本家曾经是学徒。其他人在其他领域做出了突出贡献，甚至成为"文化巨人"，如作家胡愈之、古人类学家贾兰坡等。促进了社会人才的多样化发展。

民国时期的练习生制度虽然取得了初步繁荣，但并没有改变工商资本家剥削的本质。1931 年，中华民国著名职业教育专家钟平先生在大会上号召，社会各界要重视学徒制在工商业发展中的重要作用。他建议政府法律应该限制学徒的年龄，实现自由选择就业，改善待遇和重视教育机会。然而，在社会军阀分裂、战争不断的时代，以契约关系维持的练习生仍被资本家剥削，成为原始资本积累的工具。学生权益的保护主要取决于资本家"是否慈善"，个人权益受到损害的现象时有发生。所谓的"劳动合同"，看似公平合理，却只会使剥削更加狡诈、更加隐蔽。

（三）中华人民共和国成立初期：嬗变

1949—1956 年，中国正处于由新民主主义革命阶段向社会主义初级阶段过渡时期，经济开始全面复苏，且私营经济、集体经济和国有经济等多种经济体制并存。练习生制作为一种新型的工商业人才培养方式，虽然有着一些资本主义色彩，但仍然延续了良好的发展势头。更重要的是，该制度培养出的练习生是工人阶级的重要一员，政治地位和生活待遇得到了大幅度提高，彻底摆脱了民国时期"隐性剥削"的局面，呈现出了一些新的特征。如表3.2所示。

表3.2 中华人民共和国成立初期练习生制运行模式

内容	主要特点
招生对象	农民或农民出身的专业军人
招聘程序	由政府出面推荐至国营或公私合营的工商企业
训练培养	练习期一般为1—3年，选配专门师傅，业务能力和品行修养同时培养，按月发放培养工资
工作及出路	培训期满，转为国家正式职工，享受国家计划工资待遇。1956年，工业、交通、建筑等部门招收了51万名练习生。但是，由于新企业的开办延迟等因素，他们未能如期成为正规学员。在此背景下，国务院发布了关于延长实习期限的特别命令，并如期正式通知了员工。有关部门严格执行了延期的说服和择期转正工作，并希望其继续轻松学习，并承诺"延长期到后，即可转正，不再延期"

可见，中华人民共和国成立之初，练习生不再是作为"下等"学徒和劳动者而存在，而是成为国家工人阶级（工人阶级的预备队），行使工人阶级当家作主的权利。计划经济体制下的练习生试用期制度也开始向职前培训制度转变。在国家实习制度的支持下，一些地方练习生培训的年限由3年缩减为1年，且待遇大幅度提高，这也造成了一些不良的社会影响：一方面，大量无法从事其他职业和农业生产的农民和复员军人要求被政府招聘为练习生，导致国有企业数量大幅增加；另一方面，部分练习生过分追求自身利益而出现消极怠工现象，造成国有企业运营效率急剧下降，给国家造成了很大的危害，计划经济的弊端开始显现。练习生制也逐步演化为企业编制制度。

二、"练习生制"的性质和特点

练习生制作为我国学徒制实践的重要组成部分，在传统学徒制和现代学徒制之间起着桥梁作用，对我国各阶段的经济转型起到重要作用，但也同时存在着诸多局限。

（一）练习生制的性质

从学徒制在中国的历史演变历程来看，练习生制度是旧学徒制的一种变体。从"徒弟"到"练习生"，最重要的不是改名换姓，而是要取消旧学徒制下的宗法性师徒关系，成为真正意义上的"现代学徒制"（彭南生，2006）。因此，练习生制与旧式学徒制存在着密切的联系，是相互承续关系。也就是说，前者是对后者的形式和内容参考，传统家庭作坊的学徒最有可能转变为新型工商业的"练习生"。另一方面，练习生制度是对旧的学徒制度的彻底改变。它不同于后者师徒间赤裸裸的剥削关系，而是以商业合同为纽带，剥削在一定程度上是隐性的。师傅和学徒的关系就是雇主和雇员的关系。因此，虽然练习生制起源于旧的学徒制，但它在形式和内容上更接近于西方真正的学徒制。

（二）练习生制的特点

首先是管理的现代性：民国时期是我国由农业经济向工商经济转型的关键时期，社会各方面都在现代化的道路上疾驰，洋务化和企业现代化的因素急剧增加。练习生制度在一些行业实现了招聘和培训的现代化，脱离了原有的家庭学徒的个人依赖性，具有相对独立的地位。其次是市场自发性：新兴工商业的兴起极大地增强了市场自发性，为练习生制度的出现提供了相对宽松的社会环境。同时，学徒的权益和培训过程也被企业和市场所主导，学徒始终处于被动地位。最后是企业主导性：清末民初，政府本身处于内忧外患之中，在中学教育方面根本无暇顾及，只能任由其发展，更不用说职业教育了。显然，练习生制不可能得到政府的政策引导和行政保护，逐渐成为由企业主导的员工自我培训制度。企业主导、政府失语、校企脱节的现象使得练习生制形成了一种短期的畸形"繁荣"，并没有得以长期延续。

第三节　中华人民共和国成立后的
"半工半读"制实验教育

　　1958 年起，为了促进职业教育的发展，为中华人民共和国建设培养技术技能型人才，我国政府在延续民国时期"练习生"制的同时，为力争去除学徒制中的剥削成分，保障学徒的基本权利，开始了中华人民共和国职业教育的探索实践（郑荣弈，2017）。1958 年，天津国棉一厂成立了中国第一个半工半读学校，第一阶段共招募高级员工 514 人，拉开了"半工半读"教育试点的序幕。同年 5 月，中共中央政治局扩大会议上，刘少奇同志明确提出了"双向教育、双向劳动制度"，要求在全日制学校教育系统和八小时工作日系统外，大力发展半工半学、半农半学的职业技术学校和业余学校（庄力群，2013），试图让更多的年轻人在国家经济困难的情况下接受教育，为中国的工农业生产提供文化和知识兼备的人才，开辟一条适合我国职业教育发展的道路。截至 1965 年底，我国半工半读学校共有 7294 所，拥有在校学生 126.6 万，"双向教育制度"和"双向劳动制度"得到了长足的发展。

　　从现行职业教育政策的实施对象来看，大多数学校（包括小学、中学和专科学校）都进行了工读教育改革的试点。因此，除了企事业单位中接受培训的员工外，所有勤工俭学的学生也都包括在实施范围之内。具体来讲其实施主体可以分为三个部分：其一为各类学校；其二为各类工矿企业及事业单位；其三，1958 年，《中国共产主义青年团中央委员会关于推进学生半工半读工作的决定》中规定，共青团的组织要与学校以及社会部门合作，加强联系。因此，共青团组织也是政策执行的重要参与者。总结起来，该时期企业主导的"半工半读"制的形式如表 3.3 所示。

表 3.3 中华人民共和国成立初期"半工半读"制实验教育模式

模式	主要特点
四四制之一	有丰富生产经验的 4 级工及以上、高小毕业以上文化水平老技术工人参加的半工半读班,劳动及学习各占四小时。
六二制、七一制	一般职工参加的职业学校,六小时劳动两小时学习。有时也为七小时劳动一小时学习。
四四制之二	初中(或小学)毕业生参加的学徒工培训。或者中等专业学校、技工学校利用企业招工指标进行招生,学生由企业发放补贴,学习与生产并重,学习内容与生产紧密相关,实行四小时学习四小时生产。学成后仍回企业工作。

从学习期间的课程设计来看,该时期半工半读形式的实验教育虽然重视徒弟劳动意识的培养,但并没有被统一规划和设置。《中共中央关于发展半工半读教育体系的指导意见》规定:半工半读应以"少而精""学以致用"为原则。但是,一般有三种类型的课程必须有,即政治课、文化课和专业课。可见,现行政策只规定了学校课程,而忽视了学生在生产劳动期间也应接受相应的文化学习,忽视了学生的劳动不仅是体力劳动,而且是劳动知识的学习和实践。从学徒制的角度来看,这一时期的教育开始强调契约形式的学徒制标准化,学徒的人身权益得到了极大的改善。

综合来看,这一阶段的半工半读制度是教育与生产劳动紧密结合,批判资产阶级教育思想的一种新的教育制度。它改变了原有教育脱离生产、脱离现实的不良影响,探索出一条初具中国特色的职业教育之路,适应了我国 20世纪五六十年代经济发展的需求。值得注意的是,在"文革"初期,半工半读制曾被看作带有资本主义色彩的职业教育而遭到摒弃。直到 1971 年才逐步恢复,开始探讨"厂校挂钩""校办工厂"等模式。

第四节　改革开放后的"边缘化"学徒制

改革开放后，随着市场经济体制的不断深入，企业人力资源紧缺的情况日益严重，学徒制在技能型人才培养中的重要作用不断被社会所认知，党和国家领导人开始更加重视学徒制培养。这一阶段，我国开始实行劳动人事制度改革，企业的用工制度由计划经济下的"国家分配"转为面向市场自主招聘人才，员工流动性大大加强，再加上职业院校的蓬勃发展，企业完全可以把培训员工"外包"给职业院校而自身专注于市场开拓及技术创新。再加上传统劳动现场形式的学徒制由于受到实践场所的限制，无论在人才培养数量还是质量方面均无法满足社会主义市场经济的需求，因而在培养主体方面，这一阶段的学徒制由企业为主导转向以正规职业学校为主导，学徒制趋于边缘化。

在国家政策方面，1979 年发布的《关于进一步加强技术工人培训工作的通知》指出："做好学徒制培训工作是关系到新员工健康成长和现有员工技术水平提高的重要环节，应当遵守国务院规定的学徒期限……"重新定义了学徒的重要性；1981 年 5 月，由国家劳动行政部门制定的《关于加强学徒制培训工作的意见》认为，在当前情况下，通过学徒制培训新技术工人仍然是一个选择，并规定了学徒招生细则的培训时间、培训目标等，它不仅推动了部分地区学徒制从招生到招工的改革，更加强了对规范学徒身份合同的细致、明确的规定；1989 年 3 月劳动部出台的《关于印发学徒培训制度改革座谈会纪要的通知》中指出，"要逐步实行企业和学校（培训中心）相结合的培训学徒工方法，既可以利用企业生产现场加强学徒的实践技能训练，又可以利用学校的课堂教学提高学徒的理论知识水平"，这充分肯定了"校企合作"为未来学徒制改革方向。

从实施效果的角度，该阶段以学校为本的职业教育虽然在技能型人才培养数量方面取得了显著的优势，但学校教育重理论轻实践的弊端亦开始不可避免的显露出来。随着改革开放的深入，我国产业结构调整速度加快，引起经济结构不断调整。这一背景下，纯职业院校培养的人才难以符合现代企业对岗位技能的要求，"产教融合"和"协同教育"的培养理念越来越成为政府和企业对职业教育的现实要求，推动现代学徒制全面探索阶段的到来（陈波涌，2004）。

第五节　"校企合作"的现代学徒制

一、政策目标和措施

党的十八大以来，中国进入了全面深化改革的阶段。现代化建设对高科技人才的迫切需求促使我国建立了现代学徒制。2011年3月，教育部副部长鲁昕首次提出"现代学徒制"，引起了各行各业对现代学徒制的广泛关注。该词汇最终写进了教育部发布的《教育部关于推进高等职业教育改革创新引领职业教育科学发展的意见》这一重要文件。2015年1月，教育部随即发布了《关于开展现代学徒制试点工作的通知》。同年8月，首批165个现代学徒制试点单位公布，其中包括17个地区、8家企业、100所高职院校、27所中等职业院校、13个行业龙头单位，标志着我国现代学徒制从探索阶段正式转向全国试点实践阶段。2019年，在现代学徒制试点经验的基础上，在全国范围内推广这一先进职业教育体系，现代学徒制在我国步入繁荣期。

根据《我国现代职业教育体系建设规划（2014—2020年）》，现阶段我国实施学徒制的根本目的是建立和完善现代学徒制体系。具体来说，有两个目标：一是丰富职业教育的学习方法，提高兼职教育在职业教育中的比重；二是加强职业教育实践培训，实现人才培养完全匹配于就业需求。在此目标下，现代学徒制的对象既包括职业学校也包括企事业单位，同时涵盖学历教育和非学历教育。同样，在实施主体上，不再强调单纯的学校教育管理，而是强调以"学校企业双教育"为主体。将企业事业单位纳入现代学徒制的主体，其本质不同于前一阶段的边缘化学徒制。

与学徒制发展的前几个阶段相比，在现代学徒制的实施中，必修课很少，对课程和学时没有明确的要求。但它明确指出，学校和企业必须共同开发和实施课程，并对学徒的表现进行评价，这与以往单一主体（学校）开展的课程开发和评价阶段相比是一个质的飞跃（王平新，2015）。教育部《关于开展现代学徒制试点工作的通知》中明确指出，应按照职业院校的人才成长规律和合作企业的岗位等实际需要来制定人才培训计划，开发课程和教材，设计教学实施，组织评价，开展教学研究。"校企合作教育"的特点毋庸置疑。而在现代学徒的身份规定方面，强调双方签订合同来确认学徒的身份，澄清"学徒"和"学生"的双重身份。《现代学徒制试点工作有关问题的通知》明确指出："学生、企业和学校应该签两个合同"，但在合同内容上的规定没有前一阶段那么详细。

二、现代学徒制的运行状况分析

（一）现代学徒制的全面推进

自 2015 年我国开始现代学徒制试点工作以来，在各级政府部门不遗余力的政策推动下，现代学徒制试点单位类型丰富，职业院校的数量不断增加，试点范围不断扩大。表 3.4 列示了我国 2015 年以来三批现代学徒制试点单位的详细情况（李金，2019）。

表 3.4　我国 2015 年以来三批现代学徒制试点情况

	时间	地区	企业	高职院校	中职院校	行业组织	试点总数
第一批	2015.8	17	8	100	27	13	165
第二批	2017.8	2	5	154	38	4	203
第三批	2018.3	1	4	156	29	4	194
共计		20	17	410	94	21	562
百分比		3.6%	3.0%	73%	16.7%	3.7%	100%

由表 3.4 可见，除了试点单位总数不断增加之外，试点单位中职业院校

的数量从第一批次的 127 所增加为第三批次的 185 所，职业院校占试点总数的比重达到 89.7%，这决定了未来很长一段时间内中职院校和高职院校将会是我国现代学徒制试点单位的主力军。试点企业的数量仅占比 3.0%，表明了企业在试点单位的构成中居于弱势地位，提高企业参与现代学徒制的动机问题不容忽视。从试点地区的角度，第一批现代学徒制度的地区涵盖吉林、湖南、湖北、江苏、浙江、广东、广西、四川、陕西、山东等 10 个省的 17 个地区。第二批新增湖北宜昌和湖南岳阳。第三批新增广东清远试点，试点范围逐步扩大。2019 年教育部《关于全面推进现代学徒制的通知》（教职成厅〔2019〕12 号）要求各地一定要明确目标任务和工作措施，全面推进现代学徒制，引导行业发展，企业和学校积极开展现代学徒培训。

（二）校企合作的程度不断深化

经历了前几个阶段的学徒制探索，我国"校企合作、工学结合"的技能型人才培养模式有了坚实的基础。加之借鉴了德国、英国等职业教育发达国家的成功经验，我国校企合作的程度不断深化（齐亚丛，2016）。最早，企业只是学生实习的主要场所；继而，企业全面接受学生实习实训；而在目前校企合作阶段，双方共同制定人才培养计划和专业课程，企业逐步参与现代学徒制人才培养的全过程。这使得人才培养方案和教学过程更加规范、科学，使现代学徒制技能型人才的培养更加符合企业的实际需求。据本课题组调研，现在我国大多数职业院校已经在政府的引导和相关政策支持下，协调企业行业共同加入现代学徒制的运行过程，初步形成了具有中国特色的现代学徒制度。

以邢台职业技术学院为例，2015 年成功进入教育部首批试点单位，拥有服装设计与技术、应用化工技术两个试点专业。公司与河北中煤国际服装有限公司、中国旭阳焦化有限公司建立合作关系，共同为企业培养技能型人才。双方不仅共同选拔和招生，还共同制定论证职教人才培养方案，制定教师和教学评价标准。在双方进行现代学徒制实践的过程中，河北省及邢台市政府则和校企一起，设立专项资金，建设培训基地，建设师傅及教师队伍，共同开展项目研发，全力保障现代学徒制的顺利运行。5 年以来，两个专业分别为联合企业输送人才 300 和 500 余人。

（三）人才培养模式趋于多样化

通过首批试点工作，我国现代学徒制逐步走向正轨，其培养模式也开始从单一化趋向于多样化。"定岗双元""一三四五六""五三一""职业梯""三纵五横"等模式不断涌现。主要特点及实践案例总结如表 3.5 所示。

表 3.5 我国现代学徒制培养典型模式

典型模式	主要特点	实践案例或提出者
定岗双元制	针对岗位（群）的要求，校企共同制定培养方案，共同确定学生（徒）的理论和实践课程体系，共同开发和选用教材，充分利用双方各种优势进行人才培养，边工边学，边学边工	太仓职业中心学校与德国工商行会上海代表处共建的中德培训中心名下的十几家德国企业以及美国史泰博公司（世界 500 强）等合作共建现代学徒制班级
一三四五六制	知识、能力、素质培养为一主线；教师、师傅、学生三主体；教室企业融合、教师与企业师傅融合、理论与实践技能融合、学历和资格证书融合四融合；工龄计算、工资发放等五问题；培养过程六共同	威海职业学院与威海广泰空港设备股份公司的合作办学
双主体制	双主体协作育人、校企共同体学徒培养、共赢合作学徒培养、"工匠"定制学徒培养	窦祥国等（2018）；蔡丽巍和孔原（2018）；刘素贞（2018）；祝木伟和肖亚杰（2017）；程玮（2017）
五三一制	完成五项基本任务、三层评价、一体化育人	青岛市政府主导的现代学徒制试点
职业梯制	有车间、有产品、有效益；无年级、无课程、无缝隙；学校企业化，教室车间化，教师师傅化，学生工人化，作业产品化	刘彦华和杜建根（2018）

典型模式	主要特点	实践案例或提出者
三纵五横制	三纵：学校、企业、第三方根据平等协商的协议构成教育共同体。三方责任划分，在维护另一方合法权益的同时，各自独立履行义务，享有权利。 五横：人才培养计划制定与课程改革、教师保障、教学保障、教学实施、教育监督、质量保障	刘飞和张兴华（2017） 由成都汽车职业技术学校首先实施
三级导师制	一级：行业领军人物担任"大师" 二级：企业专家和校内教师担任导师 三级：企业能工巧匠和技术骨干担任师傅	桂占吉和刘来权（2017）

丰富的人才培养模式大大提高了人才培养质量和就业率，在很大程度上增强了职业教育与服务区经济和产业发展的对接效应。

（四）社会效应初步显现

现代学徒制在我国试点以来，社会技术人才的供给大大加强，有效地带动了区域社会经济发展，满足了企业工人需求，提高了职业院校人才培养内涵建设及办学质量，有效促进了学生高质量就业。现代学徒制的意义已经得到社会的认可，其良好运行产生了强烈的辐射效应，促使现代学徒制职业教育不断发展。

例如，浙江机电职业技术学院的现代学徒制实践过程中，校企双方以学徒培养为纽带展开合作办学，采用校企双主体管理模式，并推行双导师制。近几年来致力于开展"双元制"成人高等职业教育改革，面向具有3年以上工龄或者持有中高级工证书的企业员工进行招生，打破了原有成人高等学历教育固定化教学计划的模式。针对企业的岗位需求，校企双方共同制定教学计划，设计教学模块，开发教学内容，实现了课岗相融的"共享平台通识课程+专业核心课程+技能平台实训课程+岗位平台企业课程"特色课程体系。

同时，采用"大专业、小方向、小班"的分段教学模式，帮助学生完成"职工—学生—高技能员工"的转型。这种现代学徒制项目实训教学在附近地区和学校取得了良好的辐射推广效果。

三、现代学徒制运行存在的问题

（一）长效机制及政策环境尚不完善

我国现代学徒制试点于 2015 年正式启动，六年多的时间，试点工作才刚刚开始，学徒还没有大量进入市场。因此，尚不能准确地评价现代学徒制的培训效果。此外，实际试点的范围及涉及的学校企业数量相对有限，不同层次及行业现代学徒制运作绩效存在较大差异，因而即使在某些范围内获得了成功，其经验也不可能完全推而广之，现代学徒制的长期社会效益尚未完全体现。此外，

从政策层面来看，尽管现代学徒制受到了国家以及较多地方政府的重视和支持，出台了诸如《关于开展现代学徒制试点工作的通知》等宏观方面的政策文件，但具体操作层面的指导性文件比较缺乏。

现代学徒制是一种涉及政府、企业、行业、职业院校和学生的技能型人才培养模式。它高度复杂，其运作过程离不开法律的规定和制度的设计。目前，教育部关于实施现代学徒制的意见和措施，在一定程度上只是对职业院校的支持和制约，对企业的行为没有任何影响。从内容上看，现有的政策文件缺乏体现我国职业教育特点的现代学徒制推广策略和创新措施，特别是对企业缺乏有效激励约束机制，政府也没有合理的措施来引导企业积极参与现代学徒制，总体而言，校企合作形式大于内容。另外，对于学徒制的法律地位、学徒的身份、各主体的权力和责任等方面都没有明确的法律规定，现代学徒制的政策法律环境并不完善。

（二）行业企业参与热情不高

在我国现代学徒制的试点过程中，反映出来的最普遍问题是行业企业参与动力不足。企业运营的最大目标是谋取经济利益最大化，其不愿意接纳学

生参与其培训体系，原因是多方面的：政府缺乏有力的政策法律支持和财政补贴；学校没有给企业划拨培训专项资金；学徒在企业实习期间需要配置专门的企业师傅，增加额外开支；学生的技术技能无法完全达到岗位要求，使企业蒙受损失；培养成熟的学徒不一定留在企业，存在资源浪费风险；企业需要花费大量的人力、物力、财力进行培训场地建设和学徒日常管理，投入成本太高；企业的技术机密受到一定威胁等等。由于我国现代学徒制各方主体权利责任并不明确，企业经济利益得不到保障，因此普遍存在着"学校热、企业冷"的现象，致使现代学徒制的推行受到阻碍，校企合作徒有虚名。

由于行业企业参与动机不强，在现有条件下，学校没有足够的选择余地。只要有企业愿意参与，职业院校几乎都会积极将其吸收成为合作伙伴，而缺乏对于企业资质和准入条件的必要审核。目前，我国现代学徒制的试点运行主要是基于以往校企合作，国家并没有由于现代学徒制的试点而对企业的选择提出明确的标准要求。显然，这将在一定程度上制约现代教育体系的长期运行和人才培养的质量。

（三）校企合作机制欠缺

由于受到办学历史、办学层次、办学条件的制约，现在我国职业院校培养的人才质量还难以满足企业的实际需求。这是影响企业参与热情，制约现代学徒制顺利实施的一个重要原因。管理机制方面，与现代学徒制相适应的运行机制、管理体制和实践经验相当欠缺。专业设置和课程建设难以与企业岗位标准充分衔接，校企导师课程开发所需的专业知识和能力都存在一定欠缺，课程实施过程中是否按教学计划进行以及课程评价考核的机制存在问题，企业由于存在技术保密的原因对共同开发课程兴趣不高，这些都导致现代学徒制的专业设置和课程建设严重滞后，不能满足新经济对人才的需求；师资方面，一方面，职业院校本身的师资水平不高，"双师型"教师比重偏低。另一方面，校企双导师培养方案的权威选拔和认定标准尚不完善，校企导师的技能认知重点存在一定偏差，双方缺乏必要的沟通，教学环节割裂现象严重，现代学徒制双导师教学团队尚未真正确立，导师的激励和晋升机制尚未真正形成。

（四）职业资格体系及考核标准不健全

职业资格制度的健全是现代学徒制的成果机制重要体现，是学生参与现代学徒制的动力保障。目前我国还没有建立一个国家认可的统一职业标准，一般由地方人力资源和社会保障局和行业协会制定和颁发职业资格。由于职业资格证书较多，学徒职业资格证书缺乏权威性。此外，由于中国大多数企业重视教育而不重视技能，职业资格证书在求职过程中价值不高，这使得现代学徒制培养出来的人才在就业方面没有优势。

此外，我国职业教育专业教学标准的制定尚处于起步阶段，顶层设计尚不完善，统一的职业教育框架和培训标准尚未成型。这导致许多现代学徒制学校只能根据合作企业的实际需要来制定培训方案和教学计划。没有国家的统一规划，各自为战。因此，许多现代学徒制学校只是根据合作企业的实际需要制定培训方案和教学计划，培训过程不规范，技能人才质量参差不齐。其中，学徒的考核是许多试点学校所反映的问题。因为考核标准由学校制定，而学生接受培训的地点在企业，考核标准难以考虑实际培训中出现的问题，人才培养方案和评估标准的不确定性导致了人才培养过程的分散性和随机性，难以保证学徒制人才培养的质量。

综上，尽管学徒制在我国有着悠久的历史传统，积累了较为丰富的人才培养经验。但由于种种原因，在现代学徒制的探索中已经落后于西方。随着经济结构转型对现代化技能人才需求的不断提升，认真审视现代学徒制发展的历史依据、政策环境和现阶段社会经济条件，从而构建现代学徒制全方位培训体系，是我国职业教育发展的适宜选择。在继承历史学徒制优良传统的基础上，吸收国外学徒制的先进经验，特别要加大企业参与现代学徒制的动力，增强企业和学校共同进行人才培养的合力，将促进我国现代学徒制培养体系的最终确立。

第六节　本章小结

　　本章对我国学徒制历史进程和发展脉络进行了较为详细的梳理。从奴隶、封建社会的"艺徒制"，到民国时期的"练习生制"，再到中华人民共和国成立后的"半工半读"制实验教育，而后到改革开放后的"边缘化"学徒制，最后到"校企合作"的现代学徒制阶段。阐述了各个阶段学徒制运行的时代环境、主要环节、基本特征、政策措施以及具体模式，简要分析了各时期学徒制的优势和缺陷，意在找出我国开展现代学徒制的关键环节和制约因素，为现代学徒制的最终确立提出历史借鉴。

第二篇

02

企业参与现代学徒制影响因素与机理分析（机理篇）

企业是公认的现代学徒制"双主体"之一，如何强化企业对现代学徒制的重要作用意义重大。其中首要的问题便是企业参与现代学徒制的动机问题。已有的大量研究认为，企业参与现代学徒制是企业、学校以及外界环境相互交织的结果（杨公安等，2017；贾文胜，2018；贺艳芳，2020；陆玉梅等，2020）。然而，从我国现代学徒制试点的情况来看，我国企业参与其中的积极性并不高，亟待寻找其中存在的深层次问题并更加有效地引导和协调。本篇从企业（尤其是中小企业）的角度出发，以提升企业参与现代学徒制的积极性和有效性为出发点，深入剖析企业参与现代学徒制的内在机理。

所谓内在机理，是指每个元素在一定的系统结构中内部的工作模式，以及每个元素在一定的环境中实现一定功能的运行规则和原理。因而，要明晰企业参与现代学徒制的机理。首先，必须厘清现代学徒制所有利益主体的利益诉求与企业利益诉求之间的关系。本篇第四章即主要着眼于这一问题。鉴于企业参与积极性不强的现实，将着眼点放在企业与利益相关者责权利冲突的分析上。其次，应进一步把利益诉求和责权利冲突具体化，提炼企业参与现代学徒制的促进因素（利益因素）和抑制因素（成本因素），深入探究各因素对参与意愿及行为的作用强度，目的在于寻找影响企业参与的最关键因素。本篇第五章采用实证分析的方法解决这一问题。最后，必须探讨在各种因素的复杂作用下，企业制定参与行为的决策过程及决策结果，在回答"什么条件下稳定参与，什么条件下非稳定参与，什么情况下不参与"这一本质问题的前提下，有效协调企业与其他参与主体（如政府、职业学校、学生）之间的利益冲突。本篇第六章采用博弈论方法完成了这一任务，从而彻底明晰了企业参与现代学徒制的内在机理。

第四章

现代学徒制利益相关者需求及冲突分析

现代学徒制是政府、学校、学生和企业利益相互作用形成的生态系统。各利益主体的诉求决定了他们参与现代学徒制的意愿和行为。从我国现代学徒制试点实践来看，企业参与的积极性还远远不够。部分试点企业由于主体位置的缺失，与学校形成了较弱的合作关系，基本仅停留在合同层面。如果不能从根本上提高企业参与意愿，促进企业与其他利益相关者之间的资源整合和共享，就会影响现代学徒制的实施效果。针对现代学徒制的特点，为了提高企业参与现代学徒制的意愿和行为，不应该只讨论企业本身的利益要求，也需要进一步探讨企业与其他利益主体之间的需求冲突。本章着力于解决这一重要问题，为下一章企业参与意愿及行为研究打下基础。

第一节　现代学徒制的利益相关者诉求分析

一、现代学徒制的利益相关者解析

现代学徒制将传统学徒培训嫁接于现代职业教育，兼具职业性和教育性两种属性，其有效运行不仅会受到宏观经济社会环境的影响，而且与区域产业发展和企业成长紧密相关。根据我国职业教育机制"政府主导、行业指导、企业参与"的改革创新目标，可以将现代学徒制人才培养视为社会经济生态系统中的一个子系统，子系统中的利益相关者相互依存，并与社会经济环境相互作用（见图 4.1）。一方面，现代学徒制人才培养系统需要主动对接社会需求，动态调整人才培养机制；另一方面，现代学徒制的人才培养结果又会反作用于外部环境，引起社会经济系统运行机制的变化，乃至处于失衡状态。企业的有效参与是生态系统从失衡到实现新平衡的必由之路（陶军明，2012；张祎和姚利民，2020）。

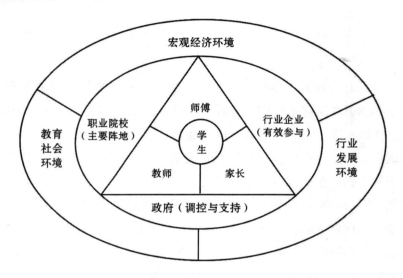

图 4.1 现代学徒制人才培养的利益相关者系统

由图 4.1 可见，在利益相关者系统内部，学生的成长与发展处于核心位置，各个利益相关主体和组织相互依存，构成命运共同体（张运嵩和肖荣，2020）。其中，学校教师、企业师傅、学生家长、学生之间的关系最为紧密。学校教师侧重专业知识的传授，企业师傅侧重专业技能的训练，这两者为学生成长道路上的"两驾马车"。而家长对现代学徒制的认可必不可少。另外，政府、行业企业、职业院校等组织应各自承担相应的责任，为现代学徒制人才培养搭建平台、提供资源。政府部门与行业协会可以通过调研，了解并发布人才需求状况，对现代学徒制专业设置和培养方案制定提供参考意见，并开展运行支持与监管。学校和企业需要通过合作不断优化教学内容和教学手段，努力提升人才培养质量，保障现代学徒制人才培养的顺利实施，实现人才培养系统的内在平衡。

二、利益相关者的诉求分析

现代学徒制人才培养目标的实现需要利益相关者的协同共治，鉴于利益相关者的多元性特征，只有协同各方利益才有可能实现合作共赢。这就需要对不同利益相关者的诉求进行深入分析，探求不同类型利益相关者的作用和诉求之间的差异性。本文将利益相关者区分为个体利益相关者和组织利益相关者，从两个层次分析其诉求（陈龙和黄日强，2014；陈诗慧和张连绪，2017）。

职业院校的学生是现代学徒制的核心利益相关者。他们大多以就业为导向，期望能够通过工学交替提高知识技能，并通过提前感知企业文化提升职业生涯发展能力。职业院校的教师以往通过理论教学和实践教学相结合的方式培养人才，现代学徒制将实践教学环节分离出去，增加了学校教师与企业师傅的衔接环节，一方面能够保证学校教学改革目标顺利完成，另一方面也必然对学校教师的沟通能力及实际问题解决能力提出更高要求。企业师傅在原有工作基础上增加了技能教学环节，他们期望通过培养学徒提升自身的社会地位，同时得到应有的额外报酬或者减轻自己的工作负担。职业院校的学生家长大多期望孩子能够进一步深造，增大就业机会，提升就业质量。

在我国，现代学徒制由政府部门推动和管理，各级职业教育管理部门期望通过试点和推广现代学徒制，进一步健全现代职业教育教学体系，推进技术技能型人才供给侧改革，更好地服务于经济社会发展。从职业院校角度看，财政资金支撑下的现代学徒制试点可以改善办学条件、减缓办学成本压力。通过现代学徒制人才培养实践还有助于其人才培养质量和毕业生就业质量，提升学校的办学水平和社会声誉。企业是现代学徒制重要的育人主体，但追求利益最大化是企业本质特征，其利益诉求是通过降低用工成本、留用优秀人才、提升企业声誉等方式，获取相应的经济和社会利益。行业协会本身具有公益性特征，行业协会参与现代学徒制主要目的在于助力行业内人才的持续供给，通过企业合作推动行业相关技术开发，促进本行业持续健康发展。

第二节　企业参与现代学徒制的责权利分析

现代学徒制人才培养系统各参与方的利益诉求存在明显差异。只有实现各参与方的利益诉求均衡，才能达到系统整体利益最大化的目标。然而，在试点实践中发现，各参与方权责不够清晰、利益冲突问题普遍存在，导致企业参与方的利益诉求无法满足。这就需要厘清现代学徒制各参与方利益冲突的焦点与交集，深入分析企业参与现代学徒制的利益冲突根源，进而从根本上解决问题（李兹良，2019；吴娉娉，2018）。

一、政府与职业院校、企业之间的责权利冲突

我国的现代学徒制一直以来都是由政府推动实践，并采取谨慎"实验式"模式进行试点。对于职业院校而言，现代学徒制是一种新型职业教育模式，是对传统职业教育教学体制的变革与创新。这就需要学校的管理层具备改革的决心和信心，面对人才培养模式变革的关键环节，因地制宜加以应对。但就目前我国的教育管理体制而言，学校改革的主动意识仍需加强。同时，职业学校在人才培养方式改革过程中，必然会增加"管理成本"和"试错成本"，政府对于职业院校的经济和政策支持力度还有待提高。此外，政府部门对职业院校现代学徒制项目的考核需要提高科学性。考虑到现代学徒制人才培养的成效显现需要较长的周期，现有的短周期考核机制很难展现真实的成效。

企业参与现代学徒制的动力来源包括企业家的教育情感、企业社会责任约束、企业发展战略需要三个方面（沈剑光等，2017）。在市场经济条件下，激励企业参与现代学徒制的实践环节，不能仅仅依靠道德说教，还必须让其实实在在取得收益。我国现有的相关政策只是含糊地提到"鼓励职业学校与企业合作开展学徒制培养""企业发生的合理支出按现行税收法律规定在计算应纳税所得额时扣除"。实践中，由于缺乏有效的成本分摊机制，相关法律法

规也没有明确税费减免的具体条款，企业参与现代学徒制的积极性不尽人意。与基础教育和高等教育相比，企业履行职业教育社会责任的正向和负向激励严重不足，也对企业参与现代学徒制的施行产生不利影响。

二、行业协会与企业、师傅之间的责权利冲突

在现代学徒制运行机制中，行业协会充当着降低校企合作谈判成本，促进中小企业积极参与现代学徒制的重要角色。但是，目前我国行业协会缺乏行政权力，且普遍经济不够独立。在现代学徒制的运行过程中，其本应承担的桥梁、中介作用未能很好体现。对照德国"双元制"运行体系，行业协会还具有监督和管理职责，保障现代学徒制的人才培养质量（徐金河和陈智强，2018）。然而，我国行业协会缺少法定的职责定位，开展工作的形式大多为行业年会、专题研讨等，尚无建立行业规范制度的话语权，在监督管理方面的统领作用还有待确立，参与现代学徒制仍处于浅层状态。

对企业师傅而言，由于缺少行业协会的支持，在现代学徒制运行体系中往往从属于企业。参与现代学徒制的企业师傅在关注自身利益的同时还要考虑未来与徒弟之间的竞争，因而不可能全身心投入技能指导。对比德国"双元制"职业教育模式，其产业界拥有自治权与独立性，商会代表整体利益参与职业教育，产业内部事宜不受制于政府也不为单个企业左右（李俊，2016）。针对小型企业参与职业教育的需求，德国建有跨企业培训中心，向学生传授职业技能。然而，我国的行业协会因缺少独立性和自治权，无法在行业层面保障师傅的权益，通常也没有经济实力建立跨企业培训中心。

三、企业和职业院校、学徒之间的责权利冲突

职业教育现代学徒制不同于传统学徒制的一个最重要特征就是学校企业"双主体"育人，兼顾职业性与教育性双重属性。职业教育的职业性已经被大家普遍接受，在现代学徒制人才培养过程中，教育性却呈现"学校重视、企业忽视"的现象。校企双方在人才培养目标、课程体系建设、承担责任等方面存在分歧。企业需要面对复杂多变的市场竞争环境，对技术技能型人才的

需求进行动态调整。职业院校的管理机制决定了其专业设置、课程体系、教学内容的改变带有滞后期，难以适应人才市场的瞬息万变。因此，职业院校与企业基于现代学徒制人才培养的利益实现无法同步。

　　企业和学校在人才培养利益诉求上的异质性，必然会对学徒综合能力的提升产生影响。企业招收学徒常常作为廉价劳动力，以弥补短期用工缺口，未能考虑学徒的技能提升和职业发展。由于学徒与企业之间的绑定机制尚未建立，在社会外部性的影响下，企业在付出大量培训成本的情况下却无法留用优秀人才，其参与热情大大降低。从学生角度，参加现代学徒制意味着放弃升学机会和其他就业选择，一旦往届学生对企业师傅的技能教学和企业的学徒管理评价不高，势必也将影响其参与积极性。

第三节　利益冲突下促进企业参与的长效机制分析

　　由以上分析可知，政府、企业、职业院校、企业师傅、学徒之间的利益冲突决定了各参与主体的利益难以得到满足，尤其是企业经济利益难以得到根本保障，是导致企业参与现代学徒制意愿低下的本质原因。近年来，我国政府为鼓励企业参与出台了不少政策法规，从制度上显示出建立职业教育人才培养良性生态系统的意愿，但对企业不履行职业教育责任缺乏具体的约束条款。为促进职业教育现代学徒制人才培养系统实现良性循环，需要参照职业教育发达国家的成功经验，再结合我国职业教育的实际情境，建立健全企业参与现代学徒制的有效机制。

一、德国企业参与学徒制的内外部条件分析

　　首先，企业参与学徒制培训有很好的外部环境支撑。与我国劳动力市场的人才招聘和流动看重学历不同，德国的劳动力市场以职业资格为依据且监管严格，这对企业参与学徒制培训积极性有显著的正向影响。在职业资格级别相同的情况下，同一行当的劳动者收入在整个德国范围内相差甚微，学徒

们愿意留任所在企业不断提升资格级别，并且学徒留任后的离职率不高，进而为企业带来很高的长期收益。有数据显示，超过57%的德国学徒制培训企业至少留下了一名学徒，约有65%的企业表明留下的学徒中至少有一人一年后还在企业工作，三年后还在企业工作的占57%，五年后的占50%（冉云芳和石伟平，2016）。另外，积极参与学徒制培训已深深植根于德国企业文化传统中，企业将职业培训作为其应承担的社会责任，即便培训结束后学徒选择离开企业，企业也为整个劳动力市场的人员技能合格提供了必要保证。

其次，企业参与学徒制培训有行业协会提供保障。在德国，行业协会在职业培训和职业资格认证方面发挥着重要作用。职业培训条例的制定需要经过行业协会与联邦及州政府等机构达成共识。行业协会从企业主的角度，往往希望培训内容与企业特定的技术及用人需求相匹配，学徒可以通过培训快速适应该企业的技能需求。但是，工会代表学徒期望培训内容更加全面，以便应对同类企业的相关岗位工种，以及适应未来发展变化的培训内容。如果企业提供的培训内容偏重非常基础性的技能，则劳动力市场上学徒的流动性大，企业有可能无法收回投入的培训成本，因而降低学徒培训意愿。反之，如果企业的技能具有独特性且要求很高，则技能型员工与非技能型员工或学徒的相对工资差异较大，企业往往愿意通过提供培训来获取人工费收益。由此可见，行业协会与工会组织对培训内容的协调和对工资水平的议价，将对企业参与学徒制培训的意愿和行为产生重要影响，多方达成共识是学徒制实施的重要保障。

最后，企业参与学徒制培训存在科学的制度设计。德国的学徒制是典型的"双元制"职业教育，学校教育和企业实训的时间分配制度设计是否科学，直接影响企业参与积极性。学徒的技能提升具有一定的周期特征，实训最初阶段学徒技能生疏，企业进行学徒培训以投入为主；随着学徒技能水平的提高，最终达到与其他工人同等水平时，企业学徒培训才能获取收益。因此，学徒实训的时间分配比例直接决定了企业的参与意愿和行为，当学徒在企业实训时间足够长，能够为企业带来净收益，企业将更愿意为学徒进行前期投资。另一方面，学徒在企业实训期间从事技能型工作与准技能型/非技能型工作的时间分配，也会影响企业的参与意愿和行为。在培训期间，学徒往往希望从事更多的技能型工作，这就需要培训企业付出更多的人力和物力，甚至会影响企业的生产效率。但是，如果让学徒长期从事非技能型/准技能型工作，学徒将不断重复简单劳动，成为企业的廉价劳动力，提高学徒的流动性。德国"双元制"教育通过长期的探索与实践，能够较好地平衡学徒企业实训时间与学校教育时间，以及实训期间不同类型工作的时间，使得双方尽可能获得足够高的回报。

二、我国企业参与现代学徒制的机制优化

首先，要进一步完善企业参与现代学徒制的激励机制。近年来，劳动力成本不断上涨，企业用工形势日益严峻，越来越多的企业开始参与职业教育，期望通过校企合作弥补用工缺口、节约劳动力成本。同时，相较一般性的校企合作，企业参与现代学徒制往往需要投入大量的人力物力。因此，对于企业参与过程发生的各种成本，政府通过减免税款、财政补贴等方式加以补偿；对于企业参与现代学徒制取得的各类成效，政府部门应给予明确表彰和适当的奖励。从长远利益角度看，政府应该致力于促成企业与学生之间绑定机制的建立，保证企业通过参与现代学徒制能够留用优秀人才，切实提升企业的参与热情；进一步支持企业通过校企合作进行技术革新，增强企业的市场竞争力。

其次，要建立企业参与现代学徒制的约束机制。从职业教育社会责任层面看，我国尚未形成有效的约束机制。企业参与现代学徒制主要是考虑投入产出比，缺乏承担职业教育社会责任的意识，政府对于不参与或参与不当的企业没有相应的法律和政策约束。因此，可以借鉴国外的做法，通过征收职业教育培训税的形式明确企业参与职业教育的社会责任；通过减免税收的形式对企业参与现代学徒制的巨大投入予以补偿，激发其参与职业教育积极性。进一步，面对产业转型升级的人才需求变化，积极引导企业形成人才储备观念，增强企业与职业院校合作的主动性。

再次，最大程度发挥产业联盟或地方商会的统筹作用。一方面，可以有

针对性地引导中小微企业以企业联盟的形式参与现代学徒制，获取企业发展必需的优质劳动力；另一方面，可以由产业联盟或地方商会主导，根据专业人才培养契合地方产业发展的原则，由行业组织、企业、学校三方共建跨企业学徒培训中心，为整个行业的知识技能型人才培养提供服务（徐金河和陈智强，2018）。跨企业培训中心应根据产业技术发展趋势，引进先进的技能培训模块，整合企业和学校的人员、设备、管理等资源，模拟出真实的企业生产经营场景。学生可以在学校、培训中心、企业轮转交替，完成专业基础课程、行业核心模块课程、专业岗位技能课程，实现专业素养的全面提升。

从次，增强企业与职业院校之间的合作黏性。企业以营利为主要目的，其参与现代学徒制的决策取决于成本收益权衡后的结果。不同类型的企业对短期收益和长期收益的关注程度不同。中小企业的生命周期通常较短，资金实力较为欠缺，其参与现代学徒制更易陷入入不敷出的尴尬局面。在此情况下，一方面，需要政府部门通过实施税收减免、财政补贴、政府表彰等方式实现中小企业参与利益的前置化；另一方面，职业院校也应适当让利，建立有效的利益共享成本分担机制，让企业明显感受到参与现代学徒制的短期收益。对于规模较大的企业，其参与现代学徒制更看重长期利益，看重学生技能素质的提高。首先，职业学校应当加强学生的职业生涯教育，改善学徒就业率低、离职率高等问题，持续稳定向企业输送学徒，并最终提升企业员工综合素质；其次，促进学校企业的双向对接，鼓励教师积极参与企业生产经营、技术研发的理论指导，提高企业产品市场竞争力；最后，由于现代学徒制的管理权限归属教育系统，职业院校取得现代学徒制工作成效，还应当适当增加对参与企业的宣传，以提升企业社会形象。

最后，切实保障企业学徒及师傅的利益需求。现代学徒制以促进学生成长和发展为最终目标，作为企业学徒阶段的权益保障尤为重要。为了避免企业将学徒当作廉价劳动力，应当强化现代学徒制的"教育性"，确保学徒在企业学习阶段的上课时间，明确技能培养的学习时间和学习内容，保证学徒培养质量和效果。企业师傅权益的保障需要从三个方面入手：一是对于参与现代学徒制的师傅，应该在工资待遇、职位升迁、职业培训等方面优先考虑；

二是通过正式拜师仪式确立师徒关系，明确师徒双方各自的权利和义务，促进师徒技能传承的长久稳定；三是行业协会和职业院校共同加强学徒制运行过程的监督考核，通过建立适当的约束机制，同时增加学生逃避实习以及企业"过客式"指导的沉没成本。此外，应该充分发挥主流媒体的宣传作用，促进全社会认识现代学徒制，重视技术技能人才，营造支持职业教育发展的文化氛围。

第四节　本章小结

职业教育现代学徒制的有效运行依赖于职业院校、参与企业、政府部门、学生、师傅等利益相关者之间形成稳定的强合作关系。在我国现代学徒制推进过程中，企业参与现代学徒制的责权利不对等，直接影响其深入参与现代学徒制的动力，导致现代学徒制的运行效果不佳。本章在对现代学徒制各利益主体诉求详细分析的基础上，对政府与职业院校、政府与企业、行业协会与企业、企业与职业院校、企业与学徒这几对现代学徒制运行过程中主要的责权利冲突进行了阐述。最后通过完善激励约束机制、拓展行业组织职能、优化校企合作模式、保障企业学徒和师傅利益等方面实现各利益主体参与现代学徒制的责权利平衡，形成企业参与的长效机制。

第五章

企业参与现代学徒制意愿及行为影响因素
实证研究

现代学徒制的顺利开展是建立在企业积极参与基础之上的。要增大现代学徒制在全社会范围内的认可度，提升学徒培养质量，突显现代学徒制对经济社会发展的价值，首先必须厘清企业参与现代学徒制的内在机理。上一章我们明确了企业参与现代学徒制的责权利冲突是影响企业参与的本质原因，但并没有就参与意愿和行为的具体影响因素展开详细分析。因此，企业参与的机理仍未完全明朗。本章基于社会交换理论，通过实证方法对企业（尤其是中小企业）参与现代学徒制意愿和行为的各类影响因素及具体影响路径展开研究。下一章则在本章基础上进一步对利益博弈机制进行深入探讨，从而彻底明晰企业参与现代学徒制的机理。

第一节　问题的提出

随着我国产业转型升级的不断深入，社会对技术技能型人才需求缺口日益增大。现代学徒制作为产教融合人才培养的最新模式，已经开始在全国范围内试点及推广，逐渐被提升至国家战略地位的高度（廖礼平，2019）。在现代学徒制利益交互生态系统的构成中，企业是公认的"双主体"之一，对现代学徒制实施成功起着至关重要的作用（陆玉梅等，2020）。然而，我国现代学徒制实践中所呈现的"校热企冷"现象并不鲜见。尽管企业利益本位取向明显，但由于企业、学校以及外部环境交互关系的复杂性，影响其参与动机的因素却并不单一（贺艳芳，2018）。特别是在长三角、珠三角等职业教育发达地区，中小企业已成为社会经济的重要组成部分。据统计，我国中小企业数量已超过 5000 万，对 GDP 贡献值已超过 50%，在科技创新、产业升级中的作用愈发明显，毫无疑问将成为现代学徒制的主力军。因而，对中小企业参与现代学徒制的意愿及行为进行研究具有较强的现实意义。

已有相当多的文献从不同角度对企业参与职业教育以及现代学徒制动机进行了研究。Lindly（1975）把生产动机、投资动机、筛查动机、声誉动机以及社会责任动机作为德国职业教育企业参与所认可的动机；Mohrenweiser 和 Zwick（2009）在此基础上阐释了投资动机、筛查动机以及声誉动机的不可分离性；徐国庆（2007）进一步探讨了企业参与职业教育的慈善动机、个体动机和集体动机；冯旭芳和李海宗（2009）进一步将企业参与职业教育的动机详细分为历史传统、法律保障、社会氛围以及产业结构升级等社会动机以及经费补贴、廉价劳动力等内部动机；贺艳芳（2018）则基于计划行为理论，把企业参与现代学徒制的动力分为三种类型：行为结果性动力，社会性动力以及内部控制性动力。

由此可见，尽管企业参与现代学徒制的动机已经受到了多方重视，但现有文献总体而言碎片性特征较为明显，缺乏在统一理论框架下的体系性研究。另外，针对中小企业的参与意愿研究尚不多见。本文认为，受制于资金、技术、经营规模的制约，中小企业经营目标的周期性较短，对外部资源依赖性较为严重，对技能型人才的期望较为强烈。因而，参与学徒制所感受到的利益与风险将明显异于大型企业。因此，本文在社会交换理论和实证调研的基础上，全面归纳中小企业参与现代学徒制的利益感知和成本感知两方面因素，利用结构方程模型对企业动机因素—参与意愿—参与行为的机理路径进行验证。

第二节　研究假设及概念模型

一、理论基础

Homans 的社会交换理论认为，社会主体往往会把从社会交往获得的报酬和付出进行比较，当参与某事件获得的利益高于其付出成本时，他便有参与该事件的行为意愿（Homans，1961）（关于社会交换理论，本专著第二章已经进行了详细介绍，此处不再赘述）。根据社会交换理论的主要思想，结合实地访谈结果，本章把中小企业参与现代学徒制感知的利益维度分为经济利益、人力资源优势、社会形象和行业地位四个因素。其中经济利益为短期现实利益，其余三者偏向于长期潜在利益。本文把感知成本维度分为实习参与费用、效用损失和人才溢出三个方面。另外，意愿并不一定会产生持续性参与行为，主体体验会在参与意愿与持续参与行为之间起调节作用（夏恩君和赵轩维，2017）。对于企业主体来讲，内外部环境是影响体验的主要因素。以下进行详细阐述。

二、研究假设

（一）利益感知假设

利益感知包括企业参与学徒制办学期间以及办学结束后所获得所有经济和非经济收益总和的认知，这是中小企业参与学徒制的内生动力。以著名的德国"双元制"为例，企业参与双元制不仅可以培养符合企业需求的各专业人才，明晰人力资本（王迎春和段鑫星，2020），保障企业拥有未来具备专业资格的人力资源优势，更有利于增强现有员工对企业的认可度和归属感，形成稳定的薪资结构（Walden 等，2003），属于企业长期潜在收益。企业的利益本位取向决定了不会放弃对短期经济利益的追逐。参与现代学徒制可以较低成本的获得具有一定专业理论水平的劳动力，降低企业用工短缺风险，提高生产劳动效率，有利于产品质量和服务的改进（Winterbotham，2012）；同时还能获得政府经费补贴，利用职业院校场地、设备等节省投入成本（吴娉娉，2018）。这些都为企业创造了明显的经济收益。随着现代学徒制试点的展开，学徒制的社会性特征越来越明显（贺艳芳，2018）。企业可以把参与现代学徒制作为一种慈善行为和担当社会责任的"标榜"，有利于其社会声誉和知名度的提升（冉云芳，2013）。同时，参与学徒制可以与行业内的职业资格考核机构有机整合或者直接获得政府所授予的"岗位职业证书"考证单位称号（杨公安等，2017），也有利于得到学校的专业知识指导从而提升技术研发水平，增大了成为行业龙头的可能性。综上，我们提出以下四个关于利益感知的假设：

H1 人力资源与中小企业参与现代学徒制的利益感知正相关；

H2 经济收益与中小企业参与现代学徒制的利益感知正相关；

H3 社会形象与中小企业参与现代学徒制的利益感知正相关；

H4 行业地位与中小企业参与现代学徒制的利益感知正相关。

（二）成本感知假设

成本感知是指企业参与现代学徒制所必须承担的所有前置成本、过程成本以及后置成本总和的认知。随着现代学徒制的日渐正规化，加入学徒制流程环节增加，企业因此需要付出高额的交易费用。包括信息搜集和甄别费用、签订培养协议议价费用、履行培养协议执行费用、制定学徒培养标准决策费用等（李朝敏，2020）；学徒制执行过程中，企业不仅需要支付学生和培训师傅工资，还需要承担学生管理及监督费用（冉云芳，2016）。以上都为学徒制的显性开支，统称为实习参与费用。由于参训学生实践技能水平不足，无法保持正规员工一样的熟练操作，企业还面临着设备损耗、停工损失、废品率提升等风险（Jansen，2015），企业的正常生产也需不时为实训计划而让步。以上为潜在的效益损失成本。根据前期调研发现，最挫伤企业参与热情的情景在于付出大量成本培养的学生并未在协议规定的期限内留职而直接跳槽。这不仅使得企业的培训成本付诸东流，更增加了核心技术"溢出"至竞争对手的风险。基于此，我们提出以下三个关于成本感知的假设：

H5 实习参与费用（实习成本）与中小企业参与现代学徒制的成本感知正相关；

H6 效益损失成本与中小企业参与现代学徒制的成本感知正相关；

H7 人才溢出成本与中小企业参与现代学徒制的成本感知正相关。

（三）感知收益、感知成本和参与意愿假设

根据 Homans 的社会交换理论，社会主体在考虑某个决策或采取某种行为时，往往会把从该行动中感知的收益和感知的成本进行比较，从而衡量其带来的总效用。只有当感知利益高于感知成本时，主体才有采取行动的意愿。反之，参与行动的意愿就会显著降低。由此，我们提出如下研究假设：

H8 利益感知与中小企业参与现代学徒制的意愿正相关；

H9 成本感知与中小企业参与现代学徒制的意愿负相关。

（四）参与意愿和参与行为假设

意愿是主体进行某种决策或者采取某种行动的主观可能性。作为影响具体行为产生的前置变量，意愿在预测行为的产生方面发挥重要作用。另外，主体行为意愿还会对其行为产生较强的导向作用（Ajzen & Fishbein，1977）。因此，我们提出如下研究假设：

H10 中小企业参与现代学徒制的意愿与其持续参与行为正相关。

（五）企业参与行为内外部支持环境假设

根据期望确认理论，用户对某一行动具有初步参与意愿（或称初步采纳）后会形成一定的期望，当采纳之后会根据自己的体验来确认期望是否得到了满足，继而决定是否采取持续性行为。而企业并不完全等同于个人，期望是否得到满足主要取决于对内外部支持环境的感知。就参与现代学徒制而言，外部环境指各级政府、行业协会等制定的政策制度和法律体系的总和。包括可信承诺制度的保障，合作政策供给的均衡，制度化双赢机制的构建，激励机制的完善等。外部环境的支持可以最大程度消除企业投身学徒制实践的顾虑，促进持续参与行为的产生。内部环境主要指企业是否拥有开展现代学徒制所需的人员、设备、场地、技术、信息等内部资源。内部资源的充足不仅是企业实施学徒制的必要条件，更是吸引合作伙伴参与，达到预期效果的保障。由此，我们提出如下假设：

H11 外部政策和法律环境的完善对中小企业持续参与现代学徒制的行为正相关；

H12 内部实训资源的充足对企业持续参与现代学徒制的行为正相关。

三、概念模型

根据以上研究假设，本章从利益感知和成本感知两个维度总结了企业（特别是中小企业）参与现代学徒制意愿的因素，明确了外部政策法律环境和内部实训资源对参与行为的支持作用，从而构建出企业参与现代学徒制意愿及行为的概念模型，如图 5.1 所示：

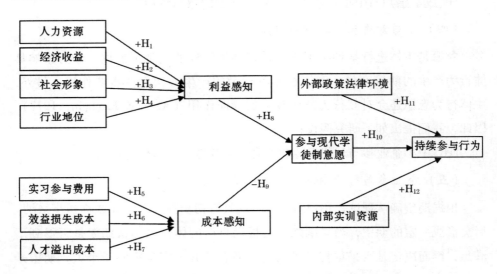

图 5.1　企业参与现代学徒制意愿及行为的概念模型

第三节 实证研究

一、量表设计

本章主要根据已有文献结合自我开发的方式设计关于中小企业参与现代学徒制意愿和行为的调查问卷测量量表。每个因素（潜变量）2—3 个题项，共 30 个题项。采用 Likert 5 级量表。设计的调查问卷是自填式的，由受访企业独立完成问卷。具体测量量表的构成见表 5.1。

表 5.1 企业参与现代学徒制意愿及行为问卷各部分测量量表构成

潜变量及 字母标志	问卷题项
人力资源 RLZY	V10 参与现代学徒制能使企业优先从学校选用优秀毕业生，增强未来人力储备 V11 参与现代学徒制能利用学校资源加强内部员工培训，提高员工素质
经济收益 JJSY	V12 参与现代学徒制能使企业获得"廉价劳动力"，降低人工成本而获益 V13 参与现代学徒制能使企业无偿使用学校场地，降低生产成本而获益 V14 参与现代学徒制能满足企业季节性和特殊项目对劳动力需求，保证收益最大化
社会形象 SHXX	V15 参与现代学徒制是企业承担社会责任的一种表现，有利于维护企业社会形象 V16 参与现代学徒制的中小企业能增强企业的社会知名度，提高企业社会声誉，带来隐形收益
行业地位 HYDW	V17 参与现代学徒制可以使企业获得行业资格考证的地位，提升行业地位 V18 参与现代学徒制可以使企业加强与学校的联系，获得学校理论与技术的支持，提高创新水平，增大成为行业领导者的概率

续表

潜变量及字母标志	问卷题项
实习成本 SXCB	V19 吸纳实训学生需要支付一定的劳动报酬 V20 吸纳实训学生要付出一定的管理和时间成本 V21 参与学徒制要经历谈判、签约等烦琐过程，产生交易费用
效益损失 XYSS	V22 刚参加实训的学生由于技术不成熟，会影响企业生产效益 V23 吸纳实训学生增加了企业机密泄露的风险
人才溢出 RCYC	V24 学徒制培养的学生未来可能不会留在企业，这意味着培训努力白费，这会影响企业参与热情 V25 部分学生可能带着培训学到的技术跳槽到同行单位，加大了企业竞争压力
利益感知 LYGZ	V26 参与现代学徒制总体而言有利于实现企业的显性和隐性利益 V27 参与现代学徒制总体而言有利于实现企业的价值和未来成长
成本感知 CBGZ	V28 参与现代学徒制将会使企业付出很大成本但很难得到相应回报 V29 参与现代学徒制将面临太多的不确定因素，难以给企业带来实质性帮助
参与意愿 CYYY	V30 本企业非常愿意积极参与职业教育现代学徒制 V31 本企业乐意对参与现代学徒制的积极作用进行宣传
外部政策 WBZC	V32 政府为保障企业合法权益制定了完善的法律法规 V33 政府对企业参与现代学徒制出台了有效的激励措施 V34 政府、行业协会正在全力构建校企双赢制度，推进现代学徒制
内部资源 NBZY	V35 企业拥有参与职业教育现代学徒制的丰富经验 V36 企业拥有参与职业教育现代学徒制的人员、场地、资金等条件 V37 企业了解参与职业教育现代学徒制的相关信息
参与行为 CYXW	V38 目前企业深度参与着职业教育现代学徒制 V39 今后企业仍将深度参与职业教育现代学徒制

二、样本数据收集

本章采用随机抽样的方法进行样本数据的采集，实验数据主要来自江苏理工学院"产业升级背景下中小企业参与现代学徒制动力机制研究"课题组的前期调研。课题组选择了江苏、浙江、安徽等长三角地区 15 个地级市正在参与现代学徒制以及有意向参与现代学徒制的多家企业发放问卷。问卷发放的途径主要有以下几种：（1）与已成为学校实训基地的企业直接取得联系，当面发放纸质问卷；（2）从企业网站获知其联系方式，通过邮件的方式发放电子问卷；（3）借助猪八戒网、任务中国等任务发布平台发放电子问卷。本次调研时间为 2020 年 7 月初至 8 月底，共回收问卷 256 份，其中剔除掉无效问卷 38 分，实际有效问卷数为 218 份。

三、描述性统计

（一）企业基本特征分析

分别从参与调研企业的基本特征、各潜变量均值标准差两方面进行描述性统计。基本特征包括所属行业、企业性质、员工人数、员工校园招聘学历、一线员工培训时间、校企合作途径等信息。统计情况见表 5.2。

从表 5.2 可见，本次调研的 218 家企业中制造业的占比达到 83.5%，民营企业的份额也达到 83.5%，这与长三角地区当前的产业结构特征相符。另外，100 人以下的企业占比达到 65% 以上，表明问卷发放对象基本满足"中小企业"这一研究主题的要求。从样本企业员工学历状况及培训状况来看，高中以下及中高职学历员工占比达到 80% 以上，本科以上学历者仅占 17%。另外，有职业培训部门的企业仅为 24.8%，有职业培训人员的比例更是低至 19.3%，一线员工入职培训时间在一个月以内（包括无培训）的企业却高达 78.9%。以上数据表明中小企业一线员工多，不但学历较低，更缺乏专职的入职培训，员工职业技能素养状况令人担忧，更凸显了企业参加职业教育现代学徒制的必要性。从样本企业现阶段校企合作情况来看，有约 1/3 的企业未

表 5.2 企业基本特征统计

特征	值	样本数	占比(%)	特征	值	样本数	占比(%)
所属行业	农林牧渔	4	1.8%	有无职业培训部门	有	54	24.8%
	制造业	182	83.5%		无	164	75.2%
	服务业	10	4.6%	有无职业培训人员	有	42	19.3%
	建筑业	6	2.8%		无	176	80.7%
	其他	16	7.3%	一线员工入职培训时间	1个月以内	172	78.9%
企业性质	民营企业	182	83.5%		1个月—3个月	42	19.3%
	国有控股	13	6%		3个月—6个月	2	0.9%
	外资、港澳台投资	6	2.7%		6个月以上	2	0.9%
	其他	17	7.8%	校企合作途径	无合作	74	33.9%
员工人数	50以下	67	30.7%		顶岗实习	76	34.9%
	50—100	75	34.4%		订单班/冠名班	17	7.8%
	101—300	38	17.4%		员工进修	11	5.0%
	300—1000	32	14.7%		在岗培训	7	3.2%
	1000以上	6	2.8%		学徒制项目	26	11.9%
员工校园招聘学历	中职及高职高专	73	33.5%		其他	7	3.2%
	本科及研究生	37	17.0%				
	其他(高中及以下)	108	49.5%				

开展任何形式的校企合作，而已开展企业的合作途径呈现出多样化特征。其中接纳学生顶岗实习的企业占 34.9%，以订单/冠名班、员工进修、在岗培训等方式参与的约占 19.3%，而真正签订合同，以项目形式深度嵌入开展现代学徒制的企业比例则不足 12%。由此可见，能真正开展现代学徒制项目实践的案例并不多见。

（二）均值方差分析

进一步，对参与动机各变量的均值方差进行描述性统计，如表 5.3 所示。

表 5.3　参与意愿及行为各变量均值、方差分析

潜变量	支撑变量	均值	方差	潜变量	支撑变量	均值	方差
人力资源 RLZY	V10	3.75	0.620	利益感知 LYGZ	V26	3.82	0.602
	V11	3.79	0.647		V27	3.84	0.519
V12-V14 JJSY	V12	3.81	0.670	成本感知 CBGZ	V28	2.92	0.706
	V13	3.80	0.669		V29	2.99	0.736
V15-V16 SHXX	V14	3.87	0.604	参与意愿 CYYY	V30	3.69	0.811
	V15	3.81	0.614		V31	3.57	0.643
V17-V18 HYDW	V16	3.83	0.636	外部政策 WBZC	V32	3.52	0.693
	V17	3.67	0.764		V33	3.39	0.820
	V18	3.60	0.729		V34	3.46	0.803
实习成本 参与费用 SXCB	V19	3.22	0.922	内部资源 NBZY	V35	3.50	0.942
	V20	3.26	0.938		V36	3.74	0.671
	V21	3.20	0.924		V37	3.78	0.762
效益损失 XYSS	V22	3.17	0.922	参与行为 CYXW	V38	3.58	0.678
	V23	3.14	1.017		V39	3.61	0.608
人才溢出 RCYC	V24	3.31	0.822				
	V25	3.35	0.892				

参与意愿和行为的平均得分在 3.5—3.7 之间，表明长三角地区中小企业

参与现代学徒制的动机尚有进一步提升空间。本研究把影响中小企业参与现代学徒制的动机因素分为利益感知和成本感知两大类。利益感知由人力资源、经济收益、社会形象、行业地位四个潜变量构成，成本感知则由实习成本、效益损失、人才溢出三个潜变量解释。从表5.3分析可知，样本企业对参与现代学徒制利益感知的得分（3.82，3.84）明显高于成本感知（2.92，2.99），且前者支撑变量的方差低于后者，这说明样本企业对从学徒制中获取利益的认同感较高。从利益感知构成因素分析，行业地位的得分（3.67，3.60）明显低于人力资源（3.75，3.79）、经济收益（3.81，3.80，3.87）和社会形象（3.81，3.83）；从成本感知构成因素来看，实习成本（3.22，3.26，3.20）和效益损失（3.17，3.14）的得分显著低于人才溢出（3.31，3.35）。这说明中小企业对行业地位提升的认同感不高，而较为关注参与学徒制所引起的短期成本。

四、信度效度分析

根据理论假设，本研究首先对人力资源、经济收益、社会形象、行业地位、实习成本、效益损失、人才溢出、利益感知、成本感知、参与意愿、外部政策、内部资源、参与行为共13个潜变量展开信度效度分析。信度的检验使用Cronbach α值和组合信度CR相配合，效度判别采用萃取量AVE值（夏恩君和赵轩维，2017）。结果列示于表5.4和表5.5。结果表明，除了人力资源因素外，其他所有潜变量的Chronbach α系数均达到0.7以上，表明量表基本满足了内部一致性要求。组合信度指标值CR亦均达到0.7以上，反映了问卷具有较好的可信度水平。另外，表5.4中所有潜变量的平均方差萃取量AVE值均达到0.5以上，且每个潜变量自身协方差均高于所有与其他潜变量协方差的绝对值。也就是说，潜变量各支撑变量的题项归类于本变量的效果最佳，量表具有较高的收敛效度。

表 5.4 各潜变量的 Cronbach α、CR 和 AVE 指标

潜变量	Chronbachα	AVE	CR	潜变量	Chronbachα	AVE	CR
RLZY	0.583	0.706	0.828	LYGZ	0.828	0.854	0.921
JJSY	0.802	0.717	0.883	CBGZ	0.703	0.771	0.871
SHXX	0.809	0.839	0.912	CYYY	0.796	0.830	0.907
HYDW	0.728	0.787	0.881	WBZC	0.847	0766	0.907
SXCB	0.869	0.793	0.920	NBZY	0.701	0.592	0.813
XYSS	0.775	0.815	0.898	CYXW	0.860	0.882	0.937
RCYC	0.755	0.803	0.891				

表 5.5 潜变量协方差矩阵（部分）

	RLZY	JJSY	SHXX	HYDW	...	CYYW	WBZC	NBZY	CYXW
RLZY	0.479								
JJSY	0.321	0.400							
SHXX	0.302	0.329	0.419						
HYDW	0.226	0.275	0.223	0.445					
...	...	...	...	...	...				
CYYY	0.205	0.293	0.272	0.229	...	0.393			
CWBZ	0.196	0.219	0.163	0.205	...	0.251	0.419		
NBZY	0.071	0.042	0.073	0.051	...	0.080	0.126	0.226	
CYXW	0.205	0.252	0.221	0.236	...	0.301	0.392	0.160	0.559

五、假设检验

该部分基于问卷样本数据，对图5.1所提出的企业参与现代学徒制动机概念模型进行拟合度评估和假设检验。利用 Mplus7.0 编程，经过多次模型修正后的结果列示于表5.6和表5.7

表5.6 中小企业现代学徒制参与动机概念模型的参数估计及假设检验

路径	系数估计值	标准误（S.E.）	临界比（C.R.）	显著性 p 值（双尾）	对应假设	是否支持
利益感知↙人力资源	0.210	0.099	2.134	0.033**	H1	支持
利益感知↙经济收益	0.496	0.118	4.213	0.000***	H2	强烈支持
利益感知↙社会形象	0.262	0.094	2.790	0.005***	H3	强烈支持
利益感知↙行业地位	0.097	0.069	1.414	0.157	H4	不支持
成本感知↙实习成本	0.310	0.097	3.196	0.001***	H5	强烈支持
成本感知↙效益损失	0.624	0.111	5.606	0.000***	H6	强烈支持
成本感知↙人才溢出	0.063	0.760	5.831	0.406	H7	不支持
参与意愿↙利益感知	0.770	0.043	17.835	0.000***	H8	强烈支持
参与意愿↙成本感知	−0.173	0.063	−2.724	0.006***	H9	强烈支持
参与行为↙参与意愿	0.242	0.068	3.551	0.000***	H10	强烈支持
参与行为↙外部政策	0.639	0.066	9.758	0.000***	H11	强烈支持
参与行为↙内部资源	0.147	0.064	2.308	0.021**	H12	支持

注：**表示在5%水平上显著，***表示在1%水平上显著

表5.7 模型的总体拟合度指标

	RMSEA	CFI	TLI	SRMR	x^2/df
标准	<0.08 最优，<0.1 可接受	>0.9	>0.9	<0.1	1<NC<3 最优；3<NC<5 可以接受
值	0.058	0.923	0.906	0.063	620.6/357=1.738

由表 5.7 可见，从模型总体拟合度指标来看，本次实验的 RMSEA、CFI、TLI 以及 SRMR 指标值均在最优范围之内，表明模型很好地达到了总体拟合度要求。由表 5.6 可见，本章提出的 12 个假设中 10 个得到支持，其中 2 个在 5% 水平上显著，其余 8 个均在 1% 水平上显著。

由表 5.6 结果，从企业利益感知的支持因素分析结果可知，人力资源、经济收益、社会形象三个因素的路径系数分别为 0.210、0.496、0.262，临界比分别为 2.134、4.213、2.790，人力资源在 5% 水平上显著，经济收益和社会形象均在 1% 水平上显著，假设 H1—H3 成立，并且经济收益因素的显著性水平最高。行业地位因素路径系数仅为 0.097 且低于 5% 的显著性水平，说明行业地位与利益感知并不显著相关，H4 未获实证支持。从企业成本感知的支持因素分析结果可知，实习成本和效益损失的路径系数分别达到 0.310 和 0.624，且都在 1% 水平上显著，假设 H5 和 H6 得到实证支持。而人才溢出的路径系数仅为 0.063，临界比仅为 0.760，在 5% 水平上不显著，说明人才溢出与企业成本感知并不明显相关，H7 未获支持。

进一步分析利益感知与参与意愿的关系，路径系数为 0.770，临界比高达 17.835，在 1% 水平上显著，说明利益感知对企业参与学徒制意愿起显著正向作用，H8 得到支持。而成本感知与参与意愿的路径系数为 -0.173，临界比为 -2.724，也在 1% 水平上显著，表明成本感知确实负向影响参与意愿，假设 H10 成立。最后，考察企业持续参与行为的影响因素，参与意愿、外部政策、内部资源的路径系数分别为 0.242，0.639，0.147，前两个因素在 1% 水平上显著，内部资源则在 5% 水平上显著。表明尽管假设 H10、H11、H12 均获实证支持，但 H12 的支持力度弱于 H10 和 H11。

第四节　企业参与现代学徒制动机意愿和
行为路径分析

在前面实证研究基础上绘制出中小企业参与现代学徒制动机结构方程模型的路径图，如图5.2所示。可见，所有潜变量构成支撑变量的路径系数均在1%水平上显著，再次说明本章量表具有较高的信效度。尽管影响利益感知和成本感知的因素并未全部通过假设检验，但根据社会交换理论和PAM-ISC模型所提出的中小企业参与现代学徒制行为路径：利益感知，成本感知──参与意愿、内外部环境──持续参与行为得到了实证支持。

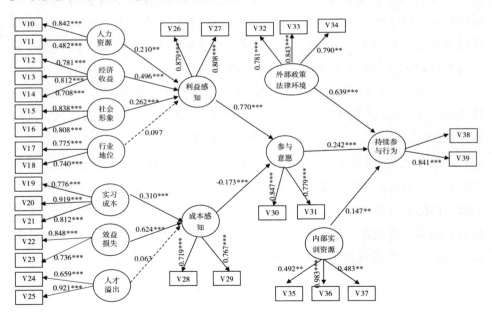

图5.2　企业参与现代学徒制动机结构方程模型的路径图

根据以上路径图，可以得到如下具体结论：

第一，现阶段企业（尤其是中小企业）参与现代学徒制的利益动机主要来自经济动力和社会形象动力。冉云芳（2013）、贺艳红（2018）等认为，以较低成本从实习学生中挑选符合企业需求的优秀人才，从而提升人力资源储备是企业参与现代学徒制的重要动机。本研究结果也支持了这一观点。然而，对于长三角地区的中小企业而言，从现代学徒制中获取短期经济利益的诱惑更强于长期人力资源储备的优化。首先，相比于大企业的战略性思维，中小企业运营资金较为短缺，其决策更加偏向于短期物质性利益。其次，社会形象因素是中小企业参与现代学徒制的另一重要动因。这表明随着国家对现代学徒制试点的不断推进，现代学徒制在经济发达地区已获得普遍认可，中小企业能依托这一"金字招牌"扩大社会知名度，增强企业在产品营销方面的优势，获取实质性利益。再次，本研究发现，行业地位因素并不显著增加利益感知。这一方面说明中小企业较强的"自利性"会对现代学徒制的行业推广带来一定的困难，另一方面也说明企业对于从现代学徒制中得到专业技术理论的指导，加强行业地位的期待值并不高。

第二，企业（尤其是中小企业）参与现代学徒制的阻碍主要来自实习成本以及效益损失两个成本感知因素。实习成本一方面来自受训学生工资以及各项管理支出，另一方面来自参与过程产生的各种交易成本。这两项支出抬高了企业参与现代学徒制的门槛，降低了学徒制产生的直接经济收益。而效益损失则增大了企业在设备故障、停工损失、核心机密外泄等方面的潜在风险，同样是降低中小企业的参与动机的主因。本研究表明，人才溢出问题对中小企业而言并不非常严重。根据深度访谈的结果，不同于大型企业，大多中小企业呈现劳动密集型特征，60%以上的企业对于参训学徒的技能培训主要目的在于提高短期劳动效率，并非长期核心创新能力的提升，因此人才溢出的可能性并不大。但也有部分企业认为，随着参训学徒成为企业核心员工的概率增大，在未来人才流失方面的担忧将逐步提高。

第三，企业（尤其是中小企业）对利益感知的敏感度高于成本感知。本文实证结果表明，类似于个人主体，中小企业在决定是否参与现代学徒制时，会对比所感知的利益当量和风险当量，衡量带来的净效用。路径图显示，利益感知对参与意愿的路径系数绝对值（0.770）明显高于成本感知（0.173）。

也就是说，中小企业对于参与现代学徒制具有较强的主观能动性，他们对利益较为敏感，只有当感知的参与成本明显高于所得利益才会不愿参与。这符合中小企业"弱风险规避"的一般特征。

第四，外部政策法律环境支持和内部资源充足都是企业（尤其是中小企业）参与意愿转化为参与行为的保障条件，且外部政策支持的作用更为明显。外部政策环境和法律制度的不完善是制约其参与行为的最重要因素。政府政策制度过于宏观、法律供给失衡、企业主体地位无法保证、行业协会职责缺失等问题仍然普遍存在，尤其是各级政府未能建立起具体的利益激励机制，大大增加了企业对参与外部环境风险的感知，阻断了其参与意愿向行为转化的路径。这能从外部政策得分（3.52，3.39，3.46）低于参与行为得分（3.58，3.61）中得到印证。内部资源主要指企业提供支持学徒制开展所需的人员（如技能师傅）、资金、场地、信息等资源的能力，这同样是企业顺利参与学徒制的必要条件。但实证结果表明其重要性稍弱于外部政策支持。主要原因在于部分企业认为可借助政府资源、学校资源、联合培养等方式解决内部资源问题。

第五节　提升企业参与现代学徒制意愿和行为的对策建议

根据以上路径分析的结论，从企业本身、职业院校、政府、行业协会等各方面提出提升企业参与现代学徒制意愿和行为的对策建议如下。

第一，企业（尤其是中小企业）要主动深度参与技能型人才培养过程，同时赋能参与现代学徒制的经济价值和人才价值感知。逐利性是企业的本质特性，但利益亦有短期和长期之分。作为职业教育的双育人主体之一，企业不应仅着眼于学徒制带来的短期经济利益，更要意识到其对人力资源战略价值的重要性。无论是提高生产效率以实现短期经济利益，还是加强未来人力资源的核心储备以获取长远利益，中小企业都应积极投身现代学徒制的所有环节，深度参与技能型人才培养的全过程。首先，要深度参与学校人才培养方案的制订和核心课程的设置；其次，制定详细的实习计划，根据学生的特点进行岗位分配，配备有经验的企业导师，按照现代人力资源管理的标准进行真正的岗位技能和创新能力的培训。通过建立起个性化实践技能培养体系，同时提升现代学徒制的经济和人才价值。

第二，职业院校和企业共同探索有效的现代学徒制实施模式，切实降低企业参与的成本感知。中小企业较弱的资金实力和抗风险能力决定了其对参与成本的关注，因而高效率、低成本的现代学徒制实施方式对企业而言尤为重要。其一，职业院校主动加强与中小企业的对接，持续稳定地向企业输入较低成本的优质学徒的同时鼓励学校教师积极参与企业生产经营、技术研发的理论指导，提高企业员工的综合素质；其二，职业院校应降低企业合作的门槛并适当让利，主动承担起签约费、管理费、人员劳务费等交易性成本，建立稳定的利益共享费用共担机制，切实减轻中小企业负担；其三，职业院校与企业一起致力于联合培训平台建设、订单式培养、顶岗实习等产教融合模式的完善，共同探讨灵活多样的学徒制绩效考核机制，杜绝把一切责任推给企业的"放养式"管理；其四，职业院校适当加强对参与企业的宣传，以提升企业社会形象。

第三，政府加强外部政策、法律环境的优化，构建明晰的企业激励机制。作为现代学徒制的推动者，政府应积极改变"指挥者"身份，转向促进企业参与的"保障者"身份。一方面，宏观层面继续出台现代学徒制相关政策和法规，明确界定企业、学校双方在学徒培养过程以及产权方面的责权利，尽快确认企业在现代学徒制中的主导地位，实现企业基础权益保障，打消企业参与的诸多顾虑；另一方面，各地方政府要细化现代学徒制激励机制的具体措施，既可通过实施税收减免、财政补贴、公开表彰等方式提升中小企业参与利益的感知，亦可采取政府优先购买参与企业产品服务的方式积极引导企业的参与行为。另外，政府应建立三方协议的签订和落实情况跟踪机制，对培养到期后学徒的最低服务年限做出规定，最大程度降低企业的人才溢出成本，确保每一个有参与动机的企业真正能投身现代学徒制实践。

第六节　本章小结

　　企业（尤其是中小企业）是开展现代学徒制的主力军，其参与意愿和行为对现代学徒制的成功至关重要。本章基于社会交换理论，从利益感知、成本感知、内外部环境三个维度归纳企业参与现代学徒制意愿及持续参与行为影响因素，构建概念模型；而后通过对长三角地区企业调研的实际数据，运用结构方程模型对参与概念模型进行验证。研究结果基本支持参与意愿行为路径假设，并发现：对企业（尤其是中小企业）而言，经济利益因素在利益感知中的重要性高于人力资源优势及社会形象，成本感知则主要来自实习成本费用及效益损失，而外部政策法律环境的保障作用比内部资源充足更加明显。根据研究结论，从企业本身、职业院校、政府、行业协会等角度给出了提高企业参与现代学徒制意愿和行为的对策建议。

第六章

基于利益博弈的现代学徒制参与行为决策分析及支持体系构建

要完全厘清企业参与现代学徒制的机理，一方面要分析影响其参与意愿和行为的动机因素，另一方面还必须对在这些因素综合影响下企业参与的行为决策展开深入探索。本章在上一章的基础上，综合考虑经济利益因素，社会外部性因素，成本因素，政府支持因素等，通过构建企业和学生之间的博弈模型，从定量的角度详细分析企业参与现代学徒制的行为决策，回答企业"在什么条件下稳定参与，什么条件下非稳定参与，什么条件下不参与"的关键问题。

第一节　问题的提出

随着供给侧结构性改革的深入推进，我国需要大量契合企业发展需求的技术技能型人才。在这种背景下，国家适时推动各类职业教育院校实施"现代学徒制"，通过深化校企合作融合，来满足企业的人力资源需求（廖礼平，2019；王永春和张向红，2018）。与传统学徒制相比，现代学徒制不仅强调校企协同育人，更将学生的学习成效置于核心位置，注重理论和实践的系统性融合，致力于学生职业能力的培养（徐国庆，2017）。德国"双元制"，英国"开拓者项目"，澳大利亚"新学徒制"等无不体现了知行合一的特点，为我国现代学徒制提供了可借鉴模式（沈澄英和张庆堂，2017）。关于现代学徒制教学法、教育质量、培养模式和评价体系等方面的学术研究成果（Gospel &

Fuller，2006；刘秀敏，2019；逄小斐和谭穗枫，2016）也已经广泛运用于我国职业教育的实践中。然而，由于开展时间较短，各种支持体系尚未建立健全，我国现代学徒制的人才培养效果与职业教育发达国家相比还存在较大差距。其中，企业参与动力不足是主要问题之一，特别是中小企业参与现代学徒制尚处于一种浅层状态，其主体地位虚化、责任意识淡化，导致"校热企冷"局面频现，直接影响了技术技能型人才培养效果（杨公安等，2017）。鉴于此，一些学者纷纷从学校和企业的角度展开理论和实践探索。赵鹏飞（2014）提出明确学徒的合法身份、出台激励政策、建立技术支撑框架体系等政策建议；张启富和邬琦姝（2017）认为招生与招工一体化、成本分担和法律环境等三方面的因素制约了现代学徒制的可持续性发展；许世建和杨进（2018）发现向企业释放办学权利、给予企业优惠财税政策、营造良好社会环境等激励因素单独作用时，可以促进企业增加校企合作投入。

然而，现代学徒制是一个包含企业、学生、职业院校、政府等利益相关主体的人才培养系统（詹华山，2017）。从本质上来讲，利益是影响各主体行为决策的核心因素，适当的利益激励及和谐的利益分配关系是现代学徒制良性运作的基础（吴娉娉，2018）。本研究认为，尽管政府和职业院校是现代学徒制的重要推动力量，但企业和学生才是其微观实践的真正主体，双方之间实现利益博弈均衡是现代学徒制最终目标实现的前提（侯延爽，2017），政府和职业院校则对博弈结果起到调节作用。也有一些文献认识到了现代学徒制主体之间的利益博弈关系（强静波，2019；谭文培和刘望，2017），但这些研究大多未能定量阐述主体参与动机各影响因素的具体作用，且有关企业和学生之间的利益博弈研究较为缺乏。本研究借助二维博弈工具，对现代学徒制参与企业和学生之间的利益诉求及参与行为决策展开动态博弈分析，在此基础上构建有效的现代学徒制支持体系，试图为提升现代学徒制实践效果提供改进方向和决策依据。

第二节 现代学徒制参与各方行为决策博弈模型

本章将现代学徒制视为一个由职业院校（简称学校）、学生、企业、政府组成的职业教育实践系统。其中，学生和企业是最重要的利益相关者，且都是追求自身利益最大化的博弈参与者，其行为符合传统博弈的"理性经济人"特征。本章在描述双方参与现代学徒制的行为决策基础上，基于博弈分析探讨各因素对企业和学生行为决策选择的影响，同时考虑职业院校监管以及政府支持的调节作用。

一、参与各方的行为决策及职责描述

（一）企业的行为决策

企业作为职业院校的校外实践基地，可以面临两种行为决策选择：一种为单纯的实践基地（即不参与现代学徒制）。此时，企业吸收实习生的主要目的是降低人力资源成本。因此，企业为实习生提供岗位并支付一定的实习工资，仅进行入门技能的指导，在一定程度上是将实习生当作"廉价劳动力"使用，从中获得人力资源成本降低所带来的一般性收益；第二种为真正参与现代学徒制。此时，学生以"学徒"身份参与企业生产经营，企业则深度嵌入职业院校的人才培养体系，能充分利用职业院校在知识传授、技术研发等方面的优势。除了人力资源收益外，现代学徒制给企业带来的收益增量包括员工培训成本下降、持续创新能力增强、社会知名度提高等方面。另一方面，参与现代学徒制的企业不仅需承担实践基地功能，也要参与培养方案制定、课程开发、课堂教学等人才培养过程，并在学生学习过程中为其配备企业导师，进行技能训练和创新实践的全程指导。这意味着不菲的参与成本支出。由于现代学徒制的公共物品属性，企业还将面临所培养高素质人才自由流动而带来的外部性成本（强静波，2019；谭文培和刘望，2017），特别是进入门

103

槛较低的行业。对于参与企业而言，无论仅作为单纯的实践基地还是深度参与现代学徒制，都需要按照协议支付给学生一定的固定工资，也都会面临学生不努力实习而导致的收益下降风险。

（二）学生的行为决策

学生是现代学徒制的培养对象和直接利益相关者。实习学生的行为决策可抽象为以下两种：努力实习和不努力实习。前者指学生在实习过程中严格遵守规章制度，全身心投入自己的岗位工作并努力从企业导师的指导中获取新知识；后者指学生在实习过程中没有全身心投入，消极接受企业导师的指导，经常出现偷懒、工作态度较差或者逃避实习。另外，一些职业学校的学生面临学历提升（如专转本）机会时对参加学徒制持消极态度，本研究也把这种情况归为"不努力"。无论学生是否努力，均能根据协议得到一定的固定工资收入，而在现代学徒制实施的情况下，学生努力实习不仅能带来职业技能和创新能力的全面提升，更为未来谋求优质稳定的职业岗位打下坚实基础。因此，努力实习带来的隐性收益显著。也只有当学生努力实习时企业参与现代学徒制的多重利益目标才能实现，现代学徒制才得以顺利推进。值得说明的是，根据对现代职业院校学生的行为调研得知，学生不努力实习的原因大多源于机会收益（节省精力和时间从事其他经济活动、学历晋升等其他途径）的获得，但将因损害企业利益、影响现代学徒制实施而产生惩罚成本。

（三）职业院校在行为决策中的职责

现代学徒制作为一种新型的人才培养模式，代表了职业院校教学改革和实践型教学体系构建的最新方向，为职业院校提升教学成果质量，扩展社会知名度提供了良好契机。因而职业院校是现代学徒制的最坚定实施者，不仅向企业提供作为"学徒"的学生，更需对实施过程中的学生和企业行为进行严格监管，保障现代学徒制的顺利实施。在严格监管下还会通过一定的举措对学生和企业的参与现代学徒制的经济动机产生调节作用：一方面，全面考核学生在实习中的表现，据此设置奖惩机制以改变实习学生的收益矩阵；另一方面，通过优化流程、员工培训、共享资源等方式分担部分企业参与成本，增强企业参加现代学徒制的动机。在下面的均衡分析中,我们分学校不严格监管和严格监管两种情况展开。

(四) 政府在行为决策中的角色

政府作为现代学徒制的外部推动者,除了宏观上引领现代学徒制的发展方向外,其主要作用是为参与各方提供政策支持,确保各行为主体的责权利对等。现阶段,制定税收减免、设置学徒制专项经费支持等优惠政策是企业参与动机的重要外部动力。因而,下面的分析中我们把政府支持设为外部变量。

二、变量说明及支付矩阵构建

(一) 变量说明

以下假设利益博弈过程中企业和学生之间为静态博弈。即不论学校是否进行监管双方均同时进行决策。首先基于上节描述,对支付矩阵构建及博弈过程中用到的变量进行统一说明。见表 6.1。

表 6.1 本文博弈分析用到的变量说明

变量	说明	变量	说明
r	企业吸纳实习生引起人力资源成本降低获得的基本收益。又称"廉价劳动力"收益。	r_1	学生不努力实习引起的企业"廉价劳动力"收益下降。由学生的工作效率、员工的可替代性等因素决定。
w	企业按协议支付给实习学生的固定工资。	c_1	学生不努力实习而从事其他活动获得的机会收益。
w_1	学生从现代学徒制中得到的隐性收益。	d_1	学生不努力实习时现代学徒制给企业带来的微弱收益增量。$d_1 < d$。
d	实施现代学徒制给企业带来的收益增量。	w_2	学生不努力实习时现代学徒制给学生带来的微弱隐性收益。$w_2 < w_1$。
gr	政府财政支持。	a_1	学校严格监管时,给予努力实习学生的物质或精神奖励。

续表

变量	说明	变量	说明
c	企业实施现代学徒制的成本。即企业参与人才培养全过程而支出的管理成本、谈判成本、指导成本等。	a_2	学校严格监管时，给予不努力实习学生的各种惩罚。如课程不通过，延期毕业、通报批评等。
m	现代学徒制的外部性。即企业面临的所培养高素质人才流失的成本。	c_3	学校严格监管时，学校所分担的部分企业参与成本。

（二）支付矩阵构建

本部分基于上部分参与各方的行为决策及职责描述，分析不同策略下各方收益，从而构建博弈支付矩阵。分为职业院校对现代学徒制实施过程不监管以及严格监管两种情形。

1. 职业院校不监管时

假设企业按协议规定支付给实习学生的固定工资为 w；由于吸纳实习生降低人员资源成本而获得的基本收益为 r，即企业把学生视为"廉价劳动力"使用带来的收益。

（1）当企业仅作为单纯的实践基地而不参与现代学徒制时，若学生努力实习，则显然企业的收益为 $r-w$，实习学生的收益为 w；若学生不努力实习，企业的收益减为 $r-w-r_1$，学生的收益则增加为 $w+c_1$。其中，c_1 表示学生不努力实习而从事其他经济活动可能获得的机会收益；r_1 为学生不努力实习引起的企业收益下降，与实习学生的工作效率、企业员工的可替代性等因素相关。

（2）当企业选择参与现代学徒制时，若学生投入努力实习，则现代学徒制将实现各方利益最大化的共赢局面。此时，可设企业总收益为 $(1-m)(r+d)-w+gr-c$，实习学生的收益为 $w+w_1$。其中，gr 为政府的财政支持；d 表示实施现代学徒制为企业带来的收益增量，包括员工培训成本下降、持续创新能力增强、社会知名度提高等；c 表示企业嵌入学生培养全过程而支出的管理成本、谈判成本、指导成本等；m 表示现代学徒制的社会外部性。m 越大表示其他未参与现代学徒制的企业分享人才培养成果的比例越高，企业流失的高素质人才越多，利益损失越大；w_1 表示学生从现代学徒制中得到的隐性收益，如由于职业素养和创新技能的全面提升而在未来获得高于他人的薪酬等，显然有 $w_1 > d$。若学生不投入努力实习，则企业的收益为（$1-m$）（$r-r_1 + d_1$）$-w + gr - c$，学生的收益为 $w + c_1 + w_2$。其中，$d_1 < d$，$w_2 < w_1$，表示学生不努力实习一定会同时造成企业和自身未来隐性收益的下降。一般情况下，学徒制模式下学生不努力对企业的影响一定会大于纯实践基地模式，即存在 $d - d_1 > r_1$。

2. 职业院校严格监管时

在该情形下，校企双方签订严格的规章制度，职业院校将通过分担企业成本，对学生进行奖惩等手段全力保证学徒制的顺利实施。

（1）当企业仅作为单纯的实践基地而不参与现代学徒制时，企业将对学生进行奖惩。若学生努力实习，企业的收益仍为 $r-w$，实习学生的收益为 $w + a_1$；若学生不努力实习，企业的收益为 $r-w-r_1$，学生的收益则变为为 $w + c_1 - a_2$。其中，a_1 为职业院校给予认真实习学生的物质或精神奖励，a_2 为不努力学生面临的学校惩罚成本，例如课程不通过、延期毕业、通报批评等。

（2）当企业选择参与现代学徒制时，职业院校也愿意承担一部分企业实施成本。由于企业的指导责任心增强，学校无须进行奖励而只需对不努力学生进行惩罚。因此，若学生投入努力实习，企业总收益增加为（$1-m$）（$r + d$）$-w + gr - (c-c_3)$，学生的收益增加为 $w + w_1$；若学生不努力实习，则企业的收益为（$1-m$）（$r-r_1 + d_1$）$-w + gr - (c-c_3)$，学生的收益为 $w + c_1 + w_2 - a_2$。

3. 支付矩阵

基于以上分析，构建职业院校不实施监管以及实施监管两种情况下的二维支付矩阵，分别如表 6.2 和表 6.3 所示。在该表中，我们分别用 NC 和 TC 分别标记企业的两种选择策略，分别用 TP 和 NP 标记实习学生的两种选择策略。用 $c^* = (1-m)d - mr + gr$ 和 $c^{**} = (1-m)d_1 - m(r-r_1) + gr$ 分别代表职业院校不监管情景下企业选择 E 策略，学生选取 S 策略时的企业和学生收益；用 $\dfrac{a_1 + a_2 - c_1}{a_1 + w_2 - w_1}$ 和 $\dfrac{w_2 - w_1 - a_2 + c_1}{a_1 + w_2 - w_1}$ 分别代表职业院校监管情景下企业选

择 E 策略，学生选取 S 策略时的企业和学生收益。

表6.2　职业院校不监管现代学徒制实施过程时的支付矩阵

		实习学生	
		努力实习（TP）	不努力实习（NP）
企业	单纯实践基地（NC）	$r-w$, w	$r-w-r_1$, $w+c_1$
	参与现代学徒制（TC）	$(1-m)(r+d)-w+gr-c$, $w+w_1$	$(1-m)(r-r_1+d_1)-w+gr-c$, $w+c_1+w_2$

表6.3　职业院校严格监管现代学徒制实施过程时的支付矩阵

		实习学生	
		努力实习（TP）	不努力实习（NP）
企业	单纯实践基地（NC）	$r-w$, $w+a_1$	$r-w-r_1$, $w+c_1-a_2$
	参与现代学徒制（TC）	$(1-m)(r+d)-w+gr-(c-c_3)$, $w+w_1$	$(1-m)(r-r_1+d_1)-w+gr-(c-c_3)$, $w+c_1+w_2-a_2$

第三节　博弈模型的求解过程及结果

一、模型的求解

（一）职业院校不监管时

由表6.3，得到不监管时不同情况下企业和学生的收益差异表达式如下：

$$\frac{c+m(r-r_1)-(1-m)d_1-gr-c_3}{(1-m)(d-d_1)-mr_1} \tag{1}$$

根据现实情况，外部性成本 m 不可能过大。因而有 $\dfrac{(1-m)d-mr+gr+c_3-c}{(1-m)(d-d_1)-mr_1}$。下同。由此可以得到以下几种情况：

1. $c^{***}=(1-m)d-mr+gr+c_3$ 时，一定有 $c^{****}=(1-m)d_1-m(r-r_1)+gr+c_3$ 且 $u_{NP}^{NTC}<u_{NP}^{NNC}$，即无论实习学生是否努力，企业一定更偏好于单纯的实践基地。由于 $v_{NP}^{NNC}>v_{TP}^{NNC}$，故而双方存在占优均衡策略（单纯的实践基地，不努力实习）。

2. $c<(1-m)d_1-m(r-r_1)+gr=c^{**}$ 时，一定有 $u_{TP}^{NTC}>u_{TP}^{NNC}$ 且 $u_{NP}^{NTC}>u_{NP}^{NNC}$，即无论实习学生是否努力，企业一定会选择参与现代学徒制。此时若 $c_1\leq w_1-w_2$，占优均衡策略为（参与现代学徒制，努力实习）；若 $c_1>w_1-w_2$，占优均衡策略为（参与现代学徒制，不努力实习）。

3. $c^{**}\leq c<c^{*}$ 时，存在 $u_{TP}^{NTC}>u_{TP}^{NNC}$ 且 $u_{NP}^{NTC}<u_{NP}^{NNC}$。即实习学生努力与否对企业的选择有影响，故不存在占优策略。由于 $v_{NP}^{NNC}>v_{TP}^{NNC}$，故而双方的均衡策略为（单纯的实践基地，不努力实习），类型为纯战略纳什均衡，稳定程度要低于占优均衡策略；当 $c_1>w_1-w_2$，存在纯战略纳什均衡策略（参与现代学徒制，努力实习）。

（二）职业院校监管时

由表6.3得到监管情景下企业和学生的收益差异表达式如下：

$$
\begin{aligned}
u_{TP}^{YTC}-u_{TP}^{YNC} &= (1-m)d-mr+gr+c_3-c \\
u_{NP}^{YTC}-u_{NP}^{YNC} &= (1-m)d_1-m(r-r_1)+gr+c_3-c \\
v_{NP}^{YNC}-v_{TP}^{YNC} &= c_1-(a_1+a_2) \\
v_{NP}^{YTC}-v_{TP}^{YTC} &= c_1-a_2-(w_1-w_2)
\end{aligned}
\tag{2}
$$

仍按以上思路进行分析，得到：

1. 当 $c\geq(1-m)d-mr+gr+c_3=c^{***}$ 时，即无论实习学生是否努力，企业一定更偏好于单纯的实践基地。若 $c_1>(a_1+a_2)$ 则存在占优均衡策略（单纯的实践基地，不努力实习）；若 $c_1<(a_1+a_2)$ 则存在占优均衡策略（单纯的实践基地，努力实习）。

2. 当 $c < (1-m)d_1 - m(r-r_1) + gr + c_3 = c^{****}$ 时，即无论实习学生是否努力，企业一定更偏好于参与现代学徒制。若 $c_1 > a_2 + (w_1 - w_2)$，则存在占优均衡策略（参与现代学徒制，不努力实习）；若 $c_1 < a_2 + (w_1 - w_2)$ 则存在占优均衡策略（参与现代学徒制，努力实习）。

3. 当 $c^{****} \leq c < c^{***}$ 时，存在 $u_{TP}^{YTC} > u_{TP}^{YNC}$ 且 $u_{NP}^{YTC} < u_{NP}^{YNC}$。实习学生努力与否对企业的选择有影响。此时，若 $c_1 < (w_1 - w_2) + a_2$ 则存在纯战略纳什均衡策略（参与现代学徒制，努力实习）；若 $c_1 > (a_1 + a_2)$ 则存在纯战略纳什均衡策略（单纯的实践基地，不努力实习）。值得注意的时，若 $(w_1 - w_2) + a_2 < c_1 < a_1 + a_2$，则纯战略纳什均衡被破坏，仅存在混合策略均衡，稳定性弱于纯战略纳什均衡。设此时企业参与现代学徒制的概率为 α，单纯的实践基地的概率为 $1 - \alpha$；学生努力实习的概率为 β，不努力实习的概率为 $1 - \beta$。由混合策略均衡的条件得到：

$$\alpha(w + w_1) + (1-\alpha)(w + a_1) = \alpha(w + c_1 + w_2 - a_2) + (1-\alpha)(w + c_1 - a_2)$$

$$(3)$$

$$\beta(r - w) - \beta((1-m)(r+d) - w + gr - (c - c_3))$$
$$= (1-\beta)((1-m)(r - r_1 + d_1) - w + gr - (c - c_3)) - (1-\beta)(r - w - r_1)$$

$$(4)$$

求解得到：$\alpha^* = \dfrac{a_1 + a_2 - c_1}{a_1 + w_2 - w_1}$，$\beta^* = \dfrac{c + m(r - r_1) - (1-m)d_1 - gr - c_3}{(1-m)(d - d_1) - mr_1}$

$$(5)$$

故而，在混合均衡策略下，企业有 $\dfrac{a_1 + a_2 - c_1}{a_1 + w_2 - w_1}$ 的概率参与现代学徒制，$\dfrac{c_1 + w_2 - w_1 - a_2}{a_1 + w_2 - w_1}$ 的概率成为单纯的实践基地；学生有 $\dfrac{c + m(r - r_1) - (1-m)d_1 - gr - c_3}{(1-m)(d - d_1) - mr_1}$ 的概率努力实习，有 $\dfrac{(1-m)d - mr + gr + c_3 - c}{(1-m)(d - d_1) - mr_1}$ 的概率不努力实习。

二、博弈模型的均衡结果

综合以上博弈分析的过程，可用图6.1和图6.2的决策树来展示模型的均衡结果。

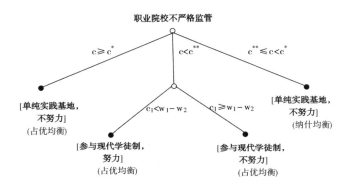

图6.1　职业院校不监管下的企业和学生均衡结果

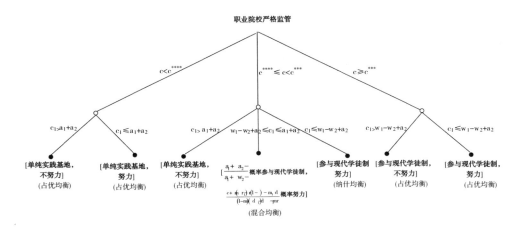

图6.2　职业院校监管下的企业和学生均衡结果

可以根据以上两图，得到如下企业和学生行为决策结果表，见表6.4和表6.5。

表 6.4　职业院校不监管下的行为决策结果

条件		企业行为决策	学生行为决策	均衡类型
$c \geq c^*$		单纯的实践基地	不努力实习	占优均衡
$c^* \geq c > c^{**}$		单纯的实践基地	不努力实习	纳什均衡
$c < c^{**}$	$c_1 < w_1 - w_2$	参加现代学徒制	努力	占优均衡
	$c_1 \geq w_1 - w_2$	参加现代学徒制	不努力	占优均衡

注：该表中，$c^* = (1-m)d - mr + gr$，$c^{**} = (1-m)d_1 - m(r-r_1) + gr$

表 6.5　学校严格监管下的行为决策结果

条件		企业行为决策	学生行为决策	均衡类型
$c \geq c^{****}$	$c_1 > a_1 + a_2$	单纯的实践基地	不努力实习	占优均衡
	$c_1 \leq a_1 + a_2$	单纯的实践基地	努力实习	占优均衡
$c < c^{****}$	$c_1 > w_1 - w_2 + a_2$	参加现代学徒制	不努力实习	占优均衡
	$c_1 \leq w_1 - w_2 + a_2$	参加现代学徒制	努力实习	占优均衡
$c^{*****} \leq c < c^{***}$	$c_1 > a_1 + a_2$	单纯的实践基地	不努力实习	占优均衡
	$c_1 \leq w_1 - w_2 + a_2$	参加现代学徒制	努力实习	纳什均衡
	$w_1 - w_2 + a_2 < c_1 \leq a_1 + a_2$	$\dfrac{a_1 + a_2 - c_1}{a_1 + a_2 - w_1 + w_2}$ 的概率参与现代学徒制，$\dfrac{w_2 - w_1 - a_2 + c_1}{a_1 + w_2 - w_1}$ 的概率为单纯实践基地	$\dfrac{c + m(r - r_1) - (1 - m)(d - d_1) - gr - c_3}{(1 - m)(d - d_1) - mr_1}$ 的概率努力实习，$\dfrac{(1 - m)d - mr + gr + c_3 - c}{(1 - m)(d - d_1) - mr_1}$ 的概率不努力实习	混合均衡

注：该表中，$c^{***} = (1 - m)d - mr + gr + c_3$，$c^{****} = (1 - m)d_1 - m(r - r_1) + gr + c_3$

第四节 现代学徒制参与各方行为决策机理分析

根据表 6.4 和表 6.5 的结果，我们可以得到各方参与现代学徒制的行为决策机理。主要结论如下：

第一，从企业策略的角度。企业是否参与现代学徒制取决于自身参与成本、实习学生为企业带来的收益、政府支持强度等因素，并且受到现代学徒制社会外部性的调节作用。首先，四个参与成本阈值 c^*，c^{**}，c^{***}，c^{****} 均与 gr 正相关，与 m 负相关。这说明无论哪种情况，政府支持一定会增强其参与动机，社会外部性一定会降低其参与动机，这与我们的传统印象相符。其次，只有当预期到的企业参与成本低于学生不努力情景下创造的价值（$c<c^{**}$ 或者 $c<c^{***}$），企业才有参加现代学徒制的稳定动机（占优策略）。而若预期到的企业参与成本高于学生努力情景下创造的价值（$c>c^*$ 或者 $c>c^{***}$），企业将非常"稳定"的不参与现代学徒制。可见，企业的参与决策具有较强的风险规避特征。而当企业参与成本介于两个价值取值之间时，学生实习的机会收益将可能影响企业决策，也就是说企业将考虑自身决策与学生行为的耦合性而不再独立行动，体现了企业"有限理性"的主体特征，同时也降低了决策结果的稳定性（称为纳什均衡）。最后，我们发现只有当 $m>0$ 时，成本阈值才与 r 负相关。这表明了一个有趣的结论：当现代学徒制存在社会外部性的情况下，"廉价劳动力"带来的收益越大，企业就越会因为劳动力的流失而不愿意开展现代学徒制。而当不存在社会外部性情况下，未来人才的转移受到限制，企业决策不会考虑"廉价劳动力"收益。

第二，从监管的角度。与不严格监管情景相比，职业院校对现代学徒制的实施过程进行严格监管将使得企业稳定参与现代学徒制的成本阈值由 c^{**} 提升到 c^{****}。也就是说，学校加强监管将增强企业参与现代学徒制的动力。一方面，学校分担的实施成本部分能直接增加企业参与的边际收益；另一方面，学校的奖惩措施有助于提高学生创造的隐性价值。因此，即使面临较高

113

的参与成本，企业也有动力开展现代学徒制。

第三，从实习学生策略的角度。在职业院校不严格监管情况下，其是否愿意努力接受职业技能和创新实践指导，从而真正实现现代学徒制的价值，机会收益是一个决定性因素。若企业参与成本不是很低，完全理性的学生将"预期"到企业的主导策略为不参与，故无论机会收益如何都不会努力实习。而当企业参与成本很低时，学生又将呈现出有限理性特征，将视不努力实习的机会收益（c_1）与努力实习获得的隐性收益（w_1-w_2）之间的大小关系来决定其行动，并不会把企业选择考虑在内。可见，在职业院校不严格监管的情景下，学生很容易做出不努力实习的选择。只有当企业"稳定的"参与现代学徒制的成本很小并且学生逃避实习得到的机会收益很低时，学生才可能努力实习。

第四，从职业院校的角度。当职业院校严格监管现代学徒制实施过程时，奖惩力度将很大程度上影响学生的实习行为决策。学生的行为决策呈现出与不严格监管时的差异化特征，但将受到企业参与成本的调节作用。企业参与成本较高时，由于奖惩制度的存在，一旦学生感知到不努力实习获得的机会收益无法抵销学校奖励和惩罚力度之和，便会自觉努力实习。企业参与成本很低时，其"稳定"参与现代学徒制的行为与学生实习产生的"耦合"作用将显著提升隐性收益（w_1-w_2），学生努力实习的动机主要来自内在自我激励。只有当 $w_1-w_2>a_1$ 时，学生从学徒制企业认真指导中获得的收益才会超越物质奖励，从而也有动力建议企业参与学徒制。因此，若要保持"企业参与现代学徒制，学生努力实习"的理想局面，学校给予学生的奖励力度不能高于学生努力实习带来的隐性收益，向学生宣传现代学徒制的隐性优势，激发其努力实习的内在动机才是职业院校的主导策略。

第五，综合职业院校和参与企业的共同作用。当职业院校严格监管，并且企业参与成本和学生机会收益均适中的情景下，无论哪种行为决策都不会给双方带来明显的经济利益，故而无占优均衡和纳什均衡出现而只呈现出一种稳定性较差的混合均衡状态，只能从概率角度分析双方行为决策的可能性。进一步，由于此情况下双方行为的耦合程度最强，双方均会在行为决策中衡量对方行为的经济收益：（1）职业院校对学生的奖惩力度越高，学生逃避实习获得的机会收益越低，从现代学徒制中获得的未来隐性收益越大，那么企业参与现代学徒制的概率更高。（2）企业参与现代学徒制的管理成本越高，政府和学校给予的支持越低，现代学徒制所呈现出的社会外部性越高，学生则反而有更高的概率努力实习。这表明，在混合均衡策略这一特殊情景下，企业将基于学生"努力实习"的正向思维来考虑现代学徒制的参与概率；而学生的思维特征则具有反向性，企业参与现代学徒制的条件越不利，反而将越可能努力实习。

第五节 "四位一体"现代学徒制支持体系的构建

由现代学徒制参与各方行为决策分析可知，企业在复杂的现代学徒制系统中扮演着重要角色，企业参与成本、学生逃避实习的机会收益、企业与学生行为决策的耦合性、现代学徒制的社会外部性、学校奖惩措施和政府支持力度等因素，都会对企业参与现代学徒制的动机产生影响，并且各种情况下企业与学生行为策略的稳定性也存在差异。既然参与现代学徒制的各利益主体之间是一种相互渗透、彼此协调、联动共生的关系，解决企业参与现代学徒制的动力不足问题，不仅需要考虑企业与学生的利益博弈均衡，还需要得到职业院校和政府部门的支持。基于此，本研究构建了学校、企业、政府、学生"四位一体"的现代学徒制支持体系。框架结构如图 6.3 所示。

一、职业院校：加强校企联动，建立健全培养机制

企业参与现代学徒制所付出的管理成本、谈判成本、指导成本是其决策行为的主要影响因素。若职业院校人才培养体系与企业需求高度契合，则可以有效降低企业的参与成本。学生努力实习程度的高低影响着现代学徒制给企业带来的经济收益，这需要职业院校加强监督与考核，以提升学生实习效果。因此，有效推动现代学徒制项目，职业院校需要重点从以下两个方面着手：

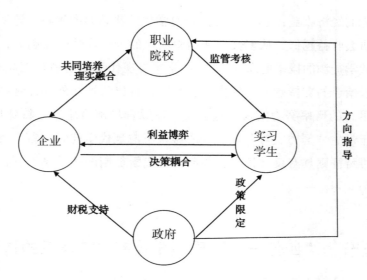

图 6.3　"四位一体"现代学徒制支持体系框架结构图

一方面，职业院校应不断探索现代学徒制校企联动机制。首先，明确校企"双主体"育人原则。职业院校与企业、学生签订正式三方协议，规定各方在实训过程中的职责和义务，适当分担学生的培训成本和管理成本；其次，在人才培养方案的制定中充分考虑企业利益。增加专业指导委员会中企业和行业专家的构成比例，切实发挥他们在人才培养方案修订、教学团队建设、实践课程开发方面的作用，给予企业真正的教育话语权，不断提高学生知识结构与企业运作特点的吻合程度；再次，确立企业在学生职业技能和创新能力培养方面的主导地位。积极推进校企联合培训平台建设、订单式培养等常规产教融合模式的完善，促进"集中性企业实训"这一能体现现代学徒制特征的实践模式向纵深拓展。

另一方面，职业院校要建立健全现代学徒制实习奖惩机制。首先，应该在对学生实习效果考核的基础上建立起合理的实习奖惩制度。一方面通过设置专项奖学金、提高实习补贴等方法增加努力实习学生的物质奖励；另一方面可拟定优秀学员优质企业就业推荐制度、优秀实践成果评选和展示制度等加大对学生精神层面的激励，提高其隐性收益；再次，学校和企业加强对学生的过程性考核，对逃避或者不努力实习的学生要采用取消评奖资格、学业警告等方式降低其机会收益。对于学生实践能力较弱或者出现思想问题等情况，学校应及时与企业导师及学生进行沟通，妥善商定应对之策。

二、企业：参与过程管理，有效控制投入成本

作为现代学徒制的育人主体之一，企业积极参与现代学徒制项目的过程管理，是育人目标得以实现的重要保证。首先，设计有效的职业技能培养方案。根据专业特点制定详细的实习计划，配备有经验的企业导师，按照现代人力资源管理的标准进行真正的岗位技能和创新能力的培训，促进实习学生能力素质的全面提升，绝不能把学生当"廉价劳动力"看待；其次，制定科学的考核评价方式。积极与学校合作建立现代学徒制评价指标体系，根据实习质量标准对每个学生进行客观打分，加强实习过程结果的考核评价；再次，积极参与现代学徒制教学管理。既要在人才培养方案的制定过程中提出企业自身诉求，同时也要在专业课程大纲修订乃至教材编写过程中提供实际素材，提升人才培养体系与企业需求的吻合程度，避免出现"理论教学在学校，实践锻炼在企业"的"两层皮"现象。

参与学徒制意味着大量成本的投入，特别是优质学生"跳槽"给企业带来的社会外部性成本将严重影响企业的参与意愿。基于此，企业也要做好实习培训成本的评估工作，有效测算实习学生贡献和生产能力超过企业参与成本的具体期限，与学校、学生签订工作期限三方协议，限定学徒在约定期限内的自由流动，在尽享现代学徒制长期收益的基础上尽量保证短期利益。

三、实习学生：认知双重角色，切实提高自身职业素养

在现代学徒制技术技能人才培养过程中，实习学生具有"学生"和"员工"双重角色，职业院校与企业通过联合育人方式提升学徒的职业素养。现代学徒制利益博弈结果显示，学徒在企业实习的努力程度不仅决定着自身未来的职业发展，也会对企业的参与意愿产生重要影响。因此，为达到现代学徒制高素质技术技能人才培养目标，学徒应该把企业实习当成一次宝贵的实

践机会。在实习过程中，学徒应该把自己当作企业的真正一员，杜绝"过客式"思维，更不能因为短期利益的诱惑而逃避实习。同时，学徒要服从学校和企业的统一安排，加强与校内外导师的沟通交流，主动做好学校理论学习与企业技能训练的衔接，在接受企业导师技能指导的同时积极把课程所学知识运用于实践，切实提高综合素质与职业能力。

四、政府：加大政策支出，创造良好外部条件

企业参加现代学徒制以及学生努力实习的成本收益均受到众多外部条件的制约，单靠学校和企业的力量无法解决。因此，政府不仅要给职业院校提供方向性指导，还应从政策上推动现代学徒制的顺利实施。首先，政府应该完善现代学徒制的财政支持政策。一方面可以直接采取税收优惠减免的方式，明确减税具体标准和数额；另一方面政府利用购买公共服务等方式，优先考虑购买参与企业产品或服务，积极引导企业的参与行为；其次，政府应加大对参与现代学徒制学生的激励。为学生实习期间的津贴、劳动强度提供基本保障，为学生的就业前景和可持续发展提供政策支持。此外，政府还应该在降低现代学徒制的社会外部性成本、充分保证参加现代学徒制企业的利益等方面有所作为。

第六节　本章小结

现代学徒制是由企业、学生、职业院校、政府等利益相关主体相互作用而形成的一个复杂系统。在对企业参与现代学徒制动机因素研究的基础上，本章把企业的行为决策分为单纯的实践基地（不参与现代学徒制）和真正参与现代学徒制，学生的行为策略分为努力实习和不努力实习。通过分析各种策略下参与企业和实习学生经济利益，构建博弈支付矩阵，采用博弈分析研究职业院校严格监管、不严格监管两种情况下企业和学生的行为决策规则。研究结果表明，在职业院校严格监管下，企业有更强的动机参与现代学徒制，

同时受到学生价值创造、社会外部性以及政府支持的影响；学生是否努力实习取决于对两种状态下取得收益的权衡；鉴于两者决策行为存在耦合性，当企业参与成本和学生机会收益均适中的情景下，双方参与策略的稳定性将降低。在博弈分析基础上，构建了"四位一体"的现代学徒制支持体系。

第三篇 **03**

现代学徒制运行机制与
典型案例研究（应用篇）

　　企业参与的现代学徒制，尤其在中小企业参与过程中，必然会受到多种因素的影响，分析和了解影响因素的作用、结构、相互关系，并建立一套灵活有效率的基本运行准则及相应制度非常重要。现代学徒制运行系统的顺利运行，必须重视协调各参与主体，尤其是企业主体的参与行为，才能保证现代学徒制总体社会目标的实现。

　　本篇在对现代学徒制运行主体及主体功能研究的基础上构建现代学徒制运行总机制，并将总运行机制分为招募及成长、技能资格融通与人才流转、校企平台协同共建三大运行子机制，形成学徒招募平台、人才流转平台、资源共享平台、晋级成长机制、技能资格融通机制、协同教学机制六个小模块进行研究，进一步通过安全加以检验。第七章在对现代学徒制运行系统功能进行分析的基础上，从企业、学校、政府和行业四个层面阐释了运行系统的影响因素，对企业参与困境进行了充分的考虑，构建了现代学徒制运行机制，有利于更好地推动企业参与。

　　第八章主要研究的是企业参与的现代学徒制招募及成长机制，梳理了目前在学徒招募和学徒培养计划过程中对机制运行的障碍，分别构建了学徒招募平台和晋级成长机制两个模块，重点分析了学徒招募平台和晋级成长机制运行的关键点，提出了保障该子机制运行的制度建设建议。第九章主要研究了企业参与的现代学徒制技能资格融通与人才流转机制，梳理了目前在技能资格认定和学徒就业过程中对机制运行的障碍，分别构建了人才流转平台和技能资格融通机制两个模块，重点分析了人才流转平台和技能资格融通机制运行的关键点，提出了保障该子机制运行的制度建设建议。第十章主要研究了企业参与的现代学徒制校企平台协同共建机制，梳理了目前企业参与过程中在教学资源合理规划和校企技术技能教学等方面对机制运行的障碍，分别构建了资源共享平台和协同教学机制两个模块，重点分析了资源共享平台和协同教学机制运行的关键点，提出了保障该子机制运行的制度建设建议。第十一章进行典型案例研究，分析了工科和商科现代学徒制运行机制的不同特征。

第七章

现代学徒制运行系统模型构建

"现代学徒制运行机制"是指在现代学徒制运行过程中，建立的一套协调、灵活、高效的基本准则及相应制度，对参与现代学徒制的各方进行有效协调，实现为社会提供技术技能人才的总体目标。因此，在对现代学徒制运行机制进行研究的过程中，首先必须明确现代学徒制的参与主体主要有哪些，以及各参与主体在机制运行过程中主要的责权利，及其相互之间的关系。从本书前述章节研究内容出发，本章通过对现代学徒制运行系统功能及影响因素的研究，构建跨校跨企跨地区的现代学徒制运行机制的模型框架。

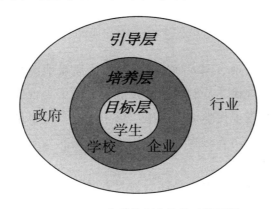

图7.1　现代学徒制主体关系模型图

企业参与的现代学徒制主要参与主体模型如图 7.1 所示，职业院校、企业、政府、行业、学生构成了现代学徒制运行机制的参与主体，将这些主体相互连接在一起发挥人才培养功能的运作方式是本章研究的重点。

第一节　现代学徒制运行系统功能分析

　　企业参与现代学徒制作为一种技能人才培养模式，是参与主体在基于自身利益诉求的前提下围绕"技能传承"这一人才培养目标进行的相互协商、相互博弈直至达成共识的过程。随着市场经济的活跃，诸如工厂办技校、工厂内的师徒制等传统的技术技能人才培养方式已经全面由职业教育所替代，但是，职业教育的"职业技能"属性意味着仅仅由职业学校完成的人才培养方案是不完整的，必须将企业纳入人才培养领域。为了更好地完成社会技能人才培养整体目标，我国政府部门早已出台了一系列诸如《职业学校校企合作促进办法》、《国家职业教育改革实施方案》等产教融合政策，有效推动了现代学徒制的发展。从长远看，企业尤其是中小企业参与现代学徒制必将成为现代学徒制的一种常态化，因此，研究中小企业参与现代学徒制运行系统的功能至关重要。

一、推动企业参与功能

　　实现企业更为广泛地、深入地、规范地、高质量地参与现代学徒培训全过程，并能充分分享现代学徒制带来的技能人才成果是现代学徒制运行机制的功能要求。目前我国现代学徒制实施过程中企业参与不足问题一直凸显存在，其在技术技能人才培养过程中的作用未能得到有效发挥，成为制约现代学徒制发展的关键瓶颈。

　　前文可见，其他国家的现代学徒制都各有其特点和优势，并随着各自国家的企业特点不断完善和优化。例如，在英国，由于企业处在完全自由的市场经济中，劳动市场同样高度自由，企业缺乏参与学徒培训的动力，因此英国政府通过构建以财政性与非财政性激励措施激励企业参与，并对企业参与过程进行了一定的规范，同时由于市场高度自由，因此在企业参与的效果监督和管理方面的工作还比较薄弱。在德国，由于工会对德国企业的协调和管控，德国劳动力流动率较低，劳动力市场处于一种较为稳定、相对透明的状态，德国现代学徒制——双元制很好地承接了企业参与学徒培训传统，因此，德国企业参与"双元制"的动力和行为规范更多地体现在企业内在的认知层面与社会规范层面，德国政府更多的关注企业参与现代学徒制的效果监控和管理方面。可以看到，其他国家现代学徒制的发展更多是与自身企业实际相关。2015年我国开始现代学徒制试点，并逐渐全面推行，我国现代学徒制运行机制应该具备推动企业尤其是中小企业以规范的程序深入参与学徒培训的功能。从企业总量来看，我国中小型企业数量众多，单一企业通常经济实力不强、规模体量小、资源有限，对劳动力的吸引力较弱，企业劳动力流动率较大，大部分中小企业在激烈的市场竞争中一方面希望获得和留住优秀的技术技能人才，另一方面疲于应对市场变化无暇他顾，更缺乏动力参与到带有公共效益性质的现代学徒制当中。

现代学徒制运行机制应强调推动企业的参与功能，通过机制建设将企业有序纳入学徒培训框架，提高企业参与现代学徒制的比例和积极性，在参与过程中不断完善学徒培训的行为规范，并对学徒培训的质量进行有效监管。

二、平衡主体利益功能

现代学徒制是由多个有着各自利益诉求的主体构成的复杂系统。从政府角度来说，其目标更多考虑的是国家层面的需求，更多关注的是有利于国家竞争力的全面、长期的教育和技能培训，是体系化、全局化的人才战略目标；从企业角度来说，更多关注的是自身发展过程中相关技能人才需求是否得到满足的问题，更多关注的是短期技能利益的技能形成，是低成本的获取技能劳动力（尤其是对于中小企业而言）；从学徒角度看，更多考虑的是未来就业和职业发展的问题。例如，是偏向特定企业的专门技能还是偏向适用性强的一般性技能，所学的技能能否被社会公认并存在晋级培训的可能等；从职业院校角度看，培训院校更希望通过现代学徒制完成技能人才培养模式的转变，使培养的技术技能人才能够通过企业平台获得"职业技能"能力，整体提高毕业生的技能水平，提升就业竞争力，更加强调为学生提供一系列的技能或提供一个深入的专业方向。

由此可见，现代学徒制各主体的利益功能存在差异性及矛盾性，平衡政府、企业、学徒、学校之间的主体利益是其运行机制必须具备的一个重要功能。

三、规范主体行为功能

与传统学徒制仅为本企业服务的性质相比，现代学徒制是现代技术技能人才培养的一种新模式，具备公共性，纳入整体社会培养技术技能人才的范畴，因此，现代学徒制的培训行为必然需要遵循一定的准则。这一点从其他国家的现代学徒制实践也可以看到。他们在学徒培训的关键流程中都规定了详细的行为准则，例如学徒的招募、各类协议的签订、计划的制定、培训的实施等关键流程，进而指引企业更有效地参与实施学徒培训，并保证了现代学徒制以相对统一的程序运行，便于全国性的统一管理。可见，现代学徒制公共性目标的实现有赖于从国家或地区层面的统一规范管理。对于中小企业而言，在保障其利益的前提下，规范企业参与的行为准则，有利于提高我国现代学徒制整体参与规模和参与效率，提高技能培训的交互性和技能质量的社会认同性，避免现代学徒制成为狭隘的企业自主培训的代名词。

更为重要的是，规范主体行为功能不可能一蹴而就，需要各个行为主体遵循一系列的行为准则和程序才能得以完成。行为准则和程序的制定要经过充分论证，在总结前期经验教训的基础上，由政府、企业（尤其是中小企业）、职业院校、职教专家、行业协会、学生等沟通有关人才的高质量持续供给问题，从而有效缓解职业院校在人才培育方面的短板，规避企业在招聘市场中的弱势等问题。

第二节 现代学徒制运行系统影响因素分析

现代学徒制试点被社会各界寄予厚望，也取得了很多的成果，到 2018 年全国范围的学徒制试点单位达到了 562 家，分别以高职院校、中职院校、行业、企业、地区为试点单位类型，其中高职院校 410 家占比 72.95%，在实施现代学徒制的过程中通常以试点单位为中心展开。通过前期走访和问卷调查可以看出，职业院校和企业作为现代学徒制的参与试点主体，对当前的现代学徒制运行状况的评价水平仅为中等。调查中发现有很大一部分企业没有参与或不愿参与现代学徒制，其中中小企业占比较高。为更好地探讨现代学徒制运行机制，对现代学徒制运行系统影响因素进行分析刻不容缓。

一、培养层——企业的影响因素

（一）企业的经营稳定性

现代学徒制的参与企业从规模上可以分为大、中、小型，所处发展阶段各不相同，不同类型的企业需求和面临的困境大相径庭，其参与现代学徒制的积极性和利益偏好必然呈现较大的差异。大型企业相对实力雄厚，经营发展在较长时期都比较稳定，因此一旦参与现代学徒制就能保持相对的政策稳定性。但是，在国民经济中起着重要作用的中小企业对现代学徒制的参与积极性较为低落。从企业整体数量上看，中小企业中私企占绝对数量，由于中小企业面临的市场竞争十分激烈，一方面，公司内部命令一元化，形成经营决策快、内部资源协调性强、执行力强、生产机动性强等优势；另一方面，公司规模较小，资金筹措困难、抗风险能力差、长期经营计划较难执行，决策变动大。这些特点对现代学徒制运行产生了较大的影响。

以中小企业为例。第一，中小企业由于规模较小而职能齐全，需要的预期技术技能招工指标少而技能种类多，同时单一企业提供的合作资源，实习场地、器材、岗位等都极为有限，使得职业院校很难有效利用其招工指标和资源进行对接，校企合作积极性不足。第二，中小企业的岗位职责并不稳定，缺乏完善的人力资源管理制度。因此，当学徒进入"实操"环节时，会被企业安排与教学计划严重不符的岗位，甚至成为"廉价劳动力"。第三，中小企业短期执行力较强，但企业决策的长期稳定性较差，经营状况非常可能发生较为剧烈的变化，影响了职业院校的合作意愿；第四，中小企业由于市场竞争激烈，企业经营项目可能发生调整或企业失去经营资格，导致其发起的技术技能人才的需求计划与实际发生偏差，形成被动的"学徒招工骗局"，使得完成学业的学徒面对"合约失效"的状况，进而连带职业院校等参与主体陷入负面评价。第五，中小企业资金压力较大，对于参与现代学徒制的长期资金投入很难维持，尤其当企业转型或资金发生困难时，人才储备任务必然是进入"放弃或缩减"的选择范围，"学徒"和职业院校的利益将同时受损。

可以看到，现代学徒制运行过程中，无论以学校主导或以企业主导的协同合作模式都很难满足各参与主体的要求。本研究认为，只有同时利用企业合力和学校合力，才能更为有效的整合资源，促进跨企跨校跨地区的现代学徒制发展，实现现代学徒制为社会经济发展提供技术技能人才的总体目标。

（二）参与企业的人力资源管理水平

在市场竞争中，企业为了更好地满足自身对人才的需求，都会相应构建符合自身需要的人力资源管理制度与流程体系，这对于企业参与现代学徒制的积极性和参与方式产生了积极影响。

企业人力资源管理过程中有无构建员工培训体系直接影响着企业参与现代学徒制的效率。从参与主体协同角度来看，当企业建立较为完备的员工培训体系时，其对职业院校的需求相对就会较少，即使参与现代学徒制的培训计划也不愿意按照职业院校教学进度完成，往往在双方合作中占据主导地位；从加强企业参与深度来看，当企业具备较为完备的员工培训体系时，往往意味着该企业在员工技能培训业务和培训管理方面都积累了一定的基础，具备一定的技能教学能力，甚至企业内部有一套技能培训师资团队。这减少了校企双方因教学认知不同产生的摩擦和误解，增加了沟通的韧性。

企业是否建立人才储备计划对企业参与现代学徒制会产生影响。从参与的主动性看，建立人才储备计划的企业通常有着非常明确的企业发展规划及较好的前瞻性，这种前瞻性使企业愿意花费数年的时间和资金投入去培育人才。因此，此类企业参与现代学徒制的过程比较有规划。反之，企业如果对未来的人才需求不明确，就会影响参与现代学徒制的积极性，即使参与了也会因为各种原因无法履行企业在技能培训方面应尽的义务。

企业技术技能人才的招聘情况对企业参与现代学徒制会产生影响。当企业人力资源部门认为现有招聘途径很难获得足量或适合本企业的技术技能人才时，企业对技术技能人才的培训就会产生需求，将更快更深入地与职业院校进行合作。尤其当企业需要的技术技能人才要求很高，很难从人才市场直接招到满足需要的员工。而通过现代学徒制的培养周期企业可以发掘符合需求的人才，获得符合企业需要的稳定的技术技能人才源泉。

（三）企业的生产经营特点

企业的分工精细化对企业参与现代学徒制产生影响。从企业视角来看，当劳动力充足时，随着分工精细化的发展，将逐步降低企业为技术技能人才而进行人力资本投资的意愿。通过分工精细化寻求发展的企业对一线员工的要求往往更为简单，更多地强调员工仅需要熟练地完成简单专业技术活动，对员工解决技术问题的能力缺乏需求，企业更多地考虑通过压缩成本获得更多的利润空间，企业更愿意选择投资固定资本，压缩人力成本完成成本控制任务。可以看出这种类型的企业在参与现代学徒制的过程中主动性会比较差。但是，对于精细化分工程度小的企业，其产品往往拥有高价值、高技术的特点，这类企业的生产经营所需的技术性和产品个性化较强，对技术技能人才的要求高，愿意为获得技术技能人才支付成本。因此，这类企业参与现代学徒制的意愿程度就较高。对大多数中小型企业来说，产品线比较单一，往往是供应链条中的某细分产品，为降低产品或工作任务的要求，最大规模的生产产品，更愿意在生产时将劳动分工尽可能细化，采用少量技术工人带队半熟练工形成团队完成生产工作，降低工作对人的依赖，可直接理解为降低对技术工人数量上的依赖。可以看到，中小型企业不由自主地控制着技术技能人才的需求量，这对其参与现代学徒制有着较大影响。

企业对技术创新的重视程度对企业参与现代学徒制产生影响。在企业的实际运行过程中，尤其是在技能水平要求较高的产业中，企业往往通过各项制度规定激励一线技术工人在生产运行过程中提出创新性和可行性的建议及改进方案，这就要求一线员工能够更加灵活的胜任岗位职责。因此，这类企业往往对技术技能员工的素质培养非常关注，注重员工的自我意识、创新意识、环保意识、自主工作意识等的培养，现代学徒制为企业培养具备创新等能力的技术技能人才提供可能。随着质量和创新日益成为国家和社会各界支持和关注的焦点，创新和企业发展必然密切联系在一起，创新型企业的发展将会助力现代学徒制的蓬勃发展。

（四）企业员工（师傅）的激励制度

现代学徒制的运行过程中，师徒关系的构建是区别于以往校企合作的核心环节，在现代学徒制运行机制中企业（员工）师傅的地位和作用尤其突出，但是相对于传统学徒制而言，新型师徒关系的建立存在一定的困扰，传统学徒制的师徒关系天然存在情感伦理纽带，师徒之间有着一种良俗默认的权责关系，而现代学徒制的师徒关系缺乏了情感的链接，更多的是工作和学习产生的需要完成的任务，在这种背景下，对企业员工（师傅）进行激励的制度能有效弥补师徒关系情感权责缺失的问题，进而影响现代学徒制运行的状况。

在教学过程中对员工师傅的激励制度影响着现代学徒制人才技能培训的效果。由于现代学徒制是按照教学计划分批分阶段完成教学计划，对企业师傅而言，面对的学徒在学期教学计划完成后就会更换新人，"徒弟"更像是一个工作上的"临时职位"，"师徒关系"是临时性的关系，教学工作评估环节更多的关注学徒技能学习的效果，而非技能学习的过程，导致师徒关系松散，师傅教学态度"模式化"甚至得过且过。企业内部师傅激励制度的建设对提升师傅的教学积极性非常有效，企业一旦将学徒的学习成绩与师傅的业绩结合起来，并建立师傅认证制度，将学徒的业绩按比例加入师傅的业绩考核中，或对师傅技术等级晋级进行加分优先处理等，将徒弟和师傅的利益关系进行捆绑，加强师傅与徒弟之间的制度权责关系，有助于提高师傅参与学徒培训的积极性。

在身份上对企业师傅的激励制度影响着现代学徒制技术技能人才培养的最终效果。学徒拥有"学生"和"员工"的双重身份，是现代学徒制技术技能培养的对象。由于师徒交流是处于真实的工作场所，师徒两者的雇佣者都是企业，因此，学徒对"师傅"更多是从职场角度理解为"企业给我提供的可供学习实操的前辈"，对师傅是"老师"的概念很模糊，相对的，师傅将自己多年积攒的经验传授给"陌生的未来同事"也会有所顾虑，而现代学徒制模式恰恰是需要企业师傅对学徒进行经验技术方面的传授，弥补学校教育的不足之处，这种双方身份认同的缺失将会极大影响人才培养的效果。因此，企业对员工"师傅"身份上的认可制度可以视为企业在精神层面对企业师傅的激励，一旦企业采取激励制度鼓励师徒关系的明确，扩大师傅的"择徒授徒权限"，例如采用"双向选择师徒对接"等方式，同步采用"导师负责制""择徒犹豫期"等，规定师傅的权责义务和徒弟的权责义务，推动师徒在"未来同事关系"的基础上厘清强化师徒双方的权责关系、情感关系和利益关系，这都有助于现代学徒制技术技能人才培养水平的提高。

二、培养层——学校的影响因素

（一）职业院校的类型和地域范围

现代学徒制试点工作渐次推进，我国现代学徒制在运作方面取得很好的进展。教育部指定开展现代学徒制试点的职业院校均为有一定办学基础的，且获得过国家示范、骨干、优质荣誉的某一类或某几类荣誉。同时，理科和工科中的装备制造大类专业、新型服务专业、现代农业专业等成为现代学徒制首推的专业类型。可见，一方面高质量的建设经验被默认为现代学徒制运行的教学保障条件，另一方面拥有合适的专业类型也是现代学徒制技能传授模式的需要。一般来说，获得国家示范、骨干、优质的职业院校的校企合作经验更加丰富，在技术技能人才合作培养方面走在同类院校前面，积累的校企协同工作经验有助于现代学徒制的开展。

职业院校的资源获取总量一般与所在地域的区域经济发达程度成正比例

关系，资源的获取推动了学校的发展，同时也为本地区带来辐射效应的同步增强，影响地区经济的发展。从现有现代学徒制试点名录上可以看出，试点职业院校半数左右分布在华东和中南地区，这也说明良好的区域经济基础能更好地为职业院校提供教学资源，进而更好地参与到现代学徒制中。

（二）学校专业建设水平

职业院校在现代学徒制运行过程中展示出来的专业建设水平直接影响着现代学徒制的社会认可度。其办学理念和各项教学规章制度直接决定了现代学徒制的教学计划、课程设置、教学管理、教学考评等专业建设状况的优劣。如何在校企合作、产学一体等方面理清思路，从根本上改变观念，制定符合学徒制要求的总体教学管理方案，是广泛推行现代学徒制的前提条件。

职业院校在技术技能人才培养过程中有着传统的教学体系，现代学徒制要求学校在保有基础教学的基础上融入企业教学要求，全面提高人才培养的综合水平，这对学校的课程体系等专业建设提出了前所未有的高要求。其中有很多细节性问题的解决需要创新性方案的提出，例如融入企业专业课程和原有基础教学、专业教学之间的课程平衡；基础教学往往是多专业同班上课，如何与专业课分班制教学时间无缝衔接；校外教学基地的周期性实操和课堂连续性教学之间的矛盾；基础教学、校内基础技能实训与企业"学徒"实操培训之间技能要求的渐进性和前后衔接性；新技术、新工艺、新规范的前瞻性的引入教学内容等，这些问题的解决水平影响了职业院校现代学徒制专业建设质量。因此，现代学徒制的运行是一项系统工程，需要职业院校在专业建设方面不断创新，需要学校从制度上提供良好的创新空间和改革措施。通过不断革新提高学校的专业建设水平，否则，现代学徒制的实践探索可能将仅停留于浅层次状态。

（三）学校教师激励制度

职业院校试点现代学徒制，必然要考虑教师群体的参与状态，学校是否能有效地激励教师的参与积极性和主动性，直接关系到现代学徒制的运行效率。专业教师群体在与企业积极合作方面一般比较被动。现代学徒制是在人才培养模式上的改革，在打破传统模式的同时必然会与教师现有的工作模式产生冲突。这些冲突的解决不能仅仅依靠教师的职业道德解决，更需要学校提供可行的激励措施提高教师的参与积极性。主要表现为以下三方面冲突。

1. 在教学工作方面冲突。职业院校在试点现代学徒制班的同时还招收普通班，在两者并存的情况下，两套教学体系增加了教师的工作量，增加了教师在维持正常教学秩序方面付出的精力；与此同时，企业实习周期性安排又挤压了教学课时，压缩的教学课时增加了教师教学难度，同时导致了教师教学收入的直接减少，需要学校为教师提供合理的激励制度。

2. 在教学管理方面的冲突。现代学徒制要求的企业周期性实习阶段导致学生管理工作复杂性剧增。参加现代学徒制的学生很大比例是全日制生源，从生理到心理尚未形成完整的世界观、价值观、人生观，自控力和自我调节能力都比较薄弱，极易受到各种外界因素的影响，尤其进入企业实习，"学生"到"员工"身份的转变，"学校"到"职场"环境的突变，很容易产生各种安全和心理方面的问题。当学生发现企业存在不规范的管理时，或与企业产生矛盾时，就会将各种负面消息和负面情绪反馈给教师，希望教师能提供帮助。教师就需要花费较大的精力在学生和企业之间进行协调，处理非教学性事务。因此，学校必须认识到，对到企业进行实训学生的管理工作完全不同于学生在学校时的管理工作，管理复杂性大大超过了普通班学生，同时增加了学校教师进行学生管理时的精神压力和精力损耗，需要学校制定相应的精神和物质方面的激励制度。

3. 在资源投入方面的冲突。在实际的现代学徒制运行过程中，资源投入的匮乏性影响了职业院校教师对现代学徒制的参与积极性。现代学徒制要求学生在学校与企业之间周期性轮转，在这个过程中学校教师必须予以实时跟进，由于学生与企业的磨合过程经常需要教师不定时往返校企之间，充足的差旅费用的配备制度很难得到满足；教师与企业导师及企业相关人员的交流沟通同样需要一定的交际费用，并且常常需要为企业师傅的额外付出给予经费补偿，预算及学校报销制度很难满足教师这一方面的需求。职业院校应及时制定激励制度解决资源投入方面的问题。

三、引导层——政府与行业的影响因素

（一）政府的相关法律制度

自 2015 年以来，我国政府制定了一系列的政策制度推动现代学徒制的试点运行，但通过调查发现，无论是企业还是学校都希望政府能进一步推动资金投入、税收、法律法规方面的保障措施建设，这些政策制度的建设完善将有助于我国现代学徒制在执行过程中更为规范，能帮助校企等参与主体从更高的层面维护各自的权益，更好地履行义务。

在校企合作方面。职业院校和企业都希望通过政策引导或者制度来保障双方的合作方式和合作关系，否则校企合作仅仅通过参与主体一方（或企业或职业院校等）进行推动很难有所突破。例如职业院校单方面推动现代学徒制的运行，除了对人才需求迫切的企业外，大部分参与的企业属于被动参与，一旦面临现代学徒制实施过程复杂事务的处理时就会出现推进困难或者流于表面的合作。

在教学标准体系建设方面。国家层面主要是教育部发布的职业教育国家教学标准，涵盖了专业、教学课程、教师队伍管理、学生管理、设备设施、学校设置等各个方面，为依法依规进行技术技能人才培养奠定了基础，这也是现代学徒制运行的法治基础。现代学徒制的培训模式有别于普通技术技能人才培训建设，在教学质量、教师队伍、学徒校企轮转、资源共享等方面仍然面临很多新问题，仍需要更多的法律制度定义和规定，使得现代学徒制参与主体在发生认知冲突、管理矛盾、权属不清等情况时能够有法可依、有法必依、执法必严、违法必究，提高现代学徒制运行的严肃性和规范性。

在参与主体权益保护方面。现代学徒制既具有劳资合作的特点，又具备学徒身份的特点。就现代学徒制运行的整体情况而言，推进法律制度的建设，不仅需要将技术技能人才培养内容、教育主体责任包括在内，更重要的是将参与主体的权益保护纳入其中，促进参与各方形成紧密的利益共同体。然而，我国政策在学徒制参与主体权益保护方面不尽如人意。从学徒层面，参与的学徒对自身的身份并不十分清晰，感觉处于"学生"和"员工"两者之间，

既非真正的员工，也非完全的学生，在权益保障上经常出现"真空地带"，没有完善可依的法律制度保障学徒权益；从企业层面，现代学徒制招工合约的签订到履约要经过漫长培训时间，合约最终履行时情况不一，维护双方权益的问题也一直困扰着参与各方。建立和完善支持现代学徒制发展的法律法规和政策体系，在国家法制基础与长效运行机制前提下推动现代学徒制发展显得日益重要。

（二）行业协会的权威性

从现有三批次现代学徒制试点单位试行状况看，除了"校热企冷"现象突出，行业协会的参与更加落实困难，通过对教育部三个批次的参与主体信息分析，可以看到从第一批次到第三批次，试点行业的数量出现大幅下滑。从2015年第一批次的13家（参与验收的为10家）行业协会参与，到第三批试点仅有4家行业协会参与。可以看出，行业协会参与现代学徒制的积极性出现下降趋势。在参加第一批次验收的10家行业协会里只有两家行业协会（有色金属工业人才中心、广东省旅游协会）通过验收，其他的在随后的第二批次同期验收时通过验收。从这里可以看出，行业协会参与现代学徒制的经验不足，但经过实践还是取得了一定的成绩，但是从整体上看，行业协会参与现代学徒制积极性不足，参与意愿低落。因此，构建完善的现代学徒制运行机制有利于促进行业协会的深度参与。

行业协会在企业与政府之间，产品生产者与经营者之间，为各相关方发挥着沟通信息、维护良性秩序、平衡和协调利益、进行自律管理等作用，架起政府与企业的桥梁和纽带。从理论上说，行业协会必然要在现代学徒制运行和发展过程中承担重要角色，介入现代学徒制管理过程，帮助校企合作提高工作效率。行业协会的参与和行业协会的权威性密切相关，权威性高的行业协会在与参与主体各方进行沟通时能获得更好的反馈，使技术技能人才培养主体降低内耗更专注于人才的培养，帮助监督技术技能人才实操培训环节的深层次落实。但目前我国行业协会对现代学徒制的参与非常薄弱。主要有这三方面的原因：一是缺乏制度和法律法规对行业协会的地位和权威性的明确规范。缺乏对行业协会的基本性质、社会地位、权力责任等方面的厘清和明确认知，行业协会与企业之间的权、责、利界定模糊，因此行业协会在进行服务、沟通、协调、监督、管理等活动时因缺乏合法制度的支持，难以对参与各方形成制约关系，因此在现代学徒制的跟进过程中呈现出弱参与的结果。二是行业协会权益保护不足。由于行业协会与企业、学校等主体的权责利之间界定模糊，行业协会参与到现代学徒制过程中的权益很不确定，因此就谈不上权益保护，一旦参与现代学徒制承担的责任和回报很难匹配，就会影响了其参与的积极性，再加上行业协会在参与现代学徒制建设过程中很难获得来自政府、企业、学校等相关部门的专项经费，同时受到经费短缺、人力不足、管理制约等多重问题的困扰，导致行业协会组织能力被削弱，参与受限。三是缺乏行业协会参与现代学徒制的制度约束。有关行业协会参与现代学徒制可持续发展的制度和规则体系还没有建立，尽管国家层面的现代学徒制指导性政策文件已经指出了关于行业协会参与现代职业教育的方向性的意见，但是各地具体的、可操作性的执行措施还没有完善，需要在实践中尽快完善。因此，进一步推进细化有关行业协会参与现代学徒制的法律、法规、制度，对参与主体进行激励，对相关责任与义务进行约束，将使得行业协会能代表行业内企业，尤其是中小企业的利益诉求，以行业协会为纽带，有序推进中小企业深入参与现代学徒制，维护现代学徒制运行秩序，发挥行业协会在现代学徒制技术技能人才培养中的重要作用。

第三节　现代学徒制运行机制模型框架

本部分在前述研究的基础上，结合实践思考，尝试从推进企业（尤其是中小企业）深入参与现代学徒制的角度构建现代学徒制运行机制。

一、运行机制实施前提

（一）跨企业的资源共享

企业资源共享通常指企业资源的内部公开，使得每个员工都能接触和使用相关信息，最终实现企业资源的最高效利用，实现企业内部的资源协同效应。但现代学徒制运行机制的运行要求相关的企业资源共享理念将资源共享的范围从"企业内部"扩展到"企业之间"，要求参与企业在技术技能人才培训方面共同营造资源共享的空间，利用信息技术建立资源共享平台。企业之间培训资源的共享促进不同企业之间实现优势互补、技术互补、设施互补、场地互补，从总体上减少培训成本，加快了技术技能人才的知识更新速度、知识体系的构建，增加了人才的综合素质，有利于人才的后续发展。可以从以下三个方面实现合作企业之间的资源共享。

第一，有明确的共享政策和规则。在共享过程中必须制定明确的规则和共享政策，从而实现企业优势互补并降低参与企业"大锅饭""嘴大肚子小"的行为。此外，参与企业的培训资源提供能力差异较大，尤其中小企业相对大型企业来说培训资源相对有限。为保证所有参与企业都能在资源共享过程中获得收益，需要建立公平公正的资源分配制度，一方面保障体量小培训资源缺乏的企业能通过资源共享弥补不足，另一方面也要保障贡献力度大的企业避免出现"收、付"不对等的现象，削弱参与积极性。

第二，有明确共享资源价值评价制度。由于资源共享有赖于各企业平台提供的培训资源，这类资源相对零散，同时也缺乏统一规则对其进行评价。一方面在资源共享过程中会造成使用者和提供者对该培训资源价值认定之间的差距，进而对参与企业做出的贡献值产生争议；另一方面由于培训资源差异，参与企业很难完全了解其他企业提供的培训资源特色和长处，在资源选择的过程中容易误选、错选、漏选资源，最终造成培训资源的浪费和培训成本的提高。因此，企业之间的资源共享应该建立明确的共享资源价值评价制度，可以要求培训资源提供者对所提供的资源进行解释和引导，帮助其他企业和学校更好地理解该培训资源的使用方法、优劣特点等。

第三，建立技术技能信息安全屏障制度和工具。参与现代学徒制的企业提供培训共享资源必然涉及企业技术技能的保密问题，因此建立技术技能信息安全屏障对参与企业来说至关重要。这需要将制度建设和工具应用结合起来，通过信息技术工具防止技能信息被平台外盗取，通过制度将平台技能根据独特性和潜在价值划分等级，通过申请权限、合约限制等方法向培训对象分层次、针对性地进行开放，同时建立相关奖惩措施，甚至勾连法律制度为信息保密工作保驾护航。

（二）跨地区校际合作的开展

跨地区的校际合作是职业院校参与现代学徒制日渐开放办学的需要。跨地区校际合作能更好地整合资源、交换资源、优化资源配置，改变职业院校与企业合作时的"孤立无助"。一方面，位于同一区域不同位置的若干所职业院校为了提升生源竞争力，就近实现优势互补，采用区域内校际合作的方式形成资源共享模式，人有我有，提升区域技术技能人才培养的实力，形成地区教育品牌，依托联合优势开展多专业的跨校培养；另一方面，不同区域的学校也可开展校际合作，通过校际联盟实现学校区域覆盖面的扩张，通过教学资源的共享，实现学生校际联合跨地区的培养，不同地区的职业院校能通过资源共享共同提高整体生源入学率。

为了更好地开展跨地区的校际合作，必须建立一套科学、规范的运行制度体系，综合协调、促进合作环节的高度衔接，加强校际沟通，保障参与学校的权益公平。首先，跨地区校际合作要求职业院校积极整合资源，建立科学的教学评价标准，建立柔性和刚性结合的、多元的、模块化的课程体系框架，优化课程对接、岗位培训对接，按照学校特点合理分配教学内容，避免资源浪费，全面提升资源利用率，实现 $1+1>2$ 的教学效应；其次，跨地区校际合作要求职业院校利用校际资源全面提升师资队伍的建设，通过跨校教学研究活动建立跨校教学研究团队；通过校际技术技能竞赛促进青年教师互相学习；通过交流学习、交换教学、师资互聘互评等方式实现师资联动培养，实现师资水平的综合提升。

（三）人才自由流动与契约约束

现代学徒制跨校跨企跨地区合作要求其培养的技术技能人才能更好体现人才的自由流动，避免人才收入和人才价值的偏离、避免人才供给与需求的错位、维护人才与用人主体的自主选择权，实现人才流动效用最大化。但是技术技能人才的自由流动需要在一定规范下有序开展，制度性的契约约束不可缺少。只有通过制度促进学徒的择业竞争及参与企业对技术技能人才的有序竞争，才能实现对企业主体、学徒主体、学校主体行为的监督管控，使得学徒和企业最终能在公平竞争、自由择业、按需择人、公开诚信的机制下，人力资源流动配置制度框架下完成最终的人才就业对接。

在现代学徒制运行机制实现技术技能人才的自由流动，就必须确保现代学徒制技术的广泛性和普适性，确保现代学徒制专业对接行业的先进性，例如应将信息技术、高端装备制造、新材料等战略性新兴产业的相关专业性技术技能人才的培养纳入机制。需求的复杂性必然会促进现代学徒制运行机制要根据市场需求不断完善调整，或成为综合性的现代学徒制联合培养机制；或成为高精细的现代学徒制特种专业培养机制等，为国家经济发展各重点行业提供跨地区的技术技能人才。技术技能人才的自由流动与契约约束并存，两者缺一不可。现代学徒制运行机制的人才自由流动是有前提的，没有约束的自由不能带来真正的自由，最终将是所有参与主体都受到损失，并失去对彼此的信任，背离运行机制内保障参与主体权益、合作互信、共享双赢、公开公平原则的初衷。因此机制内技术技能人才的流动是"自由的"但不是"无序的"，必须有一系列的规则防止"无序"自由流动。例如可以采取"契约约束""犹豫期失约""竞业避止""合约赔偿"等方法保护企业、学校、学徒的权益，尤其防止企业共享技术资源泄密的问题出现。

（四）跨部门合作伙伴及数据交换共享技术

现代学徒制的运行机制涉及多元主体合作参与，现代学徒制高素质的技术技能人才的培养不但要求学员掌握技术操作理论知识以及技术实践操作能力，而且要求学生做好技术技能继续教育和知识升级的准备，完成多知识体系的构建。通过数据交换共享类技术，现代学徒制运行机制能将多元主体跨越时空连接在一起，实现互联互通、共享交换、业务联动、合作协同等方面的要求。进一步通过数据交换共享平台，实现共享资源、优化资源，实现资源的更合理化配置，公开公平的使用资源，并进行合理自愿的培训资源交换互补。这类数据交换共享的信息技术开发，满足了现代学徒制运行机制的跨部门、跨地域、跨层级多元参与主体在各种复杂网络环境下的复杂数据交换共享需求，为现代学徒制运行机制的不断完善提供技术保障。

二、运行机制构建

（一）运行机制模型

在对现代学徒制参与主体多样化的利益诉求进行充分考虑的基础上，现代学徒制运行机制模型构建如图 7.2 所示。运行机制的构建坚持"合作互信、共享双赢、公开公平"原则，立足现代学徒制培养社会技术技能人才的目标，突破校企行政屏障，利用大数据平台建设实现跨校跨企跨地区的资源共享和社会协同，建立合理公平的权责制度，保障各参与主体在技术技能人才培养的培训、就业、职业发展等过程中实现利益均衡。

由图 7.2 可见，现代学徒制运行机制包含若干子机制：招募及成长机制（学徒招募平台 & 晋级成长机制）、校企平台协同共建机制（资源共享平台 & 协同教学机制）、技能资格融通与人才流转机制（人才流转平台 & 技能资格融通机制）。通过平台建设和制度建设规范和促进参与主体相互合作、有机融合，促进帮助企业尤其是中小企业深度参与现代学徒制，有助于更为广泛的进行社会技术技能人才培养。

以上三个机制在运行过程中互相制约，互相补充，促进现代学徒制多元参与主体在运行机制中能明确自己的工作目标、任务、方向途径，保证各条主线任务的顺利完成。其中学徒：招募—培养—择业—就业—继续教育；企业：招工—协同教学—资源共享—评估人才—选择人才—定岗；学校：招生—协同教学—资源共享—评估人才—人才库—分配。这些主线任务相互交叉、相互配合、相互影响，每一个环节都对运行机制的顺利实施产生影响。

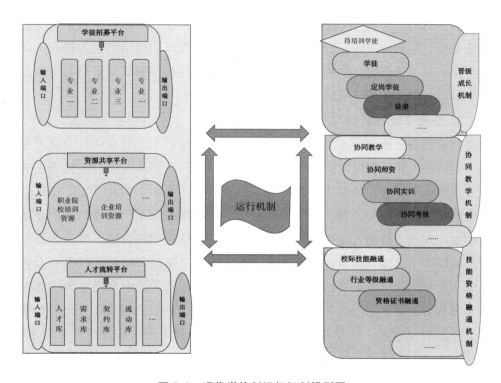

图 7.2 现代学徒制运行机制模型图

(二) 子机制功能分析

1. 招募及成长机制功能分析

招募及成长机制运行贯穿于学徒的整个培养过程，在此过程中，学徒的身份随着培训的深入开展而有所变化，改变了以往招工招生一步到位的做法，使企业用人和个人择业有了更多层次的选择机会。通过招募及成长机制满足了各方主体的利益诉求，例如，企业可以通过较长期的考察发现，留住合适的人才，使人才能更好地适应企业文化，同时缩短了培养高专精技术技能人才的时间，避免了正式入职后的人员过快流失，满足企业人力资源储备的需求；学徒可以拥有更多次的择业机会，一方面在学徒招募时获得了就业的分配名额，在学徒过程中通过企业接触，可以更多地了解企业、适应企业，在最终选择岗位时更有针对性，另一方面可以积极争取学徒晋级名额，获得企业内部深造的机会，为未来职业发展奠定基础；学校通过招募平台扩大专业招生规模，随着晋级成长的推进，企业技能教学资源的供给将大大提高学徒的技能水平，进而提升学校的教学声誉。招募及成长机制满足了参与主体的基本利益诉求，在运行机制里使各方利益达到平衡。

2. 技能资格融通与人才流转机制

技能资格融通与人才流转机制实现了现代学徒制人才质量的社会认可和人才接轨的可能。现代学徒制的合作培养过程极易受到来自参与主体等主客观多重因素的干扰，导致人才培养计划的执行产生偏差。因此，要实现社会对学徒质量的认可和信赖，必须多途径构建质量衡量标准。技能资格的融通机制使得现代学徒制人才质量评价标准与社会公认的资格证书、学历等技能评估标准产生链接，使得现代学徒制学徒技能水平通过资格融通获得社会的公认，并将学徒技能水平纳入社会评价体系。人才流转平台帮助参与主体在遵循契约的前提下实现有序的技术技能人才流动，将学员的就业分配权和自主选择权结合起来，一方面保障了参与企业的择优录用、按需录用的需求；另一方面为需求变化产生的技术技能人才就业问题提供了多样化的选择。人才流转平台在参与主体自愿的情况下可以与外部人才交流市场互通人才信息，与外部环境的链接功能便于参与双方主体能在协商的基础上更精准的完成择才、择业、就业的活动。

3. 校企平台协同共建机制

校企平台协同共建机制贯穿了技术技能人才培养的全过程，在此过程中，学校、企业通过资源共享平台跨时空的分享技能教学资源，使校企可以获得远超自身拥有的资源进行相关技能人才培训活动，提高了学徒技能技术的可获得性，使人才培养水平不断提高。协同教学机制的核心内容是培训课程开发与实现，需要明确参与主体在人才培养过程中的行为和职责，主要涉及教学内容、教学方法、师资队伍三个方面的问题。"教学内容"主要指参与主体协作完成的课程内容开发，专业技能的具体要求等；"教学方法"涉及参与主体共同协商教学过程配合方式和教学工具等资源的选择等；"师资队伍"涉及参与主体共同协商教学过程承担的责任、教学任务的分配、师资队伍的建设等。同时资源共享平台的资源整合开发保证了课程规划的顺利实施与运行。

校企平台协同共建机制是现代学徒制运行机制最为核心的内容，其直接关系到技术技能人才的培养质量，决定了现代学徒制实现其人才培养目标的效率。

同时，校企平台协同共建机制为具有不同组织属性的参与主体提供了具有一定权威性和规范性的协商平台进行博弈沟通，保证参与各方都能充分表达意见、建议，保持沟通渠道的畅通无阻，在相关规范的制订过程中，体现利益均衡合作的特点。校企平台协同共建机制除了将学校和企业引入机制，还将政府教育部门、行业协会等主体引入机制，使现代学徒制的运行获得来自更高层面的支持和帮助，推动了相关制度的尽快建设。

第四节　本章小结

本章对现代学徒制运行机制影响因素进行分析。主要包括培养层——企业的影响因素，有企业的经营稳定性、参与企业的人力资源管理水平、企业的类型、企业员工（师傅）的激励制度；培养层——学校的影响因素，有职业院校的类型和地域范围、学校专业建设水平、学校教师激励制度；引导层——政府与行业的影响因素，有政府的相关法律制度、行业协会的权威性。在此基础上，本章分析了现代学徒制运行机制实施前提，主要有跨企业的资源共享、跨地区校际合作的开展、人才自由流动与契约约束、跨部门合作伙伴及数据交换共享技术。构建了现代学徒制运行机制，包含招募及成长机制、校企平台协同共建机制、技能资格融通与人才流转机制三个子机制六大模块，并对机制功能进行了分析。

第八章

招募及成长机制研究

现代学徒制招募及成长机制是伴随学徒加入现代学徒制并进行技术技能学习的全过程，是运行机制的重要子机制。通过该子机制，促进生源扩张，减少招生资源浪费，并帮助学徒获得技能的再成长路径，给予生源在学徒制学习期间进一步技能深造的机会。在此过程中，学校和企业加强与学徒之间的深度链接。

第一节　招募及成长机制实施障碍分析

一、招生模式固化

目前，现代学徒制的试点职业院校实施招生模式，根据"招生""招工"的先后次序，分为"先生后工""先工后生""生工同步"三种。这三种模式最终都将生源的"学生"和"学徒"身份进行了统一。

（一）"先生后工"模式

该模式是招生先于招工，职业院校在招生任务完成后，按照招生情况寻求相关企业的认可，校企签订现代学徒制联合培养协议，将学员纳入现代学徒制试点班级，校企进行合作培养。可以看到，这种模式在实践过程中和原有的"订单班"等模式很难有显著差别，在实施过程中往往"换汤不换药"，有的职业院校在与企业协商后直接将原定的"冠名班"调整成"现代学徒制"模式。该模式异化了现代学徒制最重要的"学生""徒弟"的双重培养过程,弱化了现代学徒制中企业对"徒弟"的选择权力,因此并不十分适合现代学徒制。尤其是对中小企业而言,由于规模小,不但在"招生"过程中没有话语权,在学生培养过程中同样没有"监管"权,不利于其主导地位的实现。

(二)"先工后生"模式

该模式是招工先于招生,职业院校通过协议确定现代学徒制合作企业后,由企业首先进行招工,例如面向中职应届毕业生进行考核,将考核合格的人员录用为企业正式员工,并将名单提交给职业院校,然后职业院校按照招生计划将该名单人员录取为全日制现代学徒制学生。这种模式尽管强调了企业"招工"的权力,学员更多强调被赋予的"工厂学徒"身份,而学校"学生"管理的权力无形中被削弱了,这与现代学徒制"人才培养"的首要任务和"克服学校职业教育所存在的诸多问题"的重要使命有所差异。更为重要的是,中小企业体量小,单一企业招工计划数量不足以独立成班,故这种模式并不适用。

(三)"生工同步"模式

该模式更多地强调学习模式上"学校教育(理论)"与"工厂徒弟(实践)"的同步,强调人才培养方式的变化,强调参与现代学徒制试点班级的学生接受的是"学校教学"和"企业职培"的双重知识来源和技能传授。只有在考核合格后才能被企业采取择优录取方式选为企业正式员工。应该说,这种模式保护了企业和学员在"择人—择业"过程中的自主权,较长的考察期避免了盲目选择带来的"毁约"行为;保护了职业院校通过现代学徒制实现的人才培养改革目标。但是,这种"招工"差额选拔方式对大部分学生而言,增加了"无过错淘汰"的可能性,削弱了学生参加现代学徒制的积极性。同时对中小企业而言,优质学徒同样会借助这种方式被其他企业采用"搭便车"方法"挖墙脚",社会外部性风险较高。

以上招生模式各有侧重点，在实施过程中与企业的人才需求状况有一定差距。如何扬长避短，发挥各类招生模式的优势，通过现代学徒制运行机制来克服招生模式缺陷，进一步创新优化招生模式是现代学徒制得以良性发展的重要研究领域。

二、生源质量参差不齐

如何保障生源质量符合现代学徒制的人才培养要求，使学徒能顺利完成企业技能训练和学校理论学习目标，在生源扩招的过程中"增容提质"刻不容缓。自 2015 年开始现代学徒制试点以来，职业院校在现代学徒制生源方面不断进行创新突破。而招生途径的多元化必然会带来生源质量的参差不齐。现有的现代学徒制生源总体可分为以下两大类。

（一）自主招生全日制生源

在自主招生全日制生源过程中，职业院校的招生办法往往参照对应毕业生的考核办法。例如高职院校的全日制生源主要是高中毕业生和中职毕业生，因此考核录取办法参照的大多是高中和中职毕业生的考核录取办法。例如2018 年广东建设职业技术学院在《现代学徒制自主招生章程》中明确提出：高中考生报考条件需要符合所在省份的高等学校统招考试报名资格，需要提供普通高中学业水平考试等级成绩；中职毕业生报考条件需要符合所在省份普通高等学校统招考试报名资格，并且中职专业应具备相关性并获得相关职业资格技能等级证书。由此可见，为保证现代学徒制班的招生质量，职业院校在招生条件上对生源质量考核办法进行了一定的控制。

由于人们的教育理念依然趋于传统，很多家长认为职业院校现代学徒制班是"技工"班，未来发展受到限制；很多学生也不愿意过早被"就业"问题束缚，认为"学徒＝廉价劳动力"，学生身份界定模糊。此外，目前我国单招政策的生源同样是应届高中毕业生或中职毕业生，这也分流了部分现代学徒制班级的潜在优质生源。

（二）社会生源

2019 年开始，根据国家关于改革完善职业院校考试招生办法的要求，大量的社会生源纳入现代学徒制招生范围，鼓励和吸引退役军人、下岗职工、农民工等社会生源报考职业院校。但是随着职业院校社会生源人数的不断增加，"社会生"与"全日制生"之间的差异也日趋显现，逐渐成为职业院校面临的突出问题。

首先，社会生源结构复杂。社会生源主要来自工人、农民、退伍军人、无业人员等多元社会群体，职业跨度较大，学业基础很难在同一水平线上。从实践中可以看出，一方面社会生源的水平参差不齐，整班同步教学方案很难获得所有同学的认可和获得实际效果；另一方面，社会生源承担的社会事务繁多，只有极少数学员有足够的时间参与到常规教学中，教学监督工作较难维持。这些对社会生源的现代学徒制班级教学质量造成了影响。

其次，社会生源教学松散。社会生源关注的不仅仅是学点专业技能、考取职业资格乃至获得一纸文凭，更加关注技能的时效性和实用性，因此很难按照传统的分门分类分科的教学体系进行管理。在管理上，职业院校常常会将社会生源按照"培训对象"的方式进行教学管理，与全日制学生生源的严格教学管理相比较为松散。例如，社会生源不需要参加日常教学管理活动，文化课以及非技能操作课基本排除在应修课程之外。尤其针对时间碎块化的大龄学生较难采用现场学习的方法，更多地采用上网课或定期送教上门的方式对其进行职业技能培训。

最后，社会生源缺乏"身份"认同。职业院校学生不仅接受课堂技能教育，其他隐形教育同样重要。例如校园文化的熏陶、多元知识体系的相互融合、丰富的社团活动、同学之间的日常、教师的言传身教、不同层次体系的社会实践等等。这些都将对学员的整体长远发展至关重要。但是由于社会生源游离于职业院校基础教学和校园文化之外，这些很难与社会生源进行融合。一方面，社会生源由于个人经历相对复杂，很难全面接受和愿意接触这些隐形教育内容；另一方面，学员对"学生身份"的认同感不强，很难心无旁骛的享受"学习"生涯，更多的是利用"碎块化"时间进行学习。因此，企业对社会生源质量的认同感较低。

目前，职业院校扩招的趋势必然导致社会生源在现代学徒制体系中占比越来越高，中小企业对现代学徒制社会生源的教学质量同样非常关注，因此，全面提升社会生源的培养质量是事关现代学徒制长期发展的重要课题。

三、招生计划校企对接困难

（一）招生招工专业需求数量对接困难

现代学徒制试点的运行层次多样化趋势明显，或为区域层面的学徒制运行模式，或为院校层面的学徒制运行模式，或为企业主导的学徒制运行模式。这些运行模式的衍生是为了适应不同企业需求导致的专业类别的多样化。例如现代服务业、现代农业、制造业中产业链的某些专业的劳动需求具有分散性的特点，尤其有些专业岗位主要集中在中小企业，这就使这些专业在学校招生数量和企业招工数量方面很难实现对接，目前有些地区采用第三方培训集团推荐学生就业，从短期看能解决部分对接困难问题，但一旦发生违约问题，学校、企业、学徒维权比较困难。而且从长远来看，缺乏制度化的方法解决双方在专业需求数量上的差距问题，必然会阻碍现代学徒制的有序发展。

（二）招生招工计划不稳定

从实践看到，由于现代学徒制招生和招工同时进行，既要考虑学校的专业培训能力，又要受制于企业现有技能培训能力和预期需求，使得现代学徒制的招生计划非常容易出现大幅波动，对学校的稳定发展和有序的人才供给极为不利。招生招工计划的不稳定带来的问题主要包括：（1）需求计划总量的不稳定。企业大多根据当期经营状况对未来人才需求量进行预估，因此每年提供的计划培养数量都有所调整；（2）专业需求数量的不稳定。企业根据经营计划及人力资源数据调整每年的专业需求，导致学校教学资源的配置和企业培训合作计划始终处于变动中，给教学管理的规范化带来了困难。

（三）招生招工方式和标准不统一

现代学徒制的生源从全日制生源向社会生源、企业生源等扩展，生源的多样化使得学徒选拔标准和招募方式差异大。从试点情况看，常见的招募方式有自主招生方式、技术技能考核方式、注册入学方式等。选拔标准多种多样，或偏技能型、或偏综合素质型、或偏学业成绩选拔等。学校和企业在招生招工时关注点并不一致，学校更关注学业成绩，企业更关注综合素养。因此两者希望采用的招募方式和选拔标准差异较大。为此，在现代学徒制运行机制的招募环节就需要为跨校跨企跨地区的校企联合招生选拔提供分类的标准。

（四）用工数量与培养计划不对应

从现有的试点情况看，现代学徒制在培养计划周期完成后存在用工数量与培养计划不对应的情况。造成这种情况的原因有很多，一部分是由于随着经济发展，企业状况出现变化，招生时预期的培养计划与现实不符；一部分则由于学校选拔的人才和企业要求不符，导致学徒无法完成企业要求的培训计划，无法掌握相应的专业技能。此外，现代学徒制是一种技术技能人才的培养模式，学徒和企业、学校之间的协议相对比较松散，与企业签订协议的学生并不是一定被企业录用，相对的签订协议的学徒也不一定要取得证书成为企业正式员工。因此学徒在学徒制班毕业后并不能保证被企业录用，最终形成了用工数量和招生计划不对应的现象。这种不对应现象缺乏足够的制度规范，有可能会使社会各界包括校企对现代学徒制的认知产生偏差，对参与主体的行为规范能力有所削弱。

第二节　招募及成长机制的优化

一、学徒招募平台的构建

学徒招募平台的构建必须综合考虑现代学徒制参与各方的利益诉求，运用大数据信息技术，将跨地区的多企业、多院校的招生招工信息进行一体化整合，立足现代学徒制培养社会技术技能人才的目标，突破校企行政屏障，实现联合招生的协同管理，建立合理公平的测评制度、志愿填报规则、录取程序、后期信息的跟踪反馈，从而保障企业、学校、学徒都能实现利益诉求，为后期更好地扩大招生工作提供信息依据。

（一）平台模型图

学徒招募平台包含学徒、企业、职业院校、政府、行业协会等参与主体在内。各参与主体行使不同的职能，承担相应的任务，通过平台建设和制度建设建议促进参与主体相互合作、有机融合，促进企业深度参与现代学徒制。平台模型如图 8.1 所示。

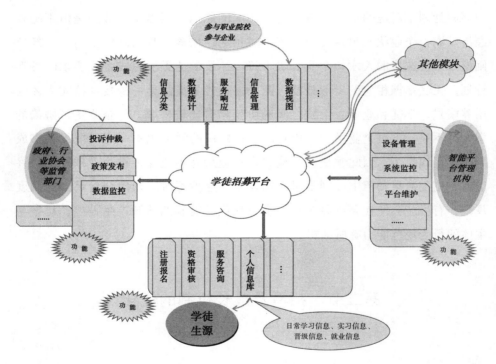

图 8.1 学徒招募平台模型图

根据目前试点情况，企业参与现代学徒制的总体积极性明显弱于职业院校，以社会道德或社会公益为前提要求企业积极参加显然是不现实的。因此，学徒招募平台的运行应坚持"校企合作、保障学徒、企业优先"的原则。需要说明的是，以上学徒招募平台既可以单独使用，也可以与其他模块联合构成综合智慧平台。平台随着参与主体的增多或减少可以根据实际情况进行调节，尤其随着参与主体的增多，数据库可以增幅和细化。同时随着实践经验的丰富，本平台可以根据需求添加模块。因此，学徒招募平台具有成长性和可扩展性。

（二）平台运行流程

运行流程以"注册报名"为开始流程，"正式录取"为结束流程。具体如图8.2所示。

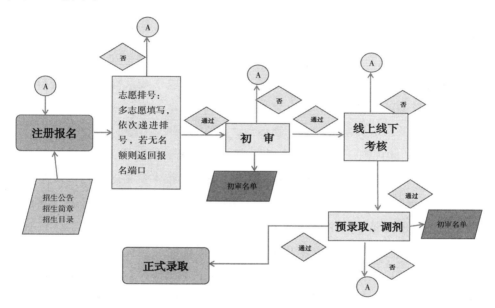

图 8.2 学徒招募平台运行流程示意图

关键流程说明如下：

1. 招生招工的一体化信息处理。学徒招募平台要求参与企业与参与职业院校的招生招工信息进行一体化的整合处理。其中企业根据国家劳动法，制定招工选拔标准，提交关于招收学徒应具备的知识技能、学徒就业岗位、企业技术技能要求、企业师傅、培训场地、培训设备等信息；职业院校根据各自院校的特色专业、重点专业、专业教师、教学研究成果等信息，提交招收学徒的学制、专业等信息。平台通过对所有信息进行整合，按照既定标准对现代学徒名额进行分配，对外公布招生公告、招生简章、招生名录，实现跨地区跨企跨校的一体化学徒招募。

2. 志愿填报和初审。要求学徒根据报名目录进行填报的时候填写多个志愿，并对每个志愿的填报人数进行限定，尤其对一些热门专业的填报志愿数量进行限定，防止生源在填报志愿时过于集中，浪费了生源资源，促进现代学徒制各个专业班级的均衡招生。在报名志愿通过并进入初审的过程中，如考生同时填报同一志愿人数过多，需要进行筛选，则按照"先报先得""志愿递进"的原则进入初审阶段。

3. 专业考核。在生源初审资格通过，专业考试分线上线下进行，线上考试内容统一；线下考试内容按照志愿专业由各录取学校及企业联合进行，既保证了考核的统一性，又体现了考核的专业特殊性。但是录取应按照学校划分不同等级的录取标准并计入学籍信息，录取标准必须坚持"最小一班一标""最低标准"的规则，并且录取标准要符合平台统一规定的"专业最低录取标准"，保证教学计划的可行性以及后期学徒晋级、技术资格融通的可操作性。

4. 预录取允许调剂和名额放弃。在招生招工过程中，由于各种主客观原因会出现生源对录取的学徒班或专业不满意的现象，现代学徒制对学徒在技术技能培训过程中的意愿要求比较高，这将很难保证学徒会积极配合各类教学计划，既造成了学徒资源的浪费，也造成了企业损失。因此学徒招募平台在预录取后给予生源考虑期，允许其发起调剂申请或放弃名额，这样最大程度上保证了录取生源在意愿和认知方面对学徒制的认可度和积极性。为了更好地保障报考学生的利益，在招生过程中，对专业认知不清晰的考生提供特长和技能优势评估支持，在尊重考生意愿的前提下，通过平台将其信息与企业信息、学校专业信息进行匹配，为其提供调剂意见，在可能的条件下，重新调整其录取专业。

现代学徒制学徒招募过程主要由企业和学校参与，两者的目的有所差异，在招募过程中经常会有分歧发生，构建联合管理平台为可能出现的矛盾和冲突提供沟通渠道和解决方式是招募平台运行过程非常重要的环节。职业院校、企业、行业协会、政府教育部门等相关主体可以通过成立实体型组织机构，通过网络平台进行实时信息传递并保持信息畅通、沟通及时，有效降低由于目标追求差异或者沟通不畅造成的问题和资源的浪费。

（三）平台运行的关键点

1. 生源宣传要充分。在访谈学生和家长过程中发现，现代学徒制试点中的学徒和家长仅仅知道自己将报读的专业或班级与别的专业或班级相比最大的特点就是实训多，并且是直接到企业进行实习。在试点学校的访谈中，学生大多对现代学徒制表示一般了解，甚至是不太了解；部分学校对现代学徒制的理解也更多地认为是类似校企合作订单班，部分学校教师在调研中同样对现代学徒制的概念模糊不清。从中可以看出，目前学生、家长、学校等参与主体对现代学徒制培养的认识存在很大偏差，导致现代学徒制班级在教学方面存在一定的问题。例如，有的学校会选择在自己的强势专业中，单独排出一个现代学徒制班，与传统教学班级的对比差异不明显，也没有加大企业对教学介入力度，使得现代学徒制班级学生对于自己的身份没有强烈的感觉，也不能理解班级特色所在，在学习过程中对"学徒"身份的认知有所欠缺。可见，在生源宣传方面必须更加充分。

2. 加大对潜在生源的激励引导。一是参与主体要对现有的各级政府部门关于职业技能培训补贴政策进行全面的梳理，并采用通俗的语言、多样的形式对社会各界进行政策的宣传和解读，例如可以通过管理信息平台、微信公众号、官方微博、政府网站等渠道发布相关政策及申请流程，扩大受众范围。二是保持与上级主管部门的沟通，及时将实际工作中的疑难问题进行反馈，对于政府、企业、职业院校的补贴政策及时告知，确保更多的生源能够享受到政府、企业、职业院校优惠政策，保持咨询渠道畅通。另外，对符合条件的生源群体，要对报名信息及时进行处理反馈，扩大社会生源对学徒招募的响应力度。

3. 区分普及专业与特色专业的招生。现代学徒制不仅需要进行普及专业的招生，也应根据专业特点、地区特点、生源特点、产业特点等推出特色专业的招生工作。例如，地方政府和相关行业协会可以通过大数据平台，积极对外发布有关政策，分区域、分层级开发符合区域经济发展、具有地区特色的现代学徒制专业。这些特色专业有的可以面向低学历、年龄偏大等的社会生源，在对此类社会生源进行基础技能评估的情况下，采用"基础技能现代学徒制授课+网上课程+实操培训"模式，加快该类生源的技能培训目标的实现，既实现了社会再就业，又能为社会提供足量的基础技能人才；有的可以面向暂时待业的毕业生，这类生源学习能力强，对专业技能的学习有着良好的适应性，可以引导此类生源报名具有地方特色的技术含量高的现代学徒制班级招生。特色专业的现代学徒制招生还可以面向退役军人、下岗职工等社会生源，此类生源有一定的社会经验和工作经验，但是文化程度、经济水平、技能状况等情况比较复杂，可以鼓励他们根据自身的特点报名参加各类特色专业的现代学徒制班级。特色专业的增设能够提高现代学徒制的社会适用性。

4. 信息管理的网络化。对参与学徒制试点的单位来说，教育部为了推进我国现代学徒制的试点搭建了现代学徒制试点工作管理平台，为试点单位提供相互学习借鉴的平台支撑。此外一些省市也在积极构建信息共享平台，为企业、职业院校、学生提供信息服务。这些都为学徒招募平台的信息管理提供了借鉴。为了保证学徒招募过程中的信息能够跨校跨企跨地区的同步共享，就必须保证平台信息的网络化管理，使得生源、学校、企业、家长、政府等主体都能在平台上及时获得招募过程信息，并根据实时反馈及时解决招生问题，最大可能的减少招生误投、误录、漏投、漏报等问题的产生，通过信息平台，使企业、学校、生源能在公开、透明的信息中完成招募工作，促进招募工作中校企合作的效率提高。

5. 考核内容要全面。要从性格、理论知识、专业知识、技能测试等各个方面全面综合的考核学生，确保现代学徒制的顺利开展。性格评估，性格如果能与报考专业匹配有利于提高学员学习的积极性和学习效率，减少未来可能出现的职业倦怠，因此在对性格评估后会对生源的专业选择提供建议。例如性格内向、内敛沉稳的学生，平台可以推荐其报考设计、维修类等专业；性格外向、灵活敏捷的学生，可以推荐其报考销售、服务类等专业。理论知识评估，主要评估报考生源是否具备专业所需的基础知识储备。在现代学徒班招募过程中职业院校将根据招募专业学习所需要的知识储备对生源进行理论考核，评估生源是否有足够的基础知识支持该专业的学习。专业知识评估，主要评估招募生源的专业基础。有一些现代学徒制专业需要报考的生源事先具备一定的专业基础，才能保证在培训周期内实现技术技能人才培养目标，因此就必须对招募生源的专业知识进行考核，进而判断学生能否高效完成未来的学习计划。能力评估，主要考察生源的能力特点，用以匹配不同的专业学习要求，例如有的专业要求报考生源有较强的动手能力，大多数工科类专业对这一要求都非常看重；有的专业要求学生具有较好的沟通协调能力，例如一些商科类、服务类专业对此非常强调。尺有所短，寸有所长，学徒招募平台将企业、学校对生源的要求进行综合，通过合理的考核方式发掘招募生源的特长特点，帮助报考生源找到与自己特长匹配的专业，确保招录生源专业学习的积极性。

二、晋级成长机制的优化

晋级成长机制的优化坚持"技能成长、公开公平、互利双赢"的原则。随着学徒与企业的信任度和了解度的增加，鼓励企业进一步开发技能深度，鼓励学徒进一步加强与企业之间的链接，借助契约管理和合作互信给予学徒技术技能进一步精进、职业超前发展的机会，同时为企业缩短优质技术技能人才培养时间提供可能。

（一）机制模型图

学徒晋级成长机制如图8.3所示。晋级成长机制的运行坚持"校企合作、学徒自愿、企业优先"的原则。晋级成长机制既可以单独使用，也可以与其他模块联合构成综合运行机制，并且具有较强的成长性和可扩展性。

（二）机制运行流程

运行流程以"基础学徒"为开始流程，"就职"为结束流程。具体如图8.4所示。

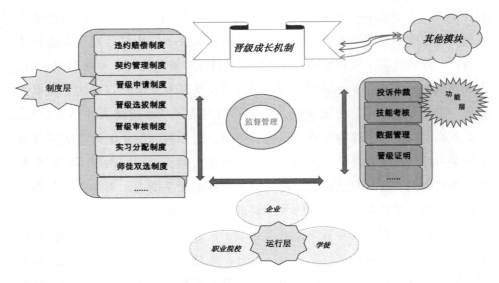

图 8.3　晋级成长机制模型图

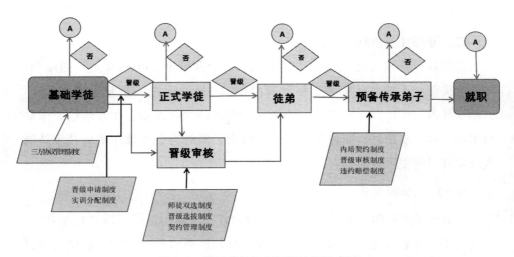

图 8.4　晋级成长机制运行流程示意图

关键流程说明如下：

1. 审核标准层次。在晋级成长机制中，随着晋级的层级递进，审核标准越来越严格，企业对学徒"入职合约"的管理更加严格。从"基础学徒"到

"正式学徒"是通过"申请"完成；晋级为"徒弟"则需要通过"选拔"和"双选"，并调整契约关系；晋级为"预备传承弟子"，需要企业主动邀请，并经过"审核"环节，审核包括资格审核、综合素质审核及面试等，并签订最为严格的内培契约，防范人才的流失。

2. 晋级与薪资挂钩。运行流程中并没有直接标注晋级与薪酬的关系，但是随着晋级层级的递进，企业对学徒的培养资源供给越丰富，学徒习得的技术技能越精细和高级，对企业预期贡献也就越大。为了留住技术技能人才，在培训实习期间，企业对学徒的酬金相应增加。学徒薪资的增加既奖励了晋级学徒，同时激励了学徒晋级的积极性。

3. 越级晋级及晋级层次。学徒的学习偏好各有特点，有的理论先行，有的动手能力先行，有的综合素质高。因此，在晋级过程中应避免一刀切的做法，鼓励学徒根据自身特点进行晋级，尤其在晋级的初始阶段鼓励越级晋级，即从"基础学徒"直接选拔进入"徒弟"，这也为企业提前进行重点人才储备工作提供了机会。但后期的"预备传承弟子"涉及企业更加核心的技术的学习，需要对学徒进行多方面的长期考察，因此不建议采用越级晋级的方式进行。

4. 双向选择。学徒学习的技术技能越为高级，对企业师傅的认真教授技巧并传授累积经验的需求越大。这就需要获得企业师傅的真正认可，不能作为企业工作任务下发给企业师傅完成。因此，从晋级到"徒弟"级别开始，学徒培训将摆脱企业培训分配的模式学习技术技能实践操作，而是通过双向选择"徒择师、师择徒"的方式进行结对传授，并进行企业和职业院校备案，建立师徒档案，进入"师徒教学计划名录"。同时重新签订师徒契约，师傅和徒弟在技术技能任务完成过程中荣辱与共，师傅和徒弟天然形成工作团队，在师徒层级关系上形成新型同事关系。

5. 因材施教。学徒的学习能力各不相同，愿意付出时间、精力差别很大，学习效率高低明显。晋级成长制度给了学徒和企业更多的选择机会，学徒需要选择"学徒技能级别"，企业则在与学徒的接触过程中发掘更符合企业需求的人才。这种晋级成长机制体现了因材施教的特点，赋予企业和学徒对未来的更多选择权，该模式规定不进入晋级层级的学徒依然能按此标准完成培训过程。

（三）机制运行的关键点

1. 晋级选拔方式避免单一

进入选拔程序是获得学徒晋级资格的重要一步，晋级选拔的目的是让更多具有富裕学习能力和强烈学习兴趣的学徒获得更好的学习机会，进而使企业获得更贴合需求的高技能人才。因此要根据技术技能培养的目标设置晋级选拔的方式，需要制定明确的晋级选拔制度，有序推进学徒晋级工作。晋级选拔的方式不同于招募工作，随着晋级层次的推进，选拔方式越为呈现出个性化，同时被选拔人与企业的契约链接也更加紧密，为了让学徒和企业都能从晋级选拔过程中获得收益，晋级选拔方式应根据实际情况合理选择，主要可以采用申请、考试、推荐、竞技、审核等多种方式，将各种晋级选拔方式的结果转化为积分，要尽量避免单一化，应全面考核学徒素养。

关于考试方式。在晋级选拔中，考试方式是最基础的一种方式，通过考试能考察出学徒在前期培养过程中储备的知识总量和质量。这种考察方式的优点是公平性较高，每一位学徒都能通过考试方式获得晋级的可能性。但是这种方式也存在一定的弊端，通过考试只能从客观上考察出学徒的知识储备，但是对运用能力、操作能力、意志力、个人品德等在晋级后更加重要的特质很难通过考试获得有效的信息。因此，考试方式在学徒晋级成长的过程中只能作为一种基础方式，用于筛选学徒的知识储备方面的情况。考试应采用广口径方式，防止将其他方面比较优秀的学徒拒之门外。

关于推荐方式。在晋级选拔后的学习过程中，"师傅"的作用非常大。因此，师徒的良好合作是技术技能传授成功的重要保证，在晋级选拔中，应将企业师傅的推荐纳入其中，这种方式的优点非常明显，通过"师傅"在前期技能教学中对学徒的观察和交流，对学徒的能力有了直观的认知，能让一部分实操能力、学习能力、研究能力较强的学徒脱颖而出。但是这种方式也存在一定的不足之处，推荐的过程主观性较强，如果"师傅"没有对学徒进行有针对性的考察或要求过于严苛，很可能出现推荐"名不副实"或"推荐轮空"现象，最终导致学徒晋级积极性受到打击；其二由于企业状况不一，晋级岗位数量与教学资源很难统一，在推荐过程中师傅的评判标准不统一，推荐的学生不一定完全符合企业的需求，将对后期晋级培训带来问题。因此，推荐方式应更多地适用于对"师傅"言传身教的需求更为强烈的晋级专业层次，在晋级数量规模较大时这种方法只能作为辅助性方式。

关于审核方式。将学徒选拔与实习工作相结合，由企业进行审核，在实习期进行，选拔学徒进入核心技术的学习。这种方式的优点在于能帮助企业在考察学徒实践工作的基础上选择合适人选进行关键技术的提升培养。最大的问题在于企业的考核只能是短期考核，无法对学徒的学业情况、意愿情况进行充分的了解。

此外，学徒申请和竞技等方式都可以作为学徒晋级选拔的方式，其中学徒申请能体现出学生的学习意愿和专业兴趣，而竞技方式则是将晋级选拔与日常教学活动结合在一起，在参与学校活动的过程中获得晋级选拔的积分。可以看出，不同的晋级选拔方式各有利弊，应通过晋级选拔制度的设计不断完善。

2. 严格晋级契约管理

在晋级成长机制运行过程中，企业与学徒的关系更加密切，一旦失约失信将对学徒和企业造成更大的损失，因此，在学徒晋级过程中，要求对学校—企业—学徒三者之间的契约关系进行进一步强化，加强契约的约束力，使得相关主体在现代学徒制培训全周期能充分行使权力，同时承担相应的义务。

首先，要规范契约制度，约束各方关系；其次，扩展契约内容，完善学徒晋级权责利的条款。在晋级过程中，每一次晋级都意味着主体各方的权责利发生了相应的变化，相应的契约应将具体的内容充实进去，使协议各方能明确清晰具体的权益和义务内容，对主体行为产生真正的约束力。校企双方应该对不同专业"晋级成长"的情况进行具体分析，合理完善晋级契约，既要保障企业和学校的合法权益，也要保障学徒的合法权益，晋级价值与晋级约束应该公平合理，避免显失公平的条款。此外，在"师傅"传授更加凸显的晋级层次中应在契约中考虑"师傅"的合法权益，明晰师徒责权，推动师徒关系的良性构建。才能在晋级后促使技术技能从师傅"源"流向学徒"池"，激发师傅的育人动力。通过契约将学徒晋级培养各方主体的权责利规范化，促进学徒培养的效率提升。

3. 提升企业人才战略眼光

晋级成长机制的运行要求企业能够具备人才需求和人才培养的战略眼光。企业发展必须有明确目标，目标的实现最终取决于人才的质量和数量，人力资源是当今企业在竞争中获得胜利最重要的财富，是企业不断创新的源泉。因此，企业要用战略眼光考察人力储备和人才培养的问题。企业参与现代学徒制的根本需求就是为企业培养发展所需的足量技术技能人才，企业只有与职业院校建立长久的合作关系，才能保证企业人才流的持续稳定供给，尤其将企业思维、企业特征、企业技术直接根植于学校教学过程中，及时发现"好苗子"，通过晋级成长机制提高企业—学徒的契合度，对其进行深度技术培养，为企业获得高质量人才提供条件。

但是，在实践中发现，一些企业，尤其是中小型企业由于自身规模小，岗位变化大，在参与现代学徒制期间并不关注学徒的晋级成长，也不愿意为学徒提供相应的晋级机会，导致学徒对企业的向往不断减弱，这对中小型企业在学徒培养过程中发现人才、留住人才十分不利，当然更谈不上储备人才。因此跨校跨企跨地区的晋级成长机制要求推动企业用发展的战略眼光看待人才培养问题，力求形成企业聚合力，共同推动学徒晋级成长。

4. 增加学生对晋级成长的认同感

晋级成长机制的有效运行还需要获得学生的认同感，认同感的获得来源于学生对机制的认可、了解和对专业提升的兴趣、向往。但是由于现代学徒制还处于试点阶段，很多学生和家长并不能形成对培训目标的明确期待，更多的学生及家长没有足够的信息预测现代学徒制专业的发展前景和就业趋势，也就很难对晋级成长产生足够的兴趣。另外，由于现代学徒制突出了"招生"和"招工"的同步性，很多学生包括老师在内都自然的将其理解为"定向就业"，在技能学习中产生了"技能学习方案是事先确定""我是为某企业某岗位培养的某类人才"的固定思维，不愿意或者不知道晋级的好处。因此，在培训过程中应该向学徒宣传晋级成长的信息，说明利弊，激发学徒晋级积极性。此外，由于晋级的重要主体是企业，学徒融入企业需要较长的周期。只有从企业的工作环境、文化氛围、管理制度、师傅教授等方面对企业产生认可，才能激活学徒参与企业提供晋级机会的积极性。因此，需要通过宣传培养学徒对晋级成长机制的认同感，将晋级成长机制视为学业和岗位提升的机会，积极调动学徒的晋级积极性，才能使晋级成长成为学徒的一种常规技能和职业晋级方式。

第三节　招募及成长机制运行制度建设

一、学徒招募制度建设

（一）参与企业激励制度建设

现代学徒制学徒招募离不开企业的参与，为了加大企业参与的积极性，尤其是针对中小型企业，可以通过精神和物质激励激发企业参与学徒招募的热情。政府可以按照参与企业招募学徒的数量给予学徒培养资金奖励或减免税费，对超额完成招募数量的企业给予一定的经济奖励或培养支出的补偿。例如对能够提供长期学徒岗位的大中型企业，可以在培养期结束后根据学徒转职情况给予一定金额的奖励；对规模较小、学徒岗位有限的中小企业按照企业规模设定奖励人数门槛，加大对中小企业参与现代学徒制的奖励幅度，鼓励中小企业用发展的眼光对待人才培养和储备问题，为其分担人才培养成本。此外，从制度上允许职业院校与企业建立个性化的责任共同体，根据校企状况协商人才培养的成本，一方面使得愿意出资的大中型企业的现代学徒制项目为职业院校带来收益，另一方面通过职业院校分担培养成本的方式降低中小型企业的培养负担，从整体上成为利益共同体，促进现代学徒制规模的扩大。

除了资金激励方面的制度之外，还可以制定社会效益激励的制度建设，对于长期坚持积极参与现代学徒制的企业可以授予相应的社会荣誉称号，通过教育平台、公众号、行业协会、官方媒体等对企业的文化理念、经营成果、社会责任、人才培养等业绩进行宣传，扩大企业在公众的美誉度。对于参与现代学徒制的企业在申报政府各级项目的时候给予优先权，这些社会效益制度的实施将对全社会形成正向的示范和引领作用。

但是，为了避免企业"鱼龙混杂"，发生骗取补贴或偷税漏税等情况，在参与企业的激励制度建设时应该制定企业参与现代学徒制的遴选标准，对企业发展、信誉、愿景、人力资源等进行审核。对审核通过的企业给予资格认定和备案，除了在学徒招募环节进行审核外，审核将贯穿企业参与全过程，包括企业的教学资源、企业师傅水平、技能实操计划、教学效果反馈等，保证了认真参与企业的利益和积极性。

（二）生源选拔制度建设

生源选拔对现代学徒制的教学质量关系密切，生源选拔制度的建设能最大程度上保证招募生源的质量，规范选拔生源的最低标准。制度建设主要包括学徒岗位标准、学徒选拔标准、学徒选拔程序等几个方面。

1. 学徒岗位标准的建设。招募学徒过程中对学徒的选拔是为了为企业提供合适的人才储备，因此选拔必须与岗位匹配，因此需要对学徒岗位进行删选，通过学徒岗位标准对企业需求进行有效识别，排除一些无效的岗位需求，保证学徒岗位的有效性，尤其当政府对参与学徒的企业进行补贴的情况下，要防止部分企业为了获得补贴提供不符合需求的学徒岗位，这不但伤害了真正需要补贴企业的利益，从长期看还造成未来的教学资源的浪费和学徒权益的损害。如果将不合适的学徒岗位提供给学徒，将对现代学徒制的长期稳定发展带来不利影响。因此，在学徒招募开始之前，需要制定学徒岗位标准，对企业提供的岗位及相应资质进行审核。

2. 学徒选拔标准的建设。现代学徒制的人才培养是为了企业发展进行的，因此相对于职业院校而言，哪些生源适合企业、适合参加技能培养，参与企业有更大的发言权。但是这种选拔的权力应该通过一套合理的规范化选拔标准实现，并应该提前告知报考生源。学徒选拔标准的建设能帮助报考生源更加全面评估自己的能力和水平，也确保企业招募的学徒符合需求。

3. 学徒选拔程序的建设。招募工作的完善程度将直接决定生源的质量，为了最大可能的降低生源报考专业"不对口"现象的发生，避免入学后学徒"后悔"情况的发生，招募平台应该建设一整套的学徒选拔程序，在多渠道招募广告、专业宣讲等招募前期工作中将选拔要求和标准对生源公开，并接受咨询和预报名。在学徒选拔程序的建设过程中，不应照搬学校招录程序，而应借鉴大中型企业的员工选拔程序进行，即使是中小型企业参与的现代学徒制招募，也应该借鉴大中型企业员工选拔程序进行。大中型企业员工选拔程序一般经过实践检验，选拔效果全面而有效，且两种选拔方式的结合有效规避了仅从"学生"角度或仅从"员工"进行选拔的弱点。

（三）规范的宣传制度建设

根据实地调研，现代学徒制试点过程中，招募生源的宣传工作大多在招募前后进行，时间周期较短、除长期合作校企外，大多数参与企业和学校的宣传工作呈现临时性和"脸谱化"特点，并没有实质的为学生界定"双重身份"作具体介绍，对企业提供的学徒岗位专业的介绍也比较刻板，造成学生对自己的"企业学徒"身份具体细节了解不足，甚至无法感受到自己接受的教学内容与其他同专业普通教学班的差异。而且由于有的试点院校并不是全校实施现代学徒制，一般都是选择在学校强势专业中建成现代学徒制班。现代学徒制班级与普通班学校教学区分感不强，形成"试点专业"带动"试点学校"的状况，这种布局使得学生对于现代学徒制的培养模式定义更加模糊。

在宣传制度规范化建设中，应支持政府教育部门、学校、企业三方面共同参与学徒招募宣传，规范参与各方的职责和任务，共同完成招募工作。其中政府教育部门应加大对现代学徒制报考学生的优抚政策和权益保障措施宣传；学校方面应加大对现代学徒制专业培养模式的宣讲频次和周期，让学生以及学生家长有充足的时间了解现代学徒制的优点特色，将培养过程的认岗、跟岗、顶岗等实习方式通过网站、画册、图片、宣传片、实地考察等进行宣传，提高生源对现代学徒制培养模式的认知程度；企业应在招募开始之前为生源及家长提供企业文化、就业岗位、职业前景等方面的宣讲、观摩、咨询。

二、晋级成长制度建设

（一）新型师徒契约制度建设

现代学徒制的师徒关系不同于传统学徒制下师徒关系，传统的师徒关系涵盖了因专属技能传授引发的特定人身依附关系，而现代学徒制的技术技能人才培养模式中，师傅和徒弟之间有技能传授的特点而不产生任何的人身依附关系，甚至由于潜在的同事竞争关系而导致技能传授的消极。因而，晋级成长机制通过新型师徒契约制度的建设构建新时代的师徒关系。

新型师徒契约制度将师傅和徒弟从"一对一"的关系演变为"群对群"的关系，通过选拔制度将敬业爱岗、作风正派的能工巧匠、业务骨干师傅纳入"师傅群"库，通过教学信息跟踪形成师傅技能教授数据库，按照技能传授的时间、效果、技能等级等因子，提取完成师傅"绩效档案"和学徒"专属技能学习档案"，对师傅权益的保护和学生因专属技能传承产生的义务都可以根据档案进行审核处理。例如对师傅提供必要的专属技能带徒津贴；将学徒入职后因专属技能获得的工作业绩与师傅业绩进行固定周期绑定，减低师傅的心理忧虑。

（二）学徒职业规划制度建设

晋级成长机制的运行对学徒的职业发展有着重要的意义。学徒通过晋级成长机制能够获得超过招募阶段约定的更高级别技能学习的机会，激发学徒对职业发展的思考，应通过建设学徒职业规划制度对其提供必要的职业规划指导。学徒职业规划制度在职业院校和参与企业的职业生涯指导方面应有规范化的工作流程要求，例如职业院校可以定期开展职业生涯讲座，结合晋级活动为有想法的学徒提供群体内职业规划的讨论，提供网络专项交流平台，为学徒提供成功经验的分享。企业也应按规范做好学徒职业生涯规划指导工作，应要求企业进行详细的职业岗位分析，确定合理晋级岗位层次，梳理规范的岗位用人标准，结合学徒岗位开展职业生涯规划的系列活动，将晋级成长与职业发展结合起来，为学徒提供职业发展的依据。通过学徒职业规划制度的建设，帮助学徒更好发展自我，明确职业核心力，积极参与到现代学徒制晋级成长机制的运行中，为职业发展提前做好准备。

（三）学徒"个人成长档案"制度建设

晋级成长机制体现了企业深度参与技能培养的情境。通过晋级成长机制为参加现代学徒制的学员提供了符合个性化发展的分层次技能培养机会，构成了现代学徒制班级的多层次技能培养体系，满足了企业对不同层次人才的需求，符合企业利益诉求。学徒晋级成长机制要求管理制度能够与阶梯式的学徒培养体系相吻合，加强对学徒"个人成长档案"的制度建设能有效发掘学徒的基本"成长"模式、经验和途径，为未来的学徒经验推广提供依据，最终实现职业教育促进个人生涯发展的目标。

1. 规范"个人成长档案"的管理程序。一方面是建档程序规范。成长档案应统一印发或网上填写，保证格式的统一性和档案的规范性，内容应涉及综合素质信息，包括常规信息、学籍信息、技能信息，尤其是与"晋级成长机制"要求的晋级标准相关的信息要逐一填写并提交证明；另一方面是归档程序规范，无论是纸质版还是网络版档案都要求归档规范，纸质版一旦提交保管审核部门除解约外不得更改、调换，网络版一旦提交就只有查阅权限，没有修改权限，保证成长档案的可靠性和权威性。

2. 规范"个人成长档案"的使用程序。对个人成长档案中的信息进行整合处理，设置提醒服务，鼓励已达标学徒及时参加晋级成长选拔；提醒未达标学徒的技能提升方向和技能学习科目，不断优化学徒的知识和技能素养。"个人成长档案"还有助于职业院校和企业及时掌握学生的动态和技能状态，避免遗漏有才华的学生，尽量杜绝"开后门""恶行竞争"导致的不公正现象出现。

第四节 本章小结

本章对招募及成长机制进行模型及运行流程构建。学徒招募平台的运行坚持"校企合作、保障学徒、企业优先"的原则，运行流程以"注册报名"为开始流程，"正式录取"为结束流程。平台运行的关键点主要有生源宣传要充分、加大对潜在生源的激励引导、区分普及专业与特色专业的招生、信息管理的网络化、考核内容要全面。晋级成长机制的运行坚持"校企合作、学徒自愿、企业优先"的原则，运行流程以"基础学徒"为开始流程，"就职"为结束流程。机制运行的关键点主要有晋级选拔方式避免单一、严格晋级契约管理、提升企业人才战略眼光、增加学生对晋级成长的认同感。最后，本章提出招募及成长机制运行制度建设建议，学徒招募制度建设包括参与企业的激励制度建设、生源选拔制度建设、规范的宣传制度建设；晋级成长制度建设包括新型师徒契约制度建设、学徒职业规划制度建设、学徒"个人成长档案"制度建设。

第九章

技能资格融通与人才流转机制研究

借助现代学徒制学员的"学生+员工"的双重身份有助于学员从校园到就业的直接无缝过渡，这是现代学徒制的独特优势所在，但同时也是学徒与外部人才教育体系接轨的制约所在。为使得现代学徒制培养的人才能融入市场环境，不游离于其他教育体系外，被社会认可的科学、公允的考评体系必不可少，通过技能资格融通与人才流转机制能尽可能帮助现代学徒制为社会提供技术技能人才目标的实现，帮助学校和学徒走出"学徒困境"，同时为企业，尤其是中小企业解决因主客观原因造成的"失约困境"提供路径。

第一节　技能资格融通与人才流转机制实施障碍分析

目前在现代学徒制技能资格和人才流转方面存在的困境主要表现在技能评价与认证标准不清晰、技能与资格呈现"孤岛"效应、双选的利益冲突等方面。

一、技能评价与认证标准不清晰

（一）技能评价主体过多

现代学徒制的根本目标是为社会经济发展输送技术技能人才，避免现代学徒制成为某一家企业的培训班，因此，就必须让现代学徒制培养的人才获得社会的认可。由于现代学徒制运行中学徒的技能学习依托具体企业进行，并非实行统一的标准和课程体系，因此，通过社会公认的技能评价是学徒技能水平获得社会公认的一种有效途径。我国的职业资格管理工作正在不断规范，但长期以来我国职业资格采取的是非竞争集中管理，即由政府权威部门依法制定职业资格制度，指定授权机构实施监督与管理。其中，企业和行业协会参与的不多，主要由劳动部门授权各培训机构实施技能评价。这引起了诸多问题。首先，认证过程权责不清，许多被授权认证职业资格的机构同时承担着培训和考核的角色，既是"考生家长"又是"监考老师"，主要靠机构自觉性来保证职业资格的认证效果和质量。其次，缺乏长效持续性监管，相关部门的督导工作大多集中在考试前后，对授权的具体培训机构的活动缺乏日常动态监管程序，同时不同地区、不同时间段的监管标准不能统一，导致不同机构颁发的同类证书质量差别较大，降低了技能证书的含金量。再次，缺乏统一的技能资格认定标准，由于资格证书授权颁发机构众多，不同机构颁发的证书标准没有统一规范，导致同一类别的专业技能证书不能互相认可，为扩大适用范围和社会认可范围，很多学徒不得不辗转不同授权机构进行同一技能的重复认证，加大了学徒的经济负担和考试负担，造成学徒通过职业资格证书认定实现技能资格融通的障碍。

（二）新兴职业标准开发迟缓

由于新兴产业发展迅猛，很多新的职业不断涌现，新的技术技能不断被开发，原有的传统技能也开始焕发新的活力，技能细分越来越明显。现有的技能鉴定通行职业标准制定速度相对于技术迭代的速度来说比较缓慢。技能标准相对落后直接导致技能认证很难客观反映测试者的水平。即便是传统技能认证，由于现代学徒制学徒习得方式是与特定企业绑定，如果其习得的技术是特种技能、小众技能、传承型技能，由于职业标准的缺乏很难对其进行认定，或者无法通过认定显现其独特的价值，影响了学徒的技能学习积极性。

国家产业结构的调整给现代学徒制的开展提供了更多的产业和专业选择机会，特别是战略新兴产业急需各类掌握新技术技能的人才，例如生物技术、软件外包服务、新材料、云计算、集成电路、新型半导体、机器人等各类产业都衍生出多样化的新技术技能，这些新技术技能呈现出更迭速度快、种类高度细分、技能跨界融合等特点，其职业标准的制定与以往传统技能职业标准的制定相比更加复杂和多样，导致国家相关部门对这些战略性新兴产业新技术技能的职业标准开发速度无法跟上市场需求的步伐，供求无法匹配。显然，新兴职业标准的加速开发，将更好地帮助现代学徒制实现学徒对外的技能资格认定，完成为全社会输送技术技能人才的目标。

二、技能与资格呈现"孤岛"效应

（一）校企定向对接导致技能面狭窄

目前，我国现代学徒制试点过程中，为了加大参与企业的积极性，在现代学徒制班级培养方案制定过程中非常注重加强企业在学徒技术技能培养方面的"企业烙印式"的特色输入力度，这也是学徒的"员工"特点决定的。在招募伊始，学生就与"特定企业"形成了实质上的定向培养方案。但是，现代学徒制肩负着为社会输送技术技能人才的使命，在就业程序上并非"绝对定向"，现代学徒制班级在入职前有条件的"双向选择"使得部分学生和家长忧心忡忡。为了更好地应对可能出现的择业问题，更好地规划自己的职业生涯，学徒和家长对习得的技能是"特定企业所需的专门技能"，还是具有普适性的"在同类别企业同专业岗位都能适用的一般技能"的问题非常关心。事实上，学徒及家长的忧虑并非无的放矢，尽管现代学徒制学徒入职前"双向选择"给这种教学模式带来了活力，但对具体的某位学徒及家长而言，总是存在不受控制的"就业"及"合理薪酬"方面的风险，一旦出现问题，如果不能保证技能的对外适用性，将给学徒个人带来极大的损害，此时职业院校也会承担来自学生及家长的不满，承担相应的风险。

事实上，职业院校更倾向于强调为学生提供体系化的具有普适性的技能；企业则更为强调特色技能培养，两者的矛盾直接关系到现代学徒制专业教学标准和课程体系开发活动的偏好。是选择适合具体企业特定技能人才需要的培养方案，还是选择满足产业共性需求的技能人才的培养方案，将直接决定学徒技能的适用性宽度。一旦过于强调具体企业的要求，必将导致培养人才技术技能适用面过窄的后果，这也是目前现代学徒制人才表现出技能与资格"孤岛"特点的主要原因。

（二）学历融通难度大

尽管现代学徒制中包含了全日制教育，但是由于"招生即招工"的特殊性，使得其培养方案、教学计划、培养目标与普通全日制教育有着明显差异，与此同时现代学徒制的教育也不同于普通技能培训的职业教育。因此，一方面目前现代学徒制的学历与更高级别的普通全日制学历融通存在困难，这为现代学徒制班级学生的继续深造带来了困难。另一方面现代学徒制的学历考核带有"企业烙印"，并不能与社会公认的职业资格考试并轨，学徒还需参加额外的社会技能资格考试才能获得社会普遍认可，"一技多考"为学徒学习增加了负担。

因此，如果能够参照国家职业分类标准以及职业资格等级标准，将现代学徒制的职业教育学历证书考核与职业资格证书考核进行"并轨"，真正做到"双证合一"式的技能资格融通，同时对现代学徒制学徒的学分进行分类，允许部分学分在更高级别的继续教育中获得认可。实现有条件的双向学历融通，将会增加现代学徒制职业教育的普适性。

（三）学徒向社会人才市场过渡困难

现代学徒制作为新型职业教育的一种模式，学徒的"学生到员工"的过渡方式有别于普通职业教育。职业学校传统职业教育过程中，一般会在学生毕业前期通过教学计划的毕业实习等环节帮助准毕业生有序过渡到"员工"角色，学业有成的学子通过三至四年对所属专业、行业、产业的认知，满怀激情地投入到人才市场的招聘求职活动中。但是现代学徒制从制度上转变了传统的"学生"到"员工"的过渡顺序，将"学生"到"员工"的过渡提前到招募阶段，这种转变方式暗示着人才市场招聘环节已经完成，也就是说现代学徒制的招募过程构成了隐形的"独立人力市场"招聘过程，将"生源—学生—员工"两步过渡，直接变为"生源—员工"的一步过渡，形成了现代学徒的全新混合角色。这也就意味着现代学徒制学徒已经提前进入了"独立人才市场"，失去了后期"完全自由"进入社会人才市场的权利。

事实上，现代学徒制的学徒在培养过程中，人才供需信息并不透明，学徒生往往仅在招募宣传阶段从招生目录等资料上看到企业岗位需求信息，但随后的学徒转岗、入选学徒数量、空缺岗位数量等信息并不明确，甚至参与校企也不能实时掌握。此外学徒培养的质量、具体企业化技能、长期企业文化熏陶、入职协议等都提高了学徒向社会人才市场过渡的难度，因此，需要构建现代学徒向社会人才市场过渡的系列制度，实现为社会提供技术技能人才的目标。

三、双选的利益冲突

（一）短期行为的功利化

尽管现代学徒制的人才培养模式明确对学徒的双重身份进行了约定，即"学生即员工"，但是很多企业依然用"实习生"的办法管理入企进行实训的"受训"学徒，无论在薪酬福利还是岗位安排上都没有保障学徒的基本权益。尤其对一些缺乏人力资源规划的中小型企业，学徒"员工"更类似于廉价劳动力，企业并不关注学徒习得的实操技术目标是否实现，而将注意力放在"此时怎样让实习生产生效益"，不愿意从员工"受训"的角度对学徒入企实训的技能目标进行长远考虑，更多的是从成本支出方面考虑对入企学徒的"善加利用"，更不愿意负责学徒的利益保障，甚至搬出"这就是员工应该做的"的理由回应学校或学徒的质疑。即使是大中型企业，也可能存在学徒即使付出了和普通员工一样的劳动，其合理权益在企业实训期间依然很难按照员工标准予以实现的问题。企业的"利益最大化"追求本无可厚非，但是此类行为有悖于本着自由平等原则签订的学徒劳动契约所体现的各方利益诉求，对学徒和学校权益造成了伤害。企业的短期功利化行为让学徒名义上是"员工"，但是却无法获得与员工同等的劳动权和待遇，游离于企业福利保障体系之外，这种"被漠视"的感受反过来促使了学徒对待企业同样"短视化"，一旦发现企业待遇或发展平台不如人意，便立刻抽身离去。学徒的行为与企业的行为最终会形成奇怪的循环圈，伤害的是所有参与主体的利益，无一幸免。

（二）双选契约留白空间大

现代学徒制试点运行中，学徒与企业在招募入学前通过"双边"或"多边"培养协议完成了相互平等的权益契约保证，通常协议规定相关企业应该向学徒提供高质量的培训，作为培训受益方的学徒必须向企业提供一定年限的服务。对企业而言，现代学徒制的运行周期就是企业从投资培训的"高成本阶段"到学徒入职的"收益弥补成本阶段"再到学徒"创造超额收益阶段"。学徒则实现了从"技术小白"到"提前入职"到"按劳取酬"阶段。两者的选择是互利互补的。

但是目前现代学徒制试点过程中，为了使现代学徒制区别于其他校企合作方式，既要满足参与企业培养人才的需求，又要实现为社会提供技术技能人才的目标，同时还要减少培训周期长带来的不确定性风险，保障学徒的择业权和企业的择人权，减少入职过程中的冲突风险，许多参与校企在现代学徒制协议中关于双向选择的契约条款留白空间大，使得参与主体执行压力较小，进而对学徒和企业双方的约束力大幅度减小。

尤为明显的是，在双方的履责条款方面，不少参与主体在现代学徒制的培养协议签订时对企业和学徒的责任履行规定并不具体，意思含糊。例如提出学徒服务期限但不具体写明时间要求；写明企业应支付学徒劳动费用，但用"补贴""助学金""奖学金"或"劳务费"等字样代替"工资"；对学徒毕业后拒绝入职企业，或者企业拒绝提供学徒培养岗位或培训费用，大多标明"协商解决"字样。此外，协议中还规定了学徒和企业在一定条件下的优先选择权，这些都为双选契约的承诺履行带来了极大的不确定因素，为希望参加外部劳动力市场竞争的学徒和只愿意留住优秀学徒的企业提供了操作空间。

与此同时，目前还没有相应的法律条文或者专门的组织机构来监督相关协议的履行，也没有权威性的制度对双方行为进行有力约束，因此，现代学徒制中企业和学徒利用双选掩盖的违约行为时有发生。

综上，现代学徒制试点中，各参与主体应该明确权责利，并勇于实现承诺，建立长期目标，合力确立现代学徒制人才培养的共同信念，保障现代学徒制的长效运行。

第二节　技能资格融通与人才流转机制的优化

技能资格融通与人才流转机制是伴随学徒技术技能培训的全过程，政府教育部门、职业院校、企业、学徒的利益诉求将在这一机制运行过程中得以体现和完成。通过该子机制，促进学徒习得的技能与技能资格框架接轨，为学徒的继续教育和终身教育提供渠道，同时帮助企业能根据实际需要及时获得相应人才，学徒能根据自身特点选择更符合自身需求的职业，为企业和学徒的更好"择才择业"提供机会。

一、技能资格融通机制

（一）机制模型图

技能资格融通机制模型如图 9.1 所示。

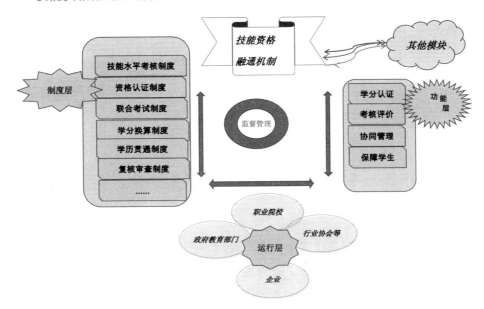

图 9.1　技能资格融通机制模型图

技能资格融通机制参与主体包含学徒、企业、职业院校、政府、行业协会。各参与主体行使不同的职能，承担相应的任务，通过机制建设和制度建设建议促进参与主体相互合作、有机融合。技能资格融通机制既可以单独使用，也可以与其他模块联合构成综合机制，具有较好的可扩展性。学校和企业应及时根据国家职业教育发展改革不断推进现代学徒制技能融通工作，帮助学徒在技术技能培养过程中能及时获得制度红利，提高学徒的社会认可度，为学徒的职业和学历的可持续发展提供帮助。

（二）机制运行流程

技能资格融通机制运行流程以"学徒制学历"为开始流程，"继续教育"为结束流程，如图9.2所示。技能资格融通机制运行坚持"社会融通、资格互通、公平公正"原则。

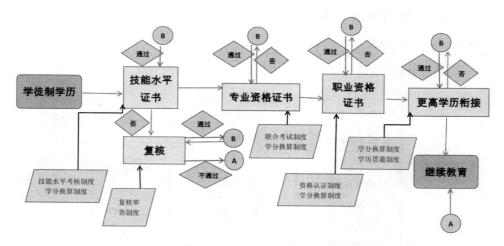

图9.2　技能资格融通机制运行流程示意图

机制关键流程如下：

1. 规范化的学分换算。"十四五"期间，国家层面在职业教育领域的重大变革包括建立职教高考制度，这为现代学徒制学分换算的规范化制度建立提供了契机。现代学徒制试点涵盖了中等职业教育和高等职业教育，完全能够实现"中等职业教育—职业专科教育—职业本科教育"的融通链接，通过规范化的学分换算制度，将现代学徒制的学徒学习成果与普通全日制教育学生的学习成果建立等级互换关系，同时为现代学徒制学历与更高级别学历的衔接提供依据。可见，规范化的学分换算是技能资格融通的关键步骤之一。

2. 采用数据信息化管理。技能资格融通机制在具体实施过程中，涉及每个学徒的各种技能资格之间的换算和递次推进信息，信息量大而复杂，技能资格融通平台与其他模块的链接等都必须借助数据信息化管理手段。尤其是 2019 年国家相关部门联合印发的《关于在院校实施"学历证书+若干职业技能等级证书"制度试点方案》提出应该加强信息化管理与服务，建设 1+X 证书信息管理服务平台，开发多功能的权威性信息系统。这为现代学徒制资格融通机制的信息化管理提供了政策保障。

3. 技能标准框架统一。现代学徒制技能资格融通机制的运行必须解决教学质量管理方面的诸多问题，现代学徒制要求参与校企根据实际需求自主对教学进行管理和落实，要求教学管理体系从刚性向柔性进行创新，这使得学徒习得的技能标准出现多元化倾向，难以与社会公认标准保持一致，但是技能资格融通机制运行需要解决学徒习得技能的自主标准与国家专业教学标准、国家职业资格标准之间不融通转换的难题，这就要求建立一套内容科学、制度统一、标准规范的职业教育国家教学技能标准体系。现代学徒制教学技能标准必须在这个体系下进行弹性教学，将具体企业技能标准的教学要求置于国家技能标准之下进行，最终为现代学徒制学徒技能资格的对外融通奠定实施的基础。

（三）机制运行的关键点

1. 提升学徒人才培养层次

尽管现代学徒制教育体系仍游离于高等教育边缘，但与高等职业教育甚至高等教育体系之间互联互通是现代学徒制发展的必经之路。就现代学徒制发展前景而言，如果能将现代学徒制学历逐层推升到本科、硕士层次的职业教育体系中，能够补充普通高等教育技术技能应用型人才的社会供给，也为学徒获得更高层级继续教育、掌握更深厚职业技能及理论知识提供机会，使得参加低层次现代学徒制教育的学员对未来职业展望不再"一眼到头"，提升社会各界对现代学徒制的重视和认可度。因此，现代学徒制技能资格融通机制的运行关键之一是将现代学徒制的培养分层化，给予毕业的学徒"就业"或"深造"选择的机会。不但满足企业获得高层次技术技能人才的需求目标，也实现现代学徒制为社会培养高级技术技能人才的长远目标，为未来经济发展与企业转型升级储备人才。进一步看，现代学徒制运行可以以此为契机扩展到更广泛的领域。

2. 技能标准彰显规范化和特色化

现代学徒制技能标准的制定应坚持规范化要求，然而现阶段行业发展的规范化状态存在较大差异，对规范化状态好的行业可以制定通行标准。对规范不统一的行业，应理清原因，不能"规范一刀切"，例如特色地方性行业，其相对应的技能标准就必须与区域特色相对应，甚至同一行业的具体技术标准也不能完全保持一致。总之，现代学徒制的人才培养技能标准要将规范化和特色化结合起来进行考虑，使培养的技术技能人才兼具规范化和特色化，适应性更强。

3. 高效的专职管理团队

发展现代学徒制需多方主体群策群力，不能仅仅依靠参与校企，需要广泛汇集社会各界的众多资源。在现代学徒制运行过程中，职业院校的主要任务是拓展生源，有效督促学生的学习状态，建设专业教学平台，努力推动适应企业需求的人才培养模式的构建等；企业的主要任务是为学徒提供各类技能实操资源，提供技术研发平台，积极参与技能培训任务，最终收获人才。现代学徒制技能资格融通需要加强职业技能指导、评价、服务性资源的供给，进行行业管理标准和规范制度的外联推动，加强学徒职业技能信息监管，这些资源的汇集离不开一个有力的管理监督组织，这就需要参与主体联合设立专门的现代学徒制资格融通管理团队，负责主体之间的相关事务。技能资格融通机制要求聚齐教育专家和行业专家组成管理团队，在国家制定的学徒标准指导下，推动符合实际的特色学徒标准的制定，为形成符合国家政策的可操作性的技能资格融通制度体系做准备。

二、人才流转平台

（一）平台模型图

人才流转平台模型如图9.3所示。

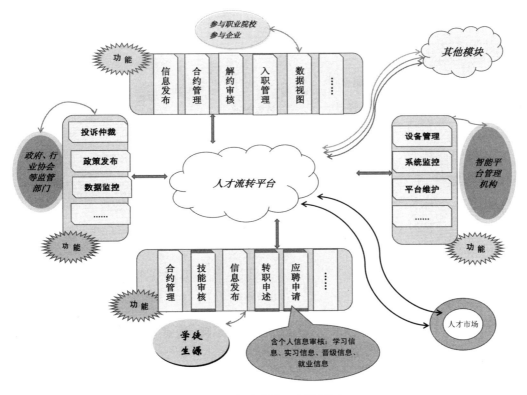

图9.3　人才流转平台模型图

人才流转平台参与主体包含学徒、企业、职业院校、政府、行业协会。各参与主体行使不同的职能，建议和促进各参与主体相互合作、有机融合。类似于技能资格融通机制，人才流转平台也既可以单独使用，又可以与其他模块联合构成综合平台，具有较好的可扩展性。

（二）平台运行流程

人才流转平台运行流程以"学徒注册"为开始流程，"正式就职"为结束流程，如图 9.4 所示。人才流转平台运行坚持"校企合作、契约精神、企业优先"的原则。

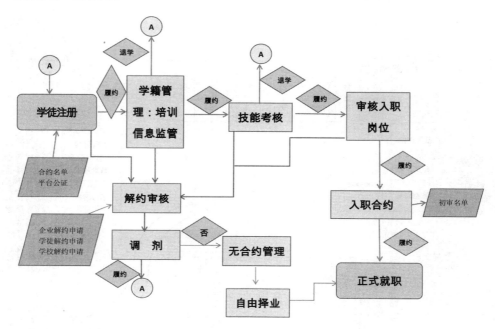

图 9.4 人才流转平台运行流程示意图

关键流程说明如下：

1. 解约应明确理由。现代学徒制的招生是按照企业需求计划和对应的岗位进行，理论上学徒与岗位应一一对应。因此，学徒因各种原因不愿意继续履行合约应该提前在平台上提交解约申请，并通过审核，如无正当理由不能单方解约，否则将履行赔偿责任。同时为防止"僵尸"合约，平台要求企业和学徒按规定每年进行履约意愿调查，一旦意愿为"是"，解约赔偿金额将加倍，对双方形成制约。

2. 调剂信息要公开。现代学徒制在实施过程中，企业经营的变动引起人才需求增减，或者学徒在培训过程中出于合理理由不愿意接受原合约、学业成绩不合格、转换专业等原因，企业和学徒的相关信息都将进入调剂名单，并按专业及需求对应原则进行调剂，重新进行岗位配对。一旦调剂成功，双方进入合约管理端口；如果调剂不成功，则再次进行调剂；如果拒绝调剂，将进入无合约管理状态。此时，主动解约方需对无过错被解约方进行相应赔偿。

3. 遵循契约优先原则。人才流转平台内的学徒职业转换应以遵守契约为第一原则。在没有解约的情况下对违背合约的企业和学徒应按规则进行惩处，惩处方式按照公正的双方约定进行。但对善意的解约行为，例如由于企业经营变动对专业人才的需求锐减，可以提前告知学徒并帮助学徒进行新岗位的转移或取得学徒的谅解等。平台进行信息的重新登记，鼓励企业和学徒在学徒期间进行磨合，避免双方矛盾的加剧，使得学徒和企业在未来就业过程中更加合拍。

4. 就业追踪环节。人才流转平台不仅在学徒正式就业之前进行数据管理，对于学徒就职后合约期内的就职信息也应进行跟踪。一方面发现和减少"假合约""假就业""早跳槽"的情况产生，避免现代学徒制的效益过度流失；另一方面，通过就业跟踪，能及时获取反馈信息，便于参与主体及时从现代学徒制的实施效果中发现问题，总结经验，为现代学徒制人才培养方案的创新提供依据。

（三）平台运行的关键点

1. 坚持为社会育人的理念——人才流转的自由

要实现技术技能人才的自由流动，就必须将社会急需的各类技术技能人才培养计划纳入现代学徒制专业规划中，尤其是新信息技术、高端装备制造、新材料、网络数据等新兴产业的发展需求。根据市场需求不断完善调整，形成综合性的现代学徒制联合培养机制。在技术技能人才流转补偿方面，应健全合理体现技术技能人才价值的补偿制度，将市场价格引入学徒流转过程，允许参与企业通过协商获得学徒流动造成的培养成本、技术保密成本等方面的损失补偿，通过技术技能人才市场价格的导入，降低人才流失引发的企业不公平感，使学徒择业更加自主，利于企业留住具有认同感的人才，避免后期因人才跳槽引起的损失扩大。此外，为保证人才流转的自由，应加强对技术技能人才市场供求方面信息的监测，建立供求预测预警分析，定期编制和发布学徒供求信息，充分保护学徒和企业的平等就业、自主择人、自主择业、损失补偿的权利。同时应限制人才的无序流动，例如对企业技能保密问题上应引入学徒择业的"竞业避止"制度，保护企业权益。

2. 对学徒职业信念的有序管理

现代学徒制人才培养过程中，学徒职业信念的确立需要学校及企业对其进行有效的职业发展指导，尤其是企业师傅在实践中的言传身教。职业信念不可能一朝一夕完成，需要师傅在日常教学中一点一滴灌输，尤其是企业师傅在传授学徒技能时向学徒传达的人格精神及职业信念更为关键。但是，部分现代学徒制企业师傅仅仅是把教导学徒看作任务而非责任，除了技术指导外很少涉及职业信念问题，成长期的学徒难以构建职业信念体系。另外，学徒的职业信念构建还来自学校提供的职业生涯教育，通过对职业生涯理论的讲授引导学徒进行自我测试，掌握自己的职业兴趣、性格偏好、能力倾向等个性化信息，并通过企业实践强化自我认识，引导学生将自我放入职业环境中进行考虑，形成对职业的独特理解和认知，最终完成职业信念的确立。可见，对学徒职业信念的有序管理需要学校和企业形成合力共同完成，但在实践中职业院校更多的进行职业生涯理论讲解，完成学分要求，忽视了引导学生结合实际的工作，而企业人力资源部门同样认为"学徒工作后自然会形成职业信念"，错失了职业信念确立的最佳时机，影响了学徒对职业选择的坚定程度。

3. 提供技能孤岛补偿制度

现代学徒制需要满足参与企业的技术技能人才目标，将学徒习得的技能打上了"企业烙印"，对大多数技术来说，学徒可以通过普适性基础技术的习得缓解"技能孤岛"引起的忧虑，但是对某些特定技能，尤其是对特定技能的深度学习，将会加剧"孤岛"程度，这非常不利于学徒的自由择业。从学徒角度而言，不但要承担企业技术秘密的保守责任，还要承受由于技能普适性的缺失引起的"被迫定向就业"困境，失去了外部就业甚至继续教育的机会。因此要让学徒自主择业的权益受到保护，必须尽可能降低学徒在此类不可转让技能上的"投资"风险。在人才流转平台运行过程中，应注意保护习得"孤岛"技能学徒的利益，根据"孤岛"程度形成系列的特种技能培训与入职协调等就业保护制度，通过规范的制度对企业承诺给予学徒的岗位、工资、工种、晋级机会等契约内容的实施进行长效监督反馈，切实做好"孤岛"技能学徒的后盾，保护学徒合法权益，减少企业"用过就扔"等短视化行为的发生。当然，反过来对学徒的入职、就业行为也有所约束，确保此类技术技能人才的培养能给双方都带来较高的经济回报。

第三节　技能资格融通与人才流转机制运行制度建设

一、资格融通制度建设

（一）学分互认制度建设

资格融通机制的运行能有效提升现代学徒制学徒与社会人才市场高效对接，增强学徒的社会认可度和普适性。这就要求逐步推动现代学徒制学历证书与职业资格证书、普通职业教育、普通高等教育等学习成果之间的互认关系，并以此推进构建创新富有弹性、系统规范的现代学徒制教学体系。学分互认的制度建设有助于在现代学徒制的过程中，将学徒工作岗位、技术技能要求转化为可衡量的学习成果，将理论知识水平与技能水平特质通过学分等级对接，形成与其他教育体系学习成果的互认关系，最终实现学徒技能资格融通。

现代学徒制目前主要在中等职业学校和高等职业院校开展，"十四五"期间职业教育领域的重大变革包括建立职教高考制度，预示着职业教育将向本科等更高学历层次递进。这对学分互认制度的建设提出了要求，既要保持职业教育的分级课程与企业证书相关课程要求的差异性，又要保证教学方案中的公共基础课与专业基础课要求的共同性，为学徒参加职教高考，打破学历瓶颈提供依据。学分互认制度的建设需要获得国家教育体系的认可，必须在国家职业教育政策允许范围内实施，由职业院校和企业创新性的逐层构建，从小范围的学分互认逐步推广应用范围，为与其他教育体系接轨奠定基础。例如行业企业在技术技能人才培养方面建成联盟，在联盟范围里实现相应专业的同类技能学分互认；通过公信力强的行业协会对领域内现代学徒制对应的专业实现跨校跨企的技术认定规范，实现不同院校、不同企业之间的学徒学分互认制度；通过在现代学徒制技能考核中引入职业资格考试科目，使学生获得的学分与职业资格考核等级互认；对一些基础性、普遍性技术课程的学分可以尝试与其他教育体系对应课程进行对接，形成学徒部分学分与其他教育体系学习成果的互认关系等等。

（二）技能教学标准制度建设

技能教学标准是保证现代学徒制教学质量和人才培养规格的关键内容，也是现代学徒制教育标准体系的基础与重要组成部分。规范化的技能教学标准制度建设是保证技能资格融通机制有效运行的基石。如果技能教学标准无法统一规范，职业院校及企业培养的技术技能人才很难获得社会的公认，也将由于缺乏统一的评判标准，良莠不齐，学徒、职业院校、企业的权益无法得到长期稳定的实现。教育部正在积极推进职业教育标准体系建设。截至2018年，已经形成了由专业目录、专业教学标准、顶岗实习标准以及专业仪器设备装备规范构成的我国高等职业教育的国家教学标准体系。现代学徒制技能教学标准的制度建设必须以此为规范与依据，将其落实到现代学徒制技术技能教学活动中。在制度建设中，必须充分考虑不同职业院校和企业的需求，以及各类技术技能特殊要求，从各参与主体自主拟定的技能教学标准中提取共性信息，逐步形成技能教学标准的大框架，逐层细化标准，保证制度既有指导性、规范性，又保留特色化、具体化、可操作性的特点，使具体企业和职业院校在执行过程中能拥有一定的自主弹性。此外，还应该运用先进网络技术，随时从基层实践中提取有示范性的反馈信息，补充教学标准，使技能教学标准成为可成长的制度体系。

（三）终身培训制度建设

现代学徒制不等同于"招工"，是一种特殊的职业教育形式，同样要赋予学徒继续学习的权利以及享有继续学习的机会。社会经济发展中各类技术的迭代更新速度不断加快，最明显的是高技术技能岗位比例上升和低技术技能岗位比例下降，学徒在较长的培训周期、入职周期里将不断面临技能升级的要求，这也是产业发展、企业发展的要求。因此，学徒技能资格与社会技能资格的融通要求学徒必须不断更新技术技能水平，以适应社会技能资格融通的要求。实现学徒技能水平的更新和提升显然是在专业培训的教育环境下进行效果更好。因此，建立学徒的终身培训制度尤为必要，这样能为学徒提升技能水平提供环境和制度支持。学徒终身培训制度建设包括丰富终身培训的学习形式，提供制度化的业余学习、定期培训、脱产学习、离职升学等方式的选择；丰富终身培训的类别，提供结合职业资格证书、技能等级证书、大企业专项培训、学历证书等类别的培训选择等。此外，还需要考虑现代学徒制与其他学习经历之间有效衔接的问题。

简言之，终身培训的制度建设本质上强调高水平技术技能人才的培养，通过为学徒提供继续教育的制度保障，减低学徒职业生涯中"技能落伍"的风险，全面提升公众对现代学徒制技术技能资格的认可度。

二、人才流转制度建设

（一）就业契约管理制度建设

为了尽可能保证培养协议中关于就业契约的条款落实，许多职业院校在试点中都进行了专项管理，不论对学徒还是企业的责任承担都有所涉及，但仍然不能避免在培训周期结束后学徒与企业的契约承诺履行出现问题。从实践中看，问题的出现并不是单方面的原因，学徒的履行意愿往往与企业在培训周期的行为方式呈现正相关关系，企业行为越消极，学徒按契约入职的意愿越低。因此，人才流转制度建设首先应考虑与学徒有关的就业契约管理制度。

学徒培训成本并不是学徒自行支付的，是由企业在培训周期里以各种方式予以承担，企业以预先支付培训费用的方式购得对未来学徒劳动力的使用权，收回人力投资，这就是就业契约形成的最基本关系。学徒培养协议的大部分内容是关于培养过程的权责分配，对学徒入职后的劳动力供给数量和质量并没有清晰的界定，这就为就业契约条款的履行留下了风险。一方面，企业在培训期急于收回成本，对学徒重在"用"而非"教"；另一方面学徒为了实现自我价值的最大化，更愿意摆脱"不负责任"的企业或者选择给付更高回报的企业。

为了避免恶性循环，应该建立起分层次的就业契约管理制度，包括对培训周期的契约管理，明确企业的劳动支配权和学徒的劳动报酬权，认可企业对学徒的选择权和学徒对岗位的确认权；对入职年限契约管理，按照技能培训成本分别规定学徒最低服务期限，并保证在一定时间周期内学徒的"就业安全"。就业契约管理制度建设中还应专门设计契约退出管理制度，进一步明确信诺的重要性，要执行有条件的退出机制，并对恶意违约行为进行不同程度的追责和惩罚，制约和减少企业和学徒的"随意""恶意""无意"违约行为的发生。

（二）人才市场流转制度建设

现代学徒制中，学徒与企业的"招工"关系是决定人才流向的最重要因素。但是不可否认的是，由于现代学徒制培养周期的漫长，外部环境变化大，在全周期里，即使职业院校、企业、学徒等参与主体主观上愿意履行最开始签订的培养协议，也会因为各种原因"身不由己"的选择对协议的违背。因此，为了保证人才流转平台的运行，必须建设与外部人才市场对接的人才市场流转制度，确保现代学徒制能保障参与主体在自主择人择业方面的权益。人才市场流转制度的建设必须兼顾企业、职业院校、学徒、外部人才市场的需求，主要包括学徒就业外派制度和外部人才推荐制度。学徒外派制度的建设内容包括对不愿意协议入职的学徒，经过审核评价，在缴纳已经发生的企业培训费后同意将其求职信息投放到社会人才市场；对于因企业岗位减少导致无法入职的学徒，经过审核，由学校负责直接对接人才市场寻找对口企业，已发生的企业培训费用视不同情况采取直接减免、协议给付、对口企业给付等不同处理方法；对双方同步解除协议的学徒及企业，职业院校免责，由双方自行处理后续事务等。外部人才推荐制度的建设内容包括对因企业人才需求或技能需求变化发生的增加岗位情况，如果学徒制班级无法提供足量的技术技能人才，由职业院校帮助对接外部人力市场，获取对口人才名单，经审核，企业采用补偿支付培训费用（给个人）转为学徒、直接聘任等方式处理；对于因学徒自主择业或放弃学业造成的入职名额空缺，经审核，由职业院校负责对接外部人才市场，获取对口人才名录，经审核，采用学徒名额转移、直接招聘等方式处理。通过人才市场流转制度建设为现代学徒制"独立人才市场"与外部社会人才市场之间构建桥梁，互为补充，降低现代学徒制参与主体的顾虑和风险，保障现代学徒制人才流动的可持续性。

（三）人才流转报酬制度建设

当前，由于社会对技术技能人才需求量的持续增加，现代学徒制的参与企业常常面临着外部企业"撬墙角"的问题，面对可能的长期培训成本付出后无法享有投资培训带来收益的情况，参与企业的积极性受到很大打击，也扰乱了人才流转平台的运行秩序，人才流转报酬制度建设是在正视这个问题的情况下提出的解决办法之一。从长远看，让所有企业都参与现代学徒制并保证全部获益，建立能提供足量技能人才的统一供给体系是解决这一难题的终极办法，也是现代学徒制运行机制努力的方向。但在现阶段，采用制度化手段，通过人才流转报酬制度的建设构建由企业、学徒、职业院校等要素在内的内部人才市场，当发生人才"非培养协议"型地向外部市场流转时，通过"报酬"给付，保护各方权益，减少因无解决方案造成的"恶意欠债"。在具体制度的设计上，因涉及主体不同建议采用不同的处理办法，例如企业之间发生的人才"挖角"，"挖角"方应参照所在行业、区域情况支付相应的学徒培训费用、时间成本溢价、人才价值增幅度等补偿额；如果学徒和企业之间，按照过错方担责及维护弱势群体的原则，通过协商补偿受损方等。通过人才流转报酬制度建设有效减少和遏制"偷猎"行为的发生，维护正常的人才流转。

第四节 本章小结

本章对技能资格融通与人才流转机制进行模型及运行流程构建。技能资格融通机制的运行坚持"社会融通、资格互通、公平公正"的原则，运行流程以"学徒制学历"为开始流程，"继续教育"为结束流程。机制运行的关键点主要有提升学徒人才培养层次，技能标准彰显规范化和特色化；高效的专职管理团队等。人才流转平台的运行坚持"校企合作、契约精神、企业优先"的原则，运行流程以"学徒注册"为开始流程，"正式就职"为结束流程。平台运行的关键点主要有坚持为社会育人的理念—人才流转的自由、对学徒职业信念的有序管理、提供"技能孤岛"的补偿制度。

本章提出技能资格融通与人才流转机制运行制度建设建议。资格融通制度建设包括学分互认制度建设、技能教学标准制度建设、终身培训制度建设；人才流转制度建设包括就业契约管理制度建设；人才市场流转制度建设、人才流转报酬制度建设。

第十章

校企平台协同共建机制研究

2019 年国务院印发的《国家职业教育改革实施方案》，被称为"职教 20 条"改革。该方案主要从七个方面提出了现代职业教育体系的完善、国家职业教育制度框架的健全、产教融合校企"双元"育人的促进等 20 条措施。这些改革措施都为职业院校、企业等参与主体更好地开展现代学徒制工作提供了政策支持。现代学徒制校企平台协同共建机制是伴随现代学徒技术技能培训的全过程，能很好地促进改革措施的落实。通过这一机制，促进学徒技能培训的资源水平提高、保障资源质量，保障技术技能培训水平，帮助中小企业克服资源不足的问题。通过资源共享方式获得外部支持，并通过技能培训的校企联合共建深度参与到现代学徒制中。由于各参与主体间的协同关系，校企平台协同共建机制是其他子机制顺利运行的基础，对该机制的研究将为各类企业参与现代学徒制提供有效的途径和方法。

第一节　校企平台协同共建机制实施障碍分析

现代学徒制的运行是校企合作育人的创新体现，企业的作用毋庸置疑。但是，与大中小型企业相比较，中小企业由于规模较小，单一企业的技能培训资源很难与职业院校的教学方案相匹配。主要表现在教学资源供求不稳定，过程管理、监督无力，"双主体"利益冲突等方面。

一、教学资源供求不稳定

(一) 企业参与意愿低

校企平台协同共建机制的有效运行离不开企业的鼎力支持，机制运行离不开参与主体资金和精力主动的、持续性的投入。但是，目前校企协同育人方面的整体资金支持较为缺乏，同时培育权益的保障规范也不足，各级政府的相关财政支持和优惠政策对整体人才培养的投入来说有所不足。因此，相对于大中型企业，中小型企业面对学徒培训和实习期间所需的成本费用心有余而力不足，再加上竞争激烈，前景变化大，表现出的参与意愿较低等原因，除少数由大型企业支持的现代学徒制项目外，很多现代学徒制项目的"校热企冷"现象较为突出。尤其是中小企业，其规模实力相对较弱，对成本控制更加严格，因此更不愿意长期承担培训费用。即使愿意承担，一旦培训期间有超出预期的费用支出，会引起中小企业的反感而不愿意配合。另外，由第三章企业参与学徒制意愿的结果可知，大部分中小企业由于经营风险问题而不愿或者不能形成人才需求长远计划。他们认为所需人才可以根据需求实时从人才市场获得，缺乏对人才培养的规划意识。此外，现代学徒制学徒合约的松散也加剧了企业在技术技能人才专项培养方面的不良情绪，尤其当部分学徒在毕业就职不久就选择离职，甚至有的根本不去协议单位就职，企业为此承担了培养费用的直接损失，认为这种周期较长、资金资源投入大、人力成本高的技术技能人才培养模式显得性价比不高，更谈不上长远利益的获得。再加上大部分企业发展变化快，对人才需求往往"即得即用"，愿意付出的等待周期较短，这些利益认知都冲击着企业的参与意愿和参与行为，企业参与意愿不足阻碍着现代学徒制校企平台协同共建机制的有效运行。

(二) 企业资源保护意识较重

现代学徒制在专业建设之初最重要的环节就是人才培养模式的制定。但实际上，无论在人才培养计划制定方面，还是相应招生过程、教学过程，校企双方协同性很不理想。职业院校在现代学徒制班级的招生过程中会要求企业配合学校进行招生计划的制定，而在专业培养计划制定方面还是校方为主导，甚至有的职业院校把企业排除在专业计划的制定以外。这是因为职业院校一方面担心企业的目的性过强会导致教学理念的矛盾，另一方面也认为人才培养计划制定、课程教学应该主要以学校为主导。与此同时，在职业院校主导教学的情况下，企业也出于各种原因并不愿意过多参与现代学徒培养方案的制定，防止企业核心技术能力的泄露，在资源共享方面不愿过多投入，形成较为严重的企业资源保护意识。规模较大、占主导地位的企业则会积极干涉主导现代学徒的培养计划和教学工作，使现代学徒的培养深刻的打上企业的烙印，这显然与现代学徒制的初衷有一定的背离。

企业的资源保护意识主要体现在教学过程中。例如，大部分企业提供的实践指导教学一般是安排企业师傅到校集中指导操作，企业在培养计划制定的时候出于保护企业文化、自有技术的传统观念，在校企合作中很难建立公开互信的协作关系，导致企业师傅传授的技术操作过于保守，不愿直接讲授给学徒。当然，企业出于资源保护原因，会考虑成本问题，不愿意过多消耗企业师傅资源，既不会安排企业师傅频繁上课，也不会足额配给企业师资。这些都导致了校企协同的效果不理想。

（三）技能培训资源水平不一

现代学徒制校企平台协同共建机制的有效运行要求参与主体提供相应的培训资源。从理论上说，参与主体提供的教学资源都应该具备一定的水平标准，但是如果参与主体众多，尤其是在跨校跨企跨地区合作中，不同企业、不同职业院校提供的教学资源水平参差不齐。例如师资队伍建设，企业为了实现学徒实操技能的培养目标，一般都是尽可能地为学徒班级提供企业中敬业能干的师傅参与教学，但是这些师傅的教学技巧、教学激情等都因各种主客观原因有所差异。在试点中部分试点院校已经开始对企业师傅的教学方案制定标准，或者选择有丰富内培经验的参与企业，创新师资队伍整合方案。

理论上，现代学徒制的教学质量应该得到严抓严控，但实际上，还是会出现不少降低教学质量的情况，例如当企业面临经费或资源不足时，部分企业出于控制成本或轻视培训的想法将低质量的教学资源提供给现代学徒制班级使用，降低培训的质量；企业参与培训的实习计划和实习记录简单化，对学徒和职业院校不进行任何反馈和建议；在提供的技能培训场地、设备中存在过时设备、报废设备、场地狭窄等问题；有一些企业是无力承担高质量的培训所需资源，缺乏评估工作场所、培训师资等培训能力导致资源质量下降。在这种不确定的气氛中，"忽明忽暗"地培训和评估做法开始显现，最终导致现代学徒制专业培训等级不被外界认可。此外，还有部分企业并不愿意将最优秀的资源放到现代学徒制学徒培训中使用，尽管企业参与现代学徒制项目，愿意拿出岗位来招募学徒，但对学徒的培训过程比较"放任"，倾向于"放羊式"的培养，认为"如果成才就入职，不能通过考核就解约"，因此并不十分愿意将优秀资源投入到学徒在特定职业领域的学习中。即使职业院校希望对培训资源进行规范化的衡量或监测，但缺乏有效的制度导致难以奏效。因此通过机制的建立有效衡量企业和职业院校提供的资源水平，协调现代学徒的技术培训资源的使用，将有力保障学徒实际接受的培训与教学质量目标之间的平衡。

二、过程管理、监督无力

（一）缺乏有力的第三方监督

现代学徒制试点中，现代学徒制班级具体运行过程的监督大多由参与主体采用自我监督的方式进行，除少数节点受到主管部门的监管外，大多数环节并没有第三方参与监督。在校企平台协同共建机制运行过程中，涉及大量的资金、资源、人力分配、日常管理等具体事务，每一项事务的执行过程、执行效果都直接关系职业院校、企业、学徒等参与主体的权益和责任，必不可少的会出现很多矛盾、问题，此外，在机制运行中还涉及外部资源的投入、政府政策的落实、外部信息的交换等复杂的事务。这些内外事务在处理过程中要保持公开、公平、合理，兼顾各方责权利，显然不能仅仅依靠执行人的自我监督，必须寻求公平、合理的第三方参与监督，平衡各方利益、保证公正、客观的立场，以高素质技术技能人才培养为宗旨目标进行参与主体执行行为的监督、协调，为校企平台协同共建机制运行保驾护航。例如可以选择有公信力的行业协会成为相关专业现代学徒制实施的第三方监督者。目前我国的行业协会对产业内人才培养的指导和监督能力尚显不足。

（二）师资管理缺乏体系

师资资源是校企平台协同共建机制运行的重要支撑性资源，不论是学徒的技术实操实训、设备设施的操作训练，还是技术理论的提升都离不开高水平的师资，可以说校企平台协同共建的全过程都不能离开师资的支持。现代学徒制的师资队伍包括了学校教师和企业师傅两大来源，需要将这两大来源的师资通过规范化的管理，使其合二为一，构成高水平的学徒师资。但是目前现代学徒制师资建设主要是参与校企根据实际情况"现学现管现改"，百花齐放，各展所长进行。从整体上缺乏可供参照的规范化师资管理体系，大多数企业对师资的关注度远远低于职业院校，主体性质的差异也是重要原因之一。这种体系的缺乏主要体现在师资选拔、师资考评、师资培训等方面。

在师资选拔管理方面。由于职业院校的办学经验和企业性质、制度方面存在差异，现代学徒制参与校企在合作过程中对师资的选拔原则和方法有所不同，总体来说院校教师的选拔差异较小，企业师傅的选拔差异较大。例如院校方面，有的职业院校按照专业、学历、职称、技术等级（技术证书）等标准选拔教师；有的职业院校则按照教学经验、工作年限、专业、学历等标准选拔教师；在企业师傅方面，有的企业按照学历、职称、工作时间进行选拔，有的企业按照自愿报名方式进行选拔，有的企业按照部门指定的方式进行选拔；有的企业采用轮换方式进行选拔。在师资的选拔过程中，有的校企互相协商，共同择优；有的校企是学校单向介入企业师傅的选拔；有的校企在选拔过程中互不干涉，听之任之。显然，选拔管理的差异性带来了学徒师资水平的不确定性。

在师资考评管理方面。由于职业院校和企业都有着各自的员工考评制度，教学质量考评是对于教师的主要考核标准，也是现代学徒制人才培养质量的保证。师资的选拔之后，学校、学生、企业还需对教师进行综合的考评，只有通过三方考评的教师才是符合标准的教师。然而，从教学内容、教学设计、学生反馈三方面进行的考评标准都是由学校方主导制定，企业几乎不参与其中。因此在实施过程中出现了较多问题。尤其是以普通教学考核来评价企业师傅的教学质量，导致能够达到合格标准的仅为少数。

在师资培训管理方面。在现有的学徒制师资队伍建设中，大多数校企合作在提供师资的时候，基本选择按照己方意愿进行己方的师资培训，有时候能够配合对方需求提供培训资源，例如职业院校会要求企业同意学校教师进入企业一线观摩学习，也会同意为企业师傅在教学技巧上提供建议。这种培训看似查缺补漏，但是缺少体系，师资培训过程零敲碎打，没有规范标准，导致师资水平的整体提升并不显著。

三、"双主体"利益冲突

（一）协议身份约束度弱

现代学徒制运行的参与主体众多，其中学员（学徒）、职业院校、企业、政府部门、行业协会、第三方机构都在校企平台协同共建过程中发挥重要作用。这些参与主体的权责利主要是通过协议进行约束和协调，但是在实际操作中，参与主体之间的协议，尤其是学徒—企业—职业院校之间的协议的法律效应并不强，协议的"失约"现象时有发生。这种约束无力的状况与现代学徒制的教育培训和主体自由的性质直接相关，这种特质导致协议条款必然具有执行的弹性和宽容性。这不利于校企平台协同共建机制运行中对主体行为的规范性、协同性、同步性、高执行率的实现。

在现代学徒制实施过程中，各方参与主体对自身身份的明确认知是承担相应权责、开展有效合作的前提，但是，现代学徒制的参与主体协议身份约束度弱会导致职业院校、企业、学徒在培训期间的"缺位""越线"或"失职"现象的发生。例如有的学徒在数年的培训周期里，随着外部信息的冲击，会在"双重身份"带来的"毕业即就业"与外部机会的诱惑之间摇摆不定，一旦认为现代学徒制的机会成本过高，就会产生摆脱协议身份的想法，无法安心学习，甚至逃避企业培训；有的企业在培养周期经常面临外部企业"撬墙角"的人才竞争行为，由于没有强有力的应对方案，陷入焦虑；有的企业在协同过程中，发现预先的承诺需要长期支付较大的人力、物力代价，产生了"倦怠"或者"不舍得"心理，在执行过程中发现即使没有按照协议执行也不会有不良后果，就会发生逾期不作为的现象，合作院校无法利用协议对这些企业进行追责；有的职业院校习惯于单纯的"学生"管理者身份，还不习惯同时兼具"学生教学"管理者和"员工培训"管理者两个身份，在校企协同的过程中，两个身份的管理要求有所不同，有时需要无缝切换，有时需要融合创新，在处理事务的过程中一旦身份认知模糊，将会形成管理缺失或多头管理的困境，给校企协同教学带来矛盾和风险。

社会对现代学徒制各参与主体的身份赋权不足造成了主体对身份认知不清晰或不重视，最终导致了协议身份约束度减弱。亟须通过外部制度配置为不同身份的权责提供条件保障，更好地推进现代学徒制的实践进程。

（二）协同合作的浅表化

校企深度合作是现代学徒制人才培养的天然导向。但是由于参与的企业与职业院校在数量上倒挂严重，企业数量不足使得职业院校的合作意愿大于企业。在实践中，校企双方的协同合作是通过"契约关系"（合作协议的签订）紧密联结。通过协同合作希望更多地激发企业对职业教育责任的承担和落实，更好地激活企业师傅队伍的建设，更多的希望企业在学徒技能培养过程中"顶起半边天"，与职业学校携手共进培养技术技能人才。但是在实际中，职业院校与企业的合作呈现出"浅层化""单方弱化"等局面，例如部分强势企业的内培能力很强，在现代学徒制合作中要求更多地压缩学校教学计划，加大企业自拟的特色技能教育的比例，职业院校对学生教学内容话语权较少；部分企业由于保守的管理理念，在协同合作中并不愿意将教学资源与其他合作单位进行共享，担心企业信息的外泄等，使得资源共享止步于理念层，现代学徒制与订单班雷同。在教学协同的具体执行过程也表现出"浅表化"的特征，校企间在课程、师资、教学等方面的协作若即若离。例如，按协议企业应派遣专业人员与职业院校教师一起进行教学研讨，对课程教材等进行定向编制，但是实际上现代学徒制课程教材等教学资料的企业技术教学化改造并未实现；部分企业因为特定技能人才短缺尝试参与现代学徒制工作，仅希望通过短期、精准地培训缓解临时的人才困境，没有进行长期人力储备的准备，从而在教学合作上缺乏可持续性理念，不但使得校企平台协同共建机制无法有效运转，也违背了现代学徒制作为正规教育体系组成部分的公共性质，无法实现其面向社会输出技术技能人才的根本目标。

（三）"招生"与"招工"的矛盾

现代学徒制招募生源绝大多数采用"先生后工""先工后生""生工同步"等模式。无论哪一种模式最终都在招募结束时将"学生"和"员工"身份一起赋予学徒，时间上的前后次序更多反映了招募工作的主导地位，也直接影响着协同关系。实际上，"招生"与"招工"由于目的不同，参与主体导向不同，必然在生源的招募方式、招募程序等方面产生矛盾，"招生"与"招工"的矛盾在学徒培训周期将会不断延续，导致参与主体在教学过程处理相关事务时发生矛盾。例如"先生后工"模式一般由职业院校按照学校计划进行招生，然后寻求企业合作，寻找与专业匹配的"岗位"，很容易与已有"冠名班""订单班"混淆，在教学过程中更偏重学校"招生"目标的实现。"先工后生"更优先考虑合作企业的员工特征需求，然后职业院校在选定范围内择优录取，招募的学员对"招工"更为敏感，认为"招生"是企业将员工送到学校进行培训，在"学生"和"员工"两者之间更为偏重后者，这将会对学校教学和学校管理的权威性产生不良影响。"生工同步"则是在招募过程中学校和企业同步进行，但是企业保留了入职时的择优录取权限，学生也拥有一定的自主择业权限，从积极层面看，这种入职前的双向选择为学校、企业、学徒保留了自主权，但也使得学生就业风险和企业人力投入风险双向增加，同样引起了学校、企业、学徒的困扰。

第二节　校企平台协同共建机制的优化

现代学徒制校企平台协同共建机制的运行伴随着学徒在培训周期进行技术技能学习的全过程。通过该子机制，能有效促进培训资源的总量扩张、分层管理，减少资源浪费，提高培训资源的配置效率，保障培训资源的质量。在此过程中，学校和企业应该加强与学徒之间的深度链接。

一、资源共享平台

资源共享平台的构建应运用大数据信息技术，将跨地区的多企业、多院校的技能培训资源信息进行一体化整合，立足现代学徒制培养社会技术技能人才的目标，突破校企行政屏障，实现参与主体的动态资源共享管理，建立合理公平的评价制度、资源共享规则、供求结算程序、后期信息的跟踪反馈，保障企业、学校、学徒能实现利益诉求，为更好地开展现代学徒的技术技能培训工作提供信息依据。

（一）平台模型图

资源共享平台模型如图 10.1 所示。

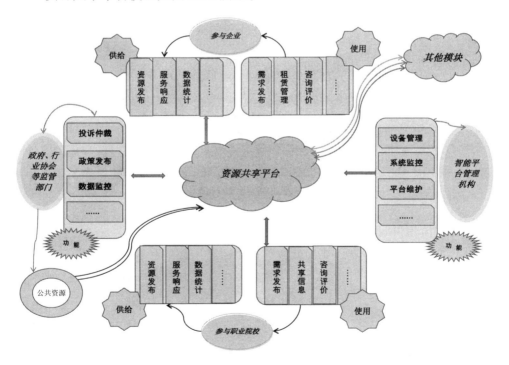

图 10.1　资源共享平台模型图

资源共享平台参与主体包含学徒、企业、职业院校、政府、行业协会。各参与主体行使不同的职能，建议和促进参与主体相互合作、有机融合。类似于前面介绍的几个子机制，资源共享平台既可以单独使用，也可以与其他模块联合构成综合平台，具有较好的可扩展性。

（二）平台运行流程

资源共享平台运行流程以"资源注册"为开始流程，"资源供求结算"为结束流程，如图 10.2 所示。资源共享平台运行坚持"公平互利、资源共享、优化配置"原则。

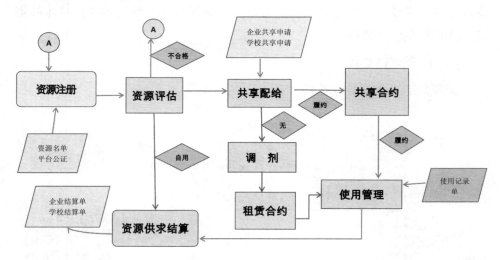

图 10.2 资源共享平台运行流程示意图

关键流程说明如下。

1. 跨部门资源供给。资源共享平台应该是由政府教育部门、行业协会等牵头设立，以互联网为基础，面向所有现代学徒制参与主体及社会培训资源主体的信息服务平台。参与资源共享的主体不仅包括职业院校和企业，还包括平台公司、监管部门、其他社会培训机构等。平台应积极鼓励培训资源拥有者提交上传资源信息，积极鼓励参与企业或学校作为"消费者"申请共享或付费分享培训资源，促进培训资源的互通互联，提高现代学徒技术技能培养的广度和深度，帮助中小企业等参与主体通过共享资源弥补技能资源不足的问题。

2. 共享资源评估。在资源共享平台中各类培训资源者提供的技能资源水平必然有高低之分。无论是资源优化配置、资源数据管理等方面，还是参与主体的资源申请、资源付费等方面都需要对共享的资源进行质量评估，并形成明确的质量标准。共享资源种类繁多，尤其涉及共享师资、共享场地、共享设备等资源，其合理评价工作非常繁重。因此必须制定合理的评价标准，帮助参与主体更好的识别共享资源价值。

3. 配给优于租赁。资源共享平台的目的是更好的配置培训资源，减少参与主体在培训方面的资源短缺困难。因此，资源共享过程中应首先执行按照既定教学计划的申请配给方案。如果出现计划变动或资源富裕的情况，在保证资源所有人使用充足的情况下经过审核进行有序"租赁"。防止出现"资源出售出租业务"或者资源争抢状况。

4. 资源使用结算。为了保障资源提供者的利益和积极性，同时为了限制无节制浪费资源的情况，共享资源的使用需要进行结算。根据资源价值和使用费率表进行资源费用计算，当资源提供者使用的资源费用少于自身提供的资源价值费用，则可以按照规定获得报酬；当参与主体使用资源费用超过自身提供的资源价值时，则按照规定支付费用。若使用的资源在申请预算中，则支付费用部分由平台补贴；若超出申请预算，则支付费用自付；若发现资源挪用，则加倍支付。所有结算都按照使用实际进行计算，没被使用的资源不进入结算程序。对资源的使用情况进行实时跟踪，能更好地了解资源需求变化，对稀缺资源需要及时协调社会资源的支持。

（三）平台运行的关键点

1. 双主体育人理念的构建

资源共享平台的有效运行要求校企之间无缝合作，打破校企"双边"或"多边"合作理念，将合作的"我和你"转换为"我们自己"的认知，真正将现代学徒制参与主体视为一个共同体。双主体育人理念的构建正是希望形成有利于跨校跨企跨地区紧密结合所产生的资源共享效应。通过双主体育人理念的构建，企业和学校主体将合二为一，共同承担技术技能人才培养的重责大任。尤其是推动了企业深入参与的意识，这对于现代学徒制外部技能培训资源的配置非常重要。只有参与企业意识到自己在现代学徒制的地位，愿意承担社会人才培养责任，不局限于"一企"而愿意将自己拥有的培训资源与其他参与企业、参与学校进行互联互通，才能全面提升技术技能人才培养质量，更好地推进企业（尤其是中小企业）参与的现代学徒制的实践进程。

2. 公共实训基地资源的供给

资源共享平台需要大量的技术技能资源的供给，仅仅依靠学校和企业提供往往不足以满足教学需求，特别在参与的中小型企业较多的情况下，获得足够的公共实训基地资源供给就显得至关重要。公共实训基地资源的供给可以充分挖掘企业力量，通过政府或行业协会牵头，在企业自愿的情况下，选择规模大、实力雄厚的优质企业建设现代学徒制实训基地，并对外部培训需求公开，在高效利用企业技术、设施、设备资源的情况下为企业带来了较好的收益。政府可以对企业主导建设的公共实训基地进行一定的政策倾斜，并为非生产性实训基地企业进行补贴，提高企业自建实训基地的积极性，通过"按使用付账"的方式分摊企业建设成本，分散的付费方式也减少使用企业或学校的整体负担。

在推动企业自建的公共实训基地外，资源共享平台还可以充分利用综合性公共实训中心的资源。在地区产业优势明显的区域，推动政府相关部门牵头打造公共实训中心，公共实训中心不仅能满足资源共享平台的外部教学资源供应需要，反过来，公共实训中心可以通过满足特色或新兴产业工种的技能实训、技能鉴定、综合考核等方面的需求产生合理的收益，通过多元化、多渠道的投融资举措，为公共实训中心长期稳定的市场运作提供可能。

3. 常规基础技能的"互联网+培训"

为了使更多的学员能通过资源共享平台受益，需要将常规基础技能教学从网下向网上迁移，参与校企可以将部分常规基础教学资源网络化，通过平台为学徒提供丰富的数字培训资源，通过任务布置安排学徒接受网上教学培训，对教学时间进行"扩容"，同时在有限的课堂教学中增设更多特色课程；

鼓励培训机构利用各种在线教育平台开发线上技能培训课程，学徒线上培训折算成校企培训学时，与课堂教学课时、实训课时一起作为企业获取政府补贴的依据。同时要推动各类企业的教学资源网上共享，尤其是大型企业的合作，有效利用他们的技能培训教学资源来降低教学成本，提高培训效率；加强与知名职业院校的教学资源网上共享，利用这些学校优质的教学师资为更多的现代学徒提供高品质的技术基础理论教学服务，同时减轻其他院校在此类资源上的投入。

网上培训课程除了基础技能的培训外，还可以根据区域产业分布的特点，由地方教育部门、地方行业协会结合新兴产业发展需求，向平台提供具有本地特色的技能培训资源，吸引更多现代学徒的学习积极性，为未来职业生涯发展做好知识准备。

4. 围绕"核心能力"提供共享资源

从现代学徒制人才的培养目标看，要求受过完整培训的学徒不仅具备娴熟的实操技能，还需要具备技术理论储备，实现在不同工作情境下的快速适应能力，同时具有自我激励等非认知技能等。这些也是企业未来人力资源方面的新需求。与以往普通职业教育人才培养目标不同的是，现代学徒制人才培养除了关注操作技能、职业能力培养之外，更关注人才核心能力的培养。人才核心能力是学徒知识技能、品德情感、生活学习工作态度、价值观等多方面的综合体，是兼顾个人终身发展和社会经济发展的品格和关键能力的合集。例如，许多相同类型知识在不同岗位中存在交互影响，相同的知识在不同的岗位中也会有着细微的差异。这种差异要求技术技能人才需要具备利用习得知识结合具体的工作情境思考问题的能力。因此，职业院校和企业提供的技术技能培训资源应围绕"核心能力"，尽量帮助现代学徒获得完整的知识体系，通过完善的知识体系形成可预期的知识拓展能力，在资源共享平台运行过程中尽量避免离散、孤立的知识碎片化教学资源提供方式，即使学徒仅仅按照技术任务目标，要求学习相关教学资源，资源提供者也应该尽可能向其补充关联性的教学资源，促进其知识链条的"落地生长"。

二、协同教学机制

协同教学机制的构建坚持"协同共建、互信互联、质量先行",利用信息化技术,实现跨地区多企业、多院校的技能培训协同教学工作的落实,立足现代学徒制培养社会技术技能人才的目标,实现参与主体技术技能培训水平的共同成长。通过建立规范公平的资金预算制度、教学管理制度、考核评价制度、学徒管理制度、实习管理制度、信息跟踪反馈程序,保障企业、学校、学徒能实现教学培训方面的目标,为后期更好地开展现代学徒技术技能培训工作提供信息依据。

(一) 机制模型图

协同教学机制如图 10.3 所示。

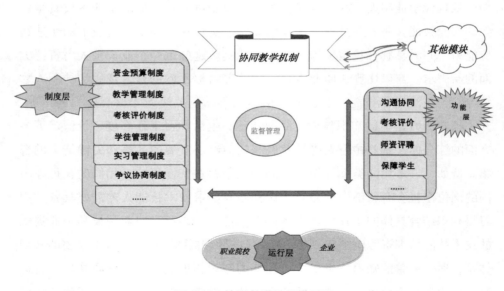

图 10.3 协同教学机制模型图

协同教学机制参与主体包含学徒、企业、职业院校、政府、行业协会。各参与主体行使不同的职能,建议和促进参与主体相互合作、有机融合。类似于前面介绍的几个子机制，协同教学机制既可以单独使用，也可以与其他模块联合构成综合机制，具有较好的可扩展性。

（二）机制运行流程

协同教学机制的运行流程以"学徒班"为开始流程，"学徒毕业"为结束流程，如图 10.4 所示。协同教学机制的运行坚持"公平互利、协同共建、质量为本"原则。

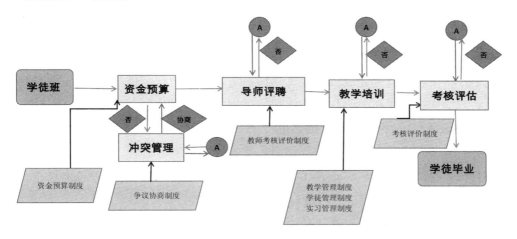

图 10.4　协同教学机制运行流程示意图

关键流程说明如下。

1. 线上线下课程体系建设。在线上线下课程体系建设的过程中，应坚持感知操作为主，强调技能操作的可视化，保证学生在真实或模拟的工作情境下完成技能的知识构建。同时通过网络平台实现跨时空的知识传递和重温，便于学生对知识的再理解，增加学生对知识的认知深度。还应该大力拓宽学徒学习资源获取方式，可以借助微课、慕课等先进教学手段增加学徒获取企业实践教学资源的途径，提高协同教学过程的教学资源数量和质量。

2. 注重学徒的管理。协同教学机制必须以调动现代学徒的学习主动性和参与性为中心建设相应教学制度，加强对现代学徒技术技能培训过程的管理，保障学徒学习技能的可得性和教学沟通的可持续性。学徒的管理要求校企始终关注学徒的思想、学习和生活的方方面面，保障学生合法权益。学徒的学习管理包含在院校学习和企业实习的全过程，通过管理工作，要帮助学徒在两个环境转换过程中能够安心学习理论和实践技能。在现代学徒制校企协同教学过程中，要对培训全过程进行管理制度的规范，在注重技术理论和实践技能的学习管理外，更需要注重对学徒职业道德和素质教育的管理，加强学徒爱党爱国的思想教育，培养学徒的工作责任感和不畏困难的意志力。

学徒的有序管理要求加强校企之间的信息互通共享共建，一方面职业院校应整理好学徒的各类学习信息，并根据实际情况进行信息的实时录入，在学徒进入企业实习的时候，将信息与企业进行共享；在实习期间，信息的补充工作将由企业负责完成，企业将学徒在实习期间的行为进行记录。这些信息将对学徒在学校和企业技术技能学习过程中的学习计划完成情况、关键性事件（如获奖）、思想动态等信息进行全方位记录，并在校企之间实时共享。学徒的有序管理需要通过校企合作深入教学过程和实习过程，将管理与培养结合在一起，及时了解学徒学习状况，根据实际调整培训内容，一旦出现校、企、徒之间的矛盾冲突应及时进行沟通协调解决。

总之，对学徒的有效管理是一个连贯的过程，需要通过校企协同共同努力，并将管理工作始终贯彻在培养的全过程中，有效提高现代学徒制参与主体的认同感和归属感。

3. 过程质量监督。过程质量监督是为了更好保障教学质量。过程质量监督包括对学徒培训全过程的学习监督、对校企师资的教学监督、对学校和企业教学管理过程的监督。监督的主体应该是立体多元的，包括政府教育部门、行业协会、企业、学校等机构，监督的内容是以学徒学习结果为中心展开，包括对学徒的理论知识、实际操作、实习表现、实习内容等进行考核评价。

4. 企业师傅队伍的建设。校企协同教学机制对培训师资有较高要求，尤其是企业师傅。在现代学徒制人才培养过程中，企业师傅对于现代学徒制技术技能培养目标的实现至关重要，是技术技能实践操作的主要传授者。现代学徒制的培养方案和课程体系能否有效执行，企业文化能否被展示传承，企业师傅是关键性的人力资源。相对于已经具备理论教学和课堂实践教学经验的职业院校教师而言，企业师傅队伍的建设显得非常迫切。协同教学机制要求校企共建师资队伍，激励更多的企业优秀技术骨干积极参与到学徒教学工作中，为构建一支符合现代学徒制需要的企业师资队伍提供人力资源保障。例如，企业可以通过选派企业技术骨干参与职业院校提供的教学活动；安排企业师傅与教师一起参与实训课程方案设计，使企业与职业院校共同建设规划学徒的实习岗位工作任务和实训项目内容。通过以产促学、以学促研、以研促产，提升现代学徒制的技术技能人才的培养质量。

（三）机制运行的关键点

1. 效果评价要全面

现代学徒制的运行能使企业获得大量有专业技能素养的人才，全面提高企业的员工水平，因此，对现代学徒制运行的效果评估必不可少。效果评价是指经过一段时期的现代学徒制教学试点后，考察企业、学校、学徒等多方主体是否获得较高的满意度。现代学徒制的运行是一个复杂的、动态的系统，涉及多方的合作主体，同时也是教育领域里的一种管理活动，具有系统性、阶段性、过程性、结果延时性等特点。因此在对其运行效果进行判断时，其成果、过程、可持续性必须同步进行考察，必须充分考虑现代学徒制的可持续性发展问题。没有现代学徒制的可持续性发展，效果判断将失去时间效用。

协同教学机制效果评估是以参与的企业、职业学校、学徒三方在学徒制运行中的状态和结果为主要评估依据。其中，企业考察的是能否从学徒制中获得永续的技能人才库等；学校考察的是能否通过学徒制创新教学模式，学校生源能否充足，企业对学校教育质量的认可等；学徒制中受教育方——学徒，主要考察其在经过学徒制课程学习后，在工作场所的实际技能操作方面是否获得符合期望目标甚至高出预期目标的进步，是否提升了整体职业素质，技能水平是否获得企业和社会的认可，是否对职业生涯有明确的认知等。

协同教学机制的运行质量控制将直接决定"产品"的质量，控制过程的效果将直接关系到结果质量的提高。因此，现代学徒制在运行过程中需要完成什么样的教学任务，需要完成或达到什么样的目标，在运行机制的最初设计过程中都会有明确的要求。在机制开始运行后，将其产生的结果与最初设定的任务和目标进行比较，观察运行执行过程是否符合进度规范，执行的过程与执行目标是否匹配，执行过程的质量控制是否及时有效等。根据过程各要素执行的完善彻底程度，过程控制运行的效率，以及是否对最终结果产生积极意义，将过程的评估结果分为高效、低效、负效三个等级。

2. 建立责任明确、风险共担意识

为更加明确责任，实现风险共担，可以将相关权责利通过规范制定贯穿到整个协同教学机制运作的过程，鼓励学校企业构建"共建互联，荣辱与共"协同圈。同时将其他参与主体纳入机制，帮助校企合作教学的有序展开。校企协同教学机制的运行涉及教学管理的各个方面，校企应该对教学经费保障、标准制定、师资建设、管理程序、人才培养等各类要素按照参与主体的职责进行合理分工、权责对等，促成参与主体之间制度化的合作，保证协同教学质量的持续改进提升。

任何活动都会存在风险，协同教学机制的运行也不例外，仍然可能存在潜在的教学管理风险。这就要求参与校企遵循"协作共赢"和"风险共担"原则，在保证参与企业和学校正当合理权益的基础上，共同承担机制运行带来的整体性风险。例如"学徒的安全"风险。由于学徒的双重身份，教学地点和场合经常出现变动和轮换。在此期间学徒的心理风险、生理风险、交通风险、操作风险等众多安全问题的防范需要校企双方的高度协作，一旦出现问题，校企双方应共同承担责任。比如学生的操作安全不仅需要企业日常安全管理制度的严格实施，同时也需要学校教师不断灌输安全理念，实时查看学徒每日工作日志中涉及的问题，及时与企业沟通，将操作安全问题带来的风险降到最低。

3. 师资队伍建设规范化

师资队伍是协同教学机制高效运行的人力资源保障，也是培养学徒现代工匠精神的主要核心要素。师资水平的高低将直接关系到协同教学成效，因此规范化的师资队伍建设是保证教学质量的必要工作内容，也是协同教学机制正常运行的关键性因素。

师资队伍建设规范化要求师资善于利用先进的教学技术和教学媒介提升

教学效果，加强新教学方法与技能培养的匹配性探索，并建立教学研讨制度，将更多的教学经验转化为可供师资学习的教学技巧；要求学校师资队伍更多地深入企业，参加专业技术研究工作，观摩一线生产，提高教师在技术理论授课过程中的实践性；要求企业师资队伍积极学习现代教学技术，将自己的技术心得在实践教学过程中分享给学生，将实践经验与基础理论紧密融合在一起，使碎片化的实践经验通过教学形成完整的知识链。师资队伍建设规范化还包括师资培训的规范化，对培训的时间、周期、流程、考核等都进行相应规定，并结合师资的激励制度、职称评定、职务升迁、荣誉奖励等内容进行考虑。

4. 课程体系的创新设计

协同教学机制的运行还需要以创新的课程体系作为支撑条件。协同教学要求现代学徒制班级教学课程体系既要考虑学校教学的需要，更要注重企业教学目标的实现。现代学徒制的课程体系应在传统教学的基础上积极进行创新设计，例如采用模块化思路构建课程体系，保证学徒专业课程的弹性和完整性，而模块组合的多样化更能适应不同企业的人才需求，同时也为学徒晋级成长提供教学资源的支持。课程体系的创新设计，要求校企协同研究职业岗位与教学专业的对接问题，通过对相关技术要素的拆分、细化、重组、整合，最后形成各具特色的专业课程体系。

不仅如此，课程体系的创新设计还应考虑行业特色知识对课程设计与教学方法的影响。例如文创专业应要求学生具备一定的生活经历、师傅榜样引导、情境引导，所以可适当安排实地采风、团队合作、项目比赛等方式的教学活动；机械类专业更应该根据具体行业安排设备认知、产品认知等方面的教学活动。此外，考虑到技术技能的相通性，为保证教学标准的一贯性，应该根据预测的未来社会需求、知识发展等信息，创新设计课程体系。在课程体系的创新设计中应充分考虑体系结构的稳定性和弹性，为专业延展和专业热点预留空间，即使是同一专业也应按照不同的专业方向调整课程配给比例，使每一个现代学徒制班级都能在共性的基础上尽可能保有自身的个性化特色，满足企业岗位精准化的要求。

第三节 校企平台协同共建机制运行制度建设

一、资源共享制度建设

（一）共享平台监管制度建设

资源共享平台的运行除了需要参与主体的自我管理之外，还需要一个公平中立的第三方对平台进行监督管理，确保参与各方的利益，帮助参与各方进行分歧沟通，解决共享过程中可能出现的各种不公平、不合理的现象，保护各方的利益，保证资源共享平台的可持续性。行业协会作为中立的第三方，肩负协调行业内企业关系的责任。作为第三方，在政府引导下，与职业院校、企业共同建设共享平台监管制度，并根据制度规定开展监管活动。例如，行业协会可以通过发布职业培训系列规范，对现代学徒制的师徒关系进行界定和管理，规范师徒契约、学徒年限、师傅资质等内容，协调师徒关系等；可以通过组织行业内学徒考核，掌握资源共享平台参与主体在学徒培养方面的实际状况，用统一的标准对学徒的培训进行评价等。因此，资源共享平台的运行需要行业协会的积极参与。通过共享平台监管制度建设，形成以行业协会为纽带，促进平台内各参与主体更好地进行资源的共享共通共建，为各参与主体提供政府政策咨询服务，成为各参与主体合作的桥梁和纽带。但是，现代学徒制试点以来，从参与数量可以发现，行业协会参与热情不高，在现代学徒制试点中贡献力不大。资源共享平台的建设将为行业协会在现代学徒制中的积极介入提供机会。

此外，行业协会对行业信息、产业信息、技术信息的获取有着天然优势，而单纯依靠职业院校与企业的合作难以及时、全面掌握市场经济发展信息。因此，应加强行业协会平台信息监管制度建设，推动行业协会对资源共享平台信息资源进行监管、协调和指导；应大力推动资源共享平台建设的信息整合和监管功能的实现，将市场发展、技术变化、企业技术资源的最新动态及准确信息及时地传达给所有参与主体，帮助共享资源平台参与主体及时了解相关资源状况。通过建设监管制度，利用资源共享信息，对现代学徒制的教学管理工作提供改革的依据，有利于高质量高技术技能型人才培养目标的实现。

（二）政府税收、资金扶持制度建设

资源共享平台的有效运行离不开资金的供给，不论是职业院校还是企业在现代学徒制人才培养过程中都需要付出资金，这种付出将贯穿校企合作全周期，尤其对中小企业而言，这部分资金成本的付出并不能立刻看到收益，需要经过较长的周期才有可能获得成果，这种时间风险给中小企业参与现代学徒制带来了阻碍，因此，应加快政府税收、资金扶持制度建设，为参与企业提供相关补助保障，制度的落实将大力推动现代学徒制的发展。

目前，政府主要采取干预指导的方式参与现代学徒制，政策落实实施主要是通过"自上而下"的方式推进，财政支持是其中重要的组成部分。通过加大政府财政投入力度，落实各项财政补贴政策，能够有效减少企业参与现代学徒制的顾虑，减少职业院校建设经费短缺问题，激发职业院校和企业的主动参与热情。政府税收、资金扶持制度建设必须加强对资金使用情况的有效监管，对经费使用情况进行实时监控，通过"专款专用"的经费管理制度，对专项资金实行有效监控。

相对于大型企业，中小企业对于投入现代学徒制学徒培养的效益回报、风险投资保障更为关注。为激发中小企业参与现代学徒制的积极性，政府出台相关财政支持、税收减免政策应向中小企业适当倾斜，鼓励中小企业积极完成共享资源平台建设任务。例如，针对中小企业，政府可以设立"中小企业参与现代学徒制"的专项基金，鼓励中小企业申请经费，减少企业资金投入的压力，并对经费的结转等进行有效管控，减少企业资金风险；政府可以根据企业参与现代学徒制提供共享资源的情况给予适当的税收减免或优惠政策，弥补企业投入支出；政府可以设立"优秀学徒""优秀师傅"等个人奖项，对优异的学徒、企业师傅给予相应的物质奖励或者荣誉称号，激励企业师傅的教学热情和学徒的学习激情。

（三）资源共享组织制度建设

尽管职业院校和企业从利益偏好上有着明显的差异，但是双方在技术技能人才培养目标的利益取向上是趋于一致的，这就为双方共同建设资源共享组织制度提供了可能。在人才培养终极目标一致性的基础上，资源共享平台合作共建要求众多参与主体在教育资源、技术资源、设备硬件资源、文化资源、管理理念等方面进行高度协调的互动渗透。因而，在资源共享的合作过程中，参与方都应尽量站在对方的角度考虑。职业院校要从企业角度出发，为企业提供更多符合发展需求的教学资源、人才资源、课程资源、实验资源等；企业也要站在学校发展的角度，加大实训基地资源的建设和供给、加大实操新型设备的供给比例，加大高水平的师傅资源比例。另外，企业要进一步增加实训岗位资源数量，为学生创造更多的实训机会，以此帮助学校达成培养更多高质量技术技能人才的目标。

为维护资源共享的可持续性，还必须加快资源共享组织的制度建设。要制定更为合理的资源共享供给奖惩制度，对提供高质量资源的主体进行名誉上和经济上的奖励，尤其对提供稀缺资源的主体应按照其资源的使用频率对其进行其他制度上的倾斜。例如在招工程序方面、资源优先方面、择才优先方面提供制度支持；制定更为合理的资源共享调剂推荐制度；结合区域产业发展实际，通过平台信息整合向不同的参与主体提供"推荐资源名录"；对资源短缺的培养主体提供资源调剂的机会；建设相应的调剂标准、审核流程、结算程序等制度建设，使每一个学徒培养主体都能充分享受到资源共享带来的便利。

二、协同教学制度建设

（一）教师培训考评制度建设

现代学徒制运行机制中协同教学制度的有效运行要求对整体师资技能水平和教学水平进行一体化评价，保障学徒技术学习"习得环境"的公平性和整体教学质量。现代学徒制的运行对职业院校教师和企业师傅的数量和质量提出了高要求，尤其在开展跨校跨企跨地区合作时，师资资源的配给将直接关系到合作的公平性和可持续性，因此，建立统一的标准化的教师培训考核制度必不可少。从考核出发，推进参与院校和企业对师资队伍的建设和培养。教师培训考核制度的标准应该以教育主管部门的技术技能教师认定标准为基础，通过政府、行业协会、职业院校、企业的协同合作，对现代学徒制专业理论和技能教师的认定标准进行调整或构建，尤其是一些新兴专业的教师认定标准构建更为迫切。教师培训考核制度的建设，可以确保参与的不同院校、不同企业都能采用统一标准对师资进行考核评价，保证教师教学水平和质量的整体一致性。

协同教学机制的教师培训考评制度的建设主要集中在两个方面，一是学校教师实操技能考核标准制定，可以根据人才市场对专业技能的认定状况采用不同的方式，除考核外采用多渠道认定办法，例如可以通过获取专业职业资格证书的方式、通过参加企业技能竞赛的方式、通过参加定点继续教育的方式、通过专利获取的方式、通过参加各级国家竞赛的方式等进行教师培训考核认定。二是企业师傅教学水平的考核标准制定，企业师傅教学水平的认定应该与学校教师的认定方法有所差异，更多地强调在技能教学过程中的示范性和深入浅出的技术理论讲解，考评内容应该与企业师傅的教学实际结合在一起，从教学目标的实现出发进行建设，而不能生搬硬套"教师标准"，通过考评激发企业师傅的教学热情。

师资考评管理是现代学徒制试点师资队伍质量保障的重要环节。考评体系制度的建设应包括对校内外教师的实训内容、实操教学、教学方式的考核；采用学徒反馈、听课互评、抽查等方式对教学状况的考核；对企业师傅的业务水平、专业实操能力、职业资格能力的考核；对师资实操培训的考评。通过师资考评制度体系全面规范现代学徒制的师资队伍的教学、实操能力。

（二）政府保障制度建设

现代学徒制运行机制中协同教学机制的运行需要政策保障支持，目前教育部三个批次的试点实践即将完成，同时很多省市也在开展推进地区院校的现代学徒制的试点，试点政策正在逐步落实。目前。我国职业教育方面法规主要有《教育法》与《职业教育法》，其中关于现代学徒制的内容主要是建设性条款，并没有对现代学徒制的培养模式、试点运行保障进行具体解释，关于实施规范等方面的内容大多属于宏观性的指导意见。从短期看，参与主体尤其是参与的职业院校很难从中直接得到具体的操作性强的政策性指导意见，需要在实践中与相关部门进行进一步反馈沟通。更为重要的是，企业，尤其是中小企业由于各种主客观原因参与现代学徒制的意愿比较低，现有政策对企业参与学徒制的激励性制度还不全面，难以全面激发企业积极性，尤其是现代学徒制人才培养周期较长，现在的政策激活主要集中在两端，特别是招生建班过程，在培养周期里的激励措施相对薄弱，甚至是缺失。因此，政策的保障制度建设不仅要面向企业、院校、学生、行业，还应该深入到现代学徒制培养全周期的各个环节。

事实上，无论是学校层面、企业层面、行业协会层面、学徒层面都需政府政策支持。因而，可加强具有针对性的试点实施意见以及实施细则，使学校、企业、行业协会、学徒在现代学徒制运行过程中获得制度性保障。

（三）区域审查制度建设

保障学徒的培养质量不仅需要试点学校和企业的努力，还需要联合更为广泛的主体参与，其中就包括区域层面对现代学徒制学徒质量的制度保障。区域层面对现代学徒制人才培养质量的保障并不直接干涉学徒制的内部运行，主要是通过促进性制度的建设推动参与主体管理水平的提高，强调的是对学徒制运行过程中的各参与主体之间的关系和行为的协调，强调的是对人才质量过程的监督，促进协同教学机制的有效运行。加强区域审查制度的建设要求相关地区的管理部门能及时通过整合本地人力资源及经济发展政策，构建本地知识网络，建立本地技能需求信息框架，更加合理的培养、利用本地技术技能人才，促进区域内的现代学徒制运行能为本地提供更加符合需求的人才，加快本地创新发展步伐。区域审查制度同时可以为区域内职业院校提供职业教育专业方向指引，使职业院校在专业设置等方面能及时根据区域劳动力人才市场的需求进行及时调整和增减，使得区域内职业院校能更好地服务于本地企业需求，为校企多维度合作创建链接路径。

　　不同地区的各级政府可以将技术技能人才培养任务在区域伙伴之间进行协商分工，协同合作，促进多个地区的校企合作开展现代学徒制，将满足更为广泛的市场人才需求。例如对一些大类专业可以建立区域公共培训中心，面向行业企业，培训中心设置的相关课程的专业知识具有普适性，最大范围的满足学徒、企业、教师更新学习资料的需要。我国幅员辽阔，区域行政层级丰富，各级政府部门各司其职，有条不紊地推进人才培养政策的落实，从国家层面的劳动法和社会保障，到地区层面的经济和就业政策、劳动力市场政策，等等，为区域审查制度的建设提供基石。区域审查制度的介入使现代学徒制更加富有活力，但也增加了制度的复杂性。例如各地区学徒培训质量问题、学徒工资标准问题的处理也会因为地区审查制度的介入而有所不同，其差异性会对跨地区跨企跨校运行机制的全过程产生影响。但是相对于校企单体合作的范围，区域审查制度的建立能够有效促进跨校跨企跨地区的现代学徒制的多元化合作。区域审查制度的建设不仅对人才培养进行质量监督，同时也向参与主体提供信息支撑，例如在区域审查制度的实施过程中同步收集技能的供求信息、企业信息、学校信息、生源信息等，这些信息将向各参与主体进行反馈，促进了区域内部信息一体化的共享共通，为跨校跨企跨地区的现代学徒制合作提供可能。此外，通过区域审查制度能最大可能地避免学徒培养的"孤岛"现象，使人才的适用性更强，习得的技术技能水平更高，信息的共享共通还将促使优秀参与主体之间在更大范围里的深度合作，整体提升现代学徒制的人才培养质量。总体而言，区域审查制度的实施利大于弊。

第四节　本章小结

　　本章对校企平台协同共建机制进行模型及运行流程构建。资源共享平台的运行坚持"公平互利、资源共享、优化配置"的原则，运行流程以"资源注册"为开始流程，"资源供求结算"为结束流程。平台运行的关键点主要有双主体育人理念的构建、公共实训基地资源的供给、常规基础技能的"互联网+培训"、围绕"核心能力"提供共享资源。

协同教学机制的运行应坚持"公平互利、协同共建、质量为本"的原则，运行流程以"学徒班"为开始流程，"学徒毕业"为结束流程。机制运行的关键点主要有效果评价的环节要全面；建立责任明确、风险共担意识；师资队伍建设的规范化；课程体系的创新设计。

本章对校企平台协同共建机制运行制度建设建议，资源共享制度建设包括共享平台监管制度建设；政府税收、资金扶持制度建设；资源共享组织制度建设。协同教学制度建设包括教师培训考评制度建设；政府保障制度建设；区域审查制度建设。

第十一章

我国现代学徒制运行案例研究

第一节　我国现代学徒制试点情况分析

自 2015 年教育部公布的第一批次现代学徒制试点开始，至今共计三个批次 562 家单位参与了现代学徒制试点，其中职业院校共计 504 所，高职院校 410 所（"西安汽车科技职业学院"升级为全日制普通高等院校），中职院校 94 所，职业院校占比高达 95.8%，是现代学徒制试点的重点所在。根据第一、第二批次的验收成果，第三批次的试点工作方案在试点目标、试点内容、试点形式、组织实施等方面进行了调整。本节根据教育部门户网站现代学徒制试点工作管理平台公布的数据，对公布的三个批次试点名单以及第一、第二批次验收结果进行数据分析，考察我国现代学徒制试点工作推进的总体状况。数据分析不包括我国港澳台地区。

一、试点单位总体数据分析

我国教育部公布的三个批次的现代学徒制试点单位区域分布总体情况如表 11.1 所示。除港澳台地区以外，我国其他省级行政区的现代学徒制试点单位平均数为 18.7 家。本书所有试点数据研究范围均不包含我国港澳台地区。

表 11.1   教育部公布三批次 562 家现代学徒制试点单位地区分布表

地区/省份	现代学徒制试点单位数量						
	行业	地区	企业	高职院校	中职院校	合计	区内省平均主体数
华北	15	0	4	62	13	94	18.8
北京市	13	0	0	8	3	24	
天津市	0	0	3	13	0	16	
河北省	0	0	1	19	7	27	
山西省	2	0	0	14	2	18	
内蒙古自治区	0	0	0	8	1	9	
华东	1	7	6	111	24	149	29.8
上海市	0	0	1	8	5	14	
江苏省	0	3	1	17	6	27	
浙江省	0	3	1	16	5	25	
江西省	1	0	2	16	1	20	
安徽省	0	0	0	17	2	19	
福建省	0	0	0	10	2	12	
山东省	0	1	1	27	3	32	
中南	4	9	5	96	12	126	25.2
河南省	1	0	1	14	2	18	
湖北省	0	3	0	20	1	24	
湖南省	0	2	2	19	3	26	
广东省	2	3	2	27	5	39	
广西壮族自治区	1	1	0	10	1	13	
海南省	0	0	0	6	0	6	

现代学徒制试点单位数量						
地区/省份	行业	地区	企业	高职院校	中职院校	合计	区内省平均主体数
东北	0	2	2	40	7	51	10.2
辽宁省	0	0	0	19	2	21	
吉林省	0	2	2	7	2	13	
黑龙江省	0	0	0	14	3	17	
西南	0	1	0	55	21	77	15.4
重庆市	0	0	0	15	8	23	
四川省	0	1	0	20	3	24	
贵州省	0	0	0	11	6	17	
云南省	0	0	0	9	2	11	
西藏自治区	0	0	0	0	2	2	
西北	1	1	0	46	17	65	13
陕西省	0	1	0	16	2	19	
甘肃省	0	0	0	6	3	9	
青海省	0	0	0	5	4	9	
宁夏回族自治区	0	0	0	5	2	7	
新疆维吾尔自治区	1	0	0	14	6	21	
合计	21	20	17	410	94	562	

从表11.1可以看出，当前我国试点现代学徒制的地区中，华东、中南地区的试点单位数量相对其他地区较多，省平均数达到27.5家；相对应的西北地区现代学徒制试点单位的省平均数为13家，但在六大地理区域内，都有试点单位数量较为突出的省、直辖市、自治区。其中较为亮眼的是地处西南的

重庆市有 23 家职业院校被列入国家级试点单位；广东省有 39 家单位、山东省有 32 家单位列入国家级试点单位名单。尤其是新疆维吾尔自治区有 21 家单位积极参与了国家级现代学徒制试点工作。

二、现代学徒制试点单位变化分析

从表 11.1 可以看出，职业院校在试点单位中独占鳌头，然而，现代学徒制的深入开展离不开行业、企业、地区、职业院校的共同努力，教育部在试点推行中采取的是自愿申请，统筹兼顾的原则遴选试点单位，前后三个批次中行业、企业、地区、院校的数量在一定程度上反映了主体单位的积极性和实施效果。如表 11.2、表 11.3、表 11.4、表 11.5、表 11.6 所示。

表 11.2 教育部三批次现代学徒制试点"行业"分布表

地区/省份	试点行业			
	第一批次	第二批次	第三批次	合计
华北	11	2	2	15
北京市	9	2	2	13
山西省	2	0	0	2
华东	0	1	0	1
江西省	0	1	0	1
中南	2	1	1	4
河南省	0	0	1	1
广东省	1	1	0	2
广西壮族自治区	1	0	0	1
西北	0	0	1	1
陕西省	0	0	0	0
甘肃省	0	0	0	0
青海省	0	0	0	0
新疆维吾尔自治区	0	0	1	1
合计	13	4	4	21

从表11.2可以看出，在三个批次公布的试点单位名单中试点"行业"共有21家，主要集中在华北和中南地区，东北和西南地区没有行业单位参与试点。从批次上看，第一批次的行业单位参与热情相对较高，在试点中可能由于市场环境尚未成熟，试点行业数量未能有效增长。

表11.3　教育部三批次现代学徒制试点"地区"分布表

试点地区				
地区/省份	第一批次	第二批次	第三批次	合计
华东	7	0	0	7
江苏省	3	0	0	3
浙江省	3	0	0	3
山东省	1	0	0	1
中南	6	2	1	9
湖北省	2	1	0	3
湖南省	1	1	0	2
广东省	2	0	1	3
广西壮族自治区	1	0	0	1
东北	2	0	0	2
吉林省	2	0	0	2
西南	1	0	0	1
四川省	1	0	0	1
西北	1	0	0	1
陕西省	1	0	0	1
合计	17	2	1	20

从表11.3可以看出，在三个批次公布的试点单位名单中试点"地区"共有20家，主要集中在华东和中南地区，除华北地区以外，其他地区都有地区单位参与试点。从批次上看，第一批次的地区单位参与热情相对较高，在试点中可能由于市场环境尚未成熟，试点地区数量大幅下降。

表 11.4　教育部三批次现代学徒制试点"企业"分布表

试点企业				
地区/省份	第一批次	第二批次	第三批次	合计
华北	2	1	1	4
天津市	2	1	0	3
河北省	0	0	1	1
华东	4	1	1	6
上海市	1	0	0	1
江苏省	1	0	0	1
浙江省	0	0	1	1
江西省	1	1	0	2
山东省	1	0	0	1
中南	2	1	2	5
河南省	1	0	0	1
湖南省	1	1	0	2
广东省	0	0	2	2
东北	0	2	0	2
吉林省	0	2	0	2
黑龙江省	0	0	0	0
合计	8	5	4	17

从表 11.4 可以看出，在三个批次公布的试点单位名单中试点"企业"共有 20 家，主要集中在华东、中南和华北地区，西南和西北地区没有企业参与试点。从批次上看，尽管第二、第三批次比第一批次的试点企业数量少，但是参与试点的企业数量有所稳定，这也说明企业参与现代学徒制试点还是充满积极性，如果有更为规范的现代学徒制管理和运行规范，参与企业的数量一定会不断增加。

表 11.5　教育部三批次现代学徒制试点"高职院校"分布表

	试点高职院校			
地区/省份	第一批次	第二批次	第三批次	合计
华北	17	25	20	62
北京市	3	4	1	8
天津市	3	8	2	13
河北省	6	7	6	19
山西省	3	3	8	14
内蒙古自治区	2	3	3	8
华东	30	35	46	111
上海市	3	3	2	8
江苏省	6	4	7	17
浙江省	6	5	5	16
江西省	2	6	8	16
安徽省	3	7	7	17
福建省	3	3	4	10
山东省	7	7	13	27
中南	25	32	39	96
河南省	5	2	7	14
湖北省	4	7	9	20
湖南省	4	5	10	19
广东省	7	9	11	27
广西壮族自治区	3	5	2	10
海南省	2	4	0	6
东北	9	18	13	40
辽宁省	4	9	6	19
吉林省	2	2	3	7
黑龙江省	3	7	4	14

试点高职院校				
地区/省份	第一批次	第二批次	第三批次	合计
西南	10	20	25	55
重庆市	3	5	7	15
四川省	3	7	10	20
贵州省	2	4	5	11
云南省	2	4	3	9
西藏自治区	0	0	0	0
西北	9	24	13	46
陕西省	2	10	4	16
甘肃省	2	2	2	6
青海省	1	1	3	5
宁夏回族自治区	1	4	0	5
新疆维吾尔自治区	3	7	4	14
合计	100	154	156	410

从表 11.5 可以看出，在三个批次公布的试点单位名单中试点"高职院校"共有 410 家，主要集中在华东、中南和华北地区，东北、西南和西北地区参与试点的高职院校相对较少，其中西藏自治区没有高职院校参与试点。从批次上看，华东、中南、西南地区的高职院校参与数量逐次提高。具体到省，广东省、山东省现代学徒制试点高职院校数量并列第一。

表 11.6 教育部三批次现代学徒制试点"中职院校"分布表

试点中职院校				
地区/省份	第一批次	第二批次	第三批次	合计
华北	3	6	4	13
北京市	1	1	1	3
天津市	0	0	0	0

试点中职院校				
河北省	1	4	2	7
山西省	0	1	1	2
内蒙古自治区	1	0	0	1
华东	8	10	6	24
上海市	1	3	1	5
江苏省	0	5	1	6
浙江省	2	1	2	5
江西省	1	0	0	1
安徽省	1	1	0	2
福建省	2	0	0	2
山东省	1	0	2	3
中南	2	5	5	12
河南省	1	1	0	2
湖北省	0	1	0	1
湖南省	0	1	2	3
广东省	1	2	2	5
广西壮族自治区	0	0	1	1
海南省	0	0	0	0
东北	3	2	2	7
辽宁省	1	1	0	2
吉林省	1	0	1	2
黑龙江省	1	1	1	3
西南	5	8	8	21
重庆市	1	3	4	8
四川省	1	1	1	3
贵州省	1	2	3	6

试点中职院校				
云南省	1	1	0	2
西藏自治区	1	1	0	2
西北	6	7	4	17
陕西省	1	1	0	2
甘肃省	1	1	1	3
青海省	1	1	2	4
宁夏回族自治区	1	0	1	2
新疆维吾尔自治区	2	4	0	6
合计	27	38	29	94

从表 11.6 可以看出，在三个批次公布的试点单位名单中试点"中职院校"共有 94 家，主要集中在华东、西南和西北地区，东北地区参与试点的中职院校相对较少，其中天津市、海南省没有中职院校参与试点。从批次上看，中职院校参与数量相较于高职院校来说较少，第三批次与第一批次数量持平，考虑到第三批次规范要求更为严格，中职院校保持着一贯参与试点的积极性。具体到省，重庆市不但是中职院校试点中参与数量最多的，而且保持着数量上逐年递增的态势。结合表 11.5、11.6，可以看到职业院校数量大省的广东省参与现代学徒制试点职业院校数量也是最多的，三批现代学徒制试点职业院校数量总和达到 32 家。

三、试点单位验收情况分析

（一）第一批次试点单位验收结果分析

在 2015 年公布第一批次现代学徒制试点单位 3 年后，2018 年 12 月教育部按照验收程序公布了第一批次试点验收的结果，如表 11.7 所示。

表 11.7 第一批次现代学徒制试点验收结果表

试点单位	总数	通过	暂缓通过	延期	不通过
地区	17	13	4	0	0
行业	10	2	5	1	2
企业	8	4	3	0	1
高职院校	99	84	14	1	0
中职院校	27	21	6	0	0

数据来源：根据教育部《教职成司函〔2018〕187号》文

从表 11.7 可以看出，在第一批次现代学徒制试点单位验收过程中，试点行业的通过率是最低的，这也反映了我国行业协会参与现代学徒制还缺乏规范化指导，但是，行业协会的参与是推动现代学徒制实现跨地区、跨企业、跨学校合作的重要力量，因此，应该对行业参与现代学徒制的方法和规律进行进一步深入研究。职业院校的整体通过率比较高，可以看出我国职业院校经过长期校企合作经验的累积，对现代学徒制的有序开展有很大的帮助，职业院校成为现代学徒制的中坚力量。

（二）第二批次试点单位验收结果分析

在 2017 年公布第二批次现代学徒制试点单位两年后，2019 年 10 月教育部按照验收程序公布了第二批次试点验收结果，如表 11.8 所示。

表 11.8 第二批次现代学徒制试点验收结果表

试点单位	总数	通过	暂缓通过	延期	不通过
地区	2	2	0	0	0
行业	4	4	0	0	0
企业	5	4	1	0	0
高职院校	154	152	0	2	0
中职院校	38	37	1	0	0

数据来源：根据教育部《教职成司函〔2019〕97》号文

第二批次现代学徒制试点单位验收结果如表 11.8 所示，试点行业、地区和企业所占比例非常少，尤其是试点地区和试点行业数量较第一批次大幅减少，虽然除一家试点企业外，其余试点行业、地区和企业全部通过，但高通过率不能证明试点效率和效果的提高。但是从整体上说高通过率是毋庸置疑的，这也说明经过一段时间的试点，试点单位已经积累了不少经验，为现代学徒制的推广奠定了基础。

第二节　工科类专业现代学徒制运行案例

实践中，为更好地培养社会经济发展急需的技术技能人才，各级政府及社会各界正在通过积极组建职业教育集团，加快培育产教联盟，大力推动职业教育产业与其他行业的有机融合，这成为现代学徒制深入发展的强大推动力。政府各级教育主管部门也为大力推动现代学徒制的各级试点工作，积累了大量的经验，有利于进一步建设和完善适合我国经济发展的现代学徒制运行机制。

本节选取某职业院校工科类专业现代学徒制试点工作为研究对象，该院校采用的一校两企的合作方式对现代学徒制跨校跨企跨地区合作开展提供了经验，本节从试点的内容、成效、存在问题三个方面对该案例进行分析，为进一步探讨和完善现代学徒制运行机制提供依据。

一、试点内容

该职业院校前期已经在该工科类专业的建设过程中与两家知名企业形成校企三方深度合作机制，采用"一校两企"的合作方式发挥培训资源互补优势共同培养技术技能人才。学校在工科专业与所属行业相关产业链中的上下游企业进行多方合作，为现代学徒制试点项目的开展奠定了基础。

该职业院校采用三方共建的方式，通过相关信息的互联互通共同开展现代学徒制班的招生宣传、教学计划制定及优化、教学基地建设、教学管理制度制定等，同时推进双证融合，提高了现代学徒制班人才的技能质量水平和社会适应性，为跨校跨企联合开展现代学徒制提供了经验借鉴。

（一）组建校企联合管理团队

该职业院校在前期与企业合作的基础上，根据试点项目要求，进一步突出企业参与的深入度，采用"共同投入、共同培养、共享利益"的方式，将该行业上下游两家企业联合起来。学校牵头组建了现代学徒制试点工作联合委员会，下设教学指导小组、专家指导小组等，由企业、学校共同担任相关职务，尤其重视企业专家的席位比例，强调三家单位互相制衡、合作共享。

通过联合委员会，各项试点工作得到有序推进，对于一校两企合作过程中出现的各类矛盾也能得到快速响应和解决，提高了试点工作的效率，使合作多方能始终处于良好的合作氛围中。

（二）采用联合招生招工方案

"企业学徒"与"学校学生"的双重身份是现代学徒制在招收学员过程中再三强调的。因此，该职业院校在招生伊始就重视这个问题，通过协议方式明确学校、企业、家长、学生的各自责权利，通过协议让学生明确该现代学徒制班为学生提供的教学优势和教学资源，强化了家长和学生对现代学徒制班级的信心。协议的签订同时将学校和企业在教学过程中各自应该承担的成本费用明确化，使长达数年教学过程中的教学成本在招生过程中得到清晰的计算和分配，明确了参与各方的责任，减少扯皮的现象，例如，两家企业根据各自的资源优势认领不同的教学资源供给任务，一家提供实训仪器设备、资格认证资源等，一家提供师资培训技术支持等，形成了参与主体之间的优势互补。

在联合招生招工模式中，校企共同协作完成了一系列的招生工作。首先，通过签订校企合作协议，根据企业发展规划和校企教学资源规划拟定招生的专业、企业岗位、数量等信息。其次，开展以企业为主导的联合宣传工作，以企业文化为主题面向学生进行宣传，组织学生到企业实地参观、实践，让学生在选择专业的时候能够更多思考未来的职业方向，通过企业专业人员与学生面对面的宣讲，使学生更快的接受"入学即入厂"的概念，进而在未来的教学过程中更快地适应"学生＆学徒"的双重身份。再次，签订多方协议，将学校、企业、家长、学生四个主体的责权利关系通过协议的方式进行确认，强化协议的严肃性和合法性，尤其通过召开家长会，使家长能更多地了解现代学徒制班特色，了解孩子入学后在劳动保护、午餐、培训等方面的待遇，家长的参与能更好地使学生理性对待现代学徒制班级，减少盲目和冲动签约的行为，提高了协议的履行率，提高了企业的参与热情。最后，学生成长档案库建设，在完成学生招录工作的同时建成学生初始入学资料档案，并入档案库，对重要信息同步进行网上信息库的输入，为后期教学信息、入职信息的动态管理奠定基础。

（三）构建校企"融合人才培养"模式

"融合"是该职业院校人才培养模式的特点，强调将校企利益捆绑在一起，使双方的利益形成互利互惠互相支撑的良性循环，以复合型和创新型的工科技术技能人才培养为目标，将学校、企业的资源互通互融互补，根据工科特点，在技术资源、技术标准、行业文化三个方面寻求深度合作，促使一校两企三方都深入到人才培养的开发、管理和评价过程中，人才培养模式体现了校企高度融合，为现代学徒制运行机制提供了长效运行的可能。

在构建校企融合人才培养模式中，校企共同协作完成了一系列的工作。首先，校企联合工作小组完成人才需求调查报告，将调查的范围从两企扩展到所涉行业内多家企业，力求找出行业的共性需求和参与企业的个性化需求，并形成调研报告。其次，一校两企根据调研报告并结合各自的需求提出所招收的现代学徒制班的人才培养目标，并对各项目标进行同步论证分级，形成适合校企需求的技术技能人才培养目标，在此基础上构建人才培养模式的雏形。再次，校企三方根据已有的培养目标，提出人才培养方案意见，并对方案进行可行性论证，确保方案的可实施性。从次，该职业院校将两企技能骨干等相关人员引入教学改革团队，以原有的教学质量评价标准和考核办法作为蓝本，对其进行改革，将企业的技能等级认证考核纳入学生评价体系，形成以学生综合素质和能力的提升为核心的学生质量评价标准和模式，提升校企在学生培养过程中的参与感和认同感。最后，落实人才培养模式每一环节的任务，对每一个任务节点提出结果报告要求，如调研报告、培养方案论证、学生质量评估等，进而形成可供后续评估参考的连续性现代学徒制管理对应资料库。

（四）强化人才"定标"培养和"以工引教"教学改革

为确保现代学徒制班级顺利对接企业岗位需求，同时实现为社会培养技术技能人才的社会目标，该职业院校联合两家企业进行对应产业链关键技术技能岗位分析，结合上下游产业链现状及发展趋势，联系参与企业的发展规划，根据培养目标细化待培养技术技能人才的职业能力和素质构成，对接企业现有技术标准、岗位要求，制定该工科专业现代学徒制技术技能人才的培养标准，并对主要技术标准进行量化设计，使人才培养从粗放"定性"向细化"定性+定量"转变，校企联合同步进行了"以工引教"的教学改革。

在强化人才"定标"培养和"以工引教"教学改革中，校企共同协作完成了一系列的工作。首先，在这一过程中，两家企业的参与积极性得到空前提高，企业派出技术骨干全程参与现代学徒制相关专业的教学改革、课程建设等，通过对国家职业资格标准、技术岗位标准、职业资格证书标准等要求的研究，实现了对学徒工作岗位的全方位描述，制定了现代学徒制专业技术技能系列标准。其次，校企联合工作组以工作岗位要求为起点，引导构建符合人才培养方案的集素质培养、基础技术教育、专业技能训练、岗位实操、职业强化于一体的课程体系框架。再次，召开校企专家联合论证会议，将企业内部培训课程体系引入学校课程体系，重新审定对接课程标准，将部分课程调整为企业专项课程，使学校和企业形成课程教学资源的互补融合。从次，结合学徒岗位需求，设计典型工作任务技能，并将该技能的学习任务介入专业课程中，实现"课程先行"的技能培养计划，进而促成学生在企业实操期间实现技能升级。最后，开发现代学徒制班专用教材，教材采用校企联合编制方式，根据前期人才培养标准和课程体系确定发布核心课程教材开发任务，责任到人，开发的教材必须通过校企专家联合审定，确保教材编制符合教学标准、技能标准、岗位标准，内容涵盖行业典型技术、参与企业特种技术，体现课堂理论和操作实践结合，专业与岗位结合的特点。

（五）建设校企联合师资队伍

针对现代学徒制班级师资融合困难的问题，该职业院校率先打破学校教师教育体系培训的常态，将一线教师派驻参与企业进行技术课程培训，并接受企业对教师的考核认证。一方面使教师掌握专项技能从而在教学过程中实现企业人才培养目标，另一方面提高学校教师对系列课程的开发和完善能力，与企业导师形成完整的教学循环，提升学徒教学周期的实践教学效果，提升学生整体技能水平。与此同时，参与企业也积极打造企业导师队伍，将企业技术骨干派驻学校进修教育教学培训，熟悉教学专业建设、教学评价等教学管理内容，参与科研课题和专利申请工作，企业还主动将"教导学徒工作"纳入技术骨干企业绩效考核奖惩范畴，大大提高了企业技术骨干对接现代学徒制班级教学工作的积极性和参与度。校企师资队伍融合进程不断加快，更好地体现了教学相长的特性。

在建设校企联合师资队伍中，校企共同协作完成了一系列的工作。首先，校企联合制定双导师管理制度和试点专业双导师团队配备制度，制定一系列关于相关导师的选拔、培养、考核、晋升、培训等管理方案以及相应的职称晋级、福利、奖励措施等制度。其次，校企签订导师培养协议，采用双向培养方式提高导师队伍的技术技能教学水平，安排学校导师到企业参加主机厂技术培训与技术认证，定期入企锻炼，安排企业导师接受学校教育教学培训，定期到校授课。再次，建立导师档案库，培训后备导师，对导师队伍进行一体化的管理，保证导师团队的可持续性。最后，建立相应的导师团队教学质量日常督导制度，对导师教学计划安排、教学设计、教学日志、教学现场、学生反响等进行常规化督导，并定期组织教学交流讨论会，相关资料计入教学数据库，形成教学的全流程管理。

（六）完善多方参与的教学考核制度

为了能够通过考核推进现代学徒制班级的教学质量，该职业院校提出按教学任务分模块进行分项教学考核办法，把考核的重点放在"事中"，这一办法获得参与企业的高度认同。试点教学联合小组依据人才培养目标，将教学方案和课程按任务进行划块，将职业技能鉴定项目融合在内，对每一任务模块设定"定性+定量"的考核指标，具体内容包含了学习能力考核、技能掌握能力考核、职业发展能力考核、团队协作能力考核、心理健康状况考核等，并对考核过程和考核结果进行实时记录和分析，将反馈结果用于对专业教学内容的不断完善和校正。通过系统化的教学考核制度，切实推进教学质量，保证在教学全周期内现代学徒制班级的技术技能教学质量不断得到有效提升。

在完善多方参与的教学考核制度中，校企共同协作完成了一系列的工作。首先，校企专门联合组建了试点学徒制教学质量考核小组，参与成员主要由学校专业教师、企业技术骨干组成，并通过外聘方式邀请行业专家参与。考核小组负责制定教学考核纲要，对教学考核目标和主要方式进行规范，并负责考核督导工作。其次，教学任务小组按照纲要下发任务模块制定具体考核指标草案，并下发教学课程教师讨论形成意见，完善考核指标并进行公示，让学校、企业、学生对考核指标都应知尽知。再次，以考核指标为基础，按任务模块提出教学工作规范、教学检查制度、考核结果奖惩制度、教师事故处理办法、教学质量反馈制度等系列化制度。要求按任务模块进行分工，责任到人，考核过程提交材料形成资料库，便于对教学过程进行实时跟踪和改进回顾，为各类教学改革提供数据依据。

此外，参与校企还在现代学徒制技术技能人才培养过程中加强了相关教研和科研课题的研究，取得了相应成果，并在企业和院校中获得了推广。

总之，该职业院校在现代学徒制试点过程中，能将校企三方融合在一起，实现了各方教学资源互补循环，使得技术技能人才的培养过程得到了充足的资源保障，获得学生的好评，校企三方都在试点中获得了远超单一主体技术技能人才培养的利益，为推动现代学徒制的长期运行奠定了基础，该职业院校的现代学徒制试点效果获得了参与企业、学员、家长的好评。

二、试点的成效

该职业院校的试点工作取得了显著的成效，主要表现在资源互补共享、师资培育、人才培养、教学课程体系建设等方面。

（一）资源互补共享的成效

该职业院校在试点中将院校主导改变为校企联合主导，以主体"平等"的原则处理相关校企合作事务，组建试点工作联合委员会，通过校企三方合作调研，让合作各方在技术、教学能力、企业文化等方面的特征都展露出来，提前解决了合作主体在需求、价值取向、资源特色等方面信息表面化的问题，校企三方通过准确表述自己的合作观点和利益诉求，并将各自的技术资源、场地资源及设备资源、企业文化在教学中进行互补共享，使合作磨合可能出现的利益纠葛最小化，促使主体参与现代学徒制从"被动需求"变成了"主动需求"，实现了多方共赢，具有一定的推广价值。

首先是技术的互补共享，调动校企各自在教学、培训、研发、服务、知识产权等方面的技术优势；其次是教学场地及设备等资源的互补共享，调集校企各自可提供的各类技术技能教学场地，进行统筹分类管理，安排到教学中统一计划使用，按利用频次进行核算；再次是多重企业文化的互补共享，集合校企的不同企业文化的优秀内涵，选取不同的文化特色精华，提升育人环境层次。在资源使用过程中，采用按"级"划分、按"需"使用、按"劳"分配，保证了参与各方的利益，确保了人才培养的资源最大利用率。

该职业院校通过校企资源互补共享，使得校企利益扩大，学员利益扩大，校企合作矛盾减少，共享优势明显，加强了校企之间的融合深度，为跨校跨企跨地区的现代学徒制运行机制的进一步完善提供了借鉴经验。

（二）师资培育的成效

该职业院校通过校企合作，建立了学徒导师人才库，培养了一批协作良好、互补性强的"双导师"教学团队，同时为后续现代学徒制招生规模的扩大提供了师资储备。

通过派驻教师定期进入企业进行实践锻炼，接受企业的技术培训和专业认证，教师队伍的技术技能的实操水平大大增加。在现有的学校师资队伍中已有四位老师获得企业高级维修技师的认证；四位教师成为省技能大赛获奖组指导教师，体现了企业培训学校师资的效果；职业院校有五位教师在参加全国性职业院校信息化大赛中先后获得了一等奖。

通过企业技术骨干进入学校进行教育教学培训，帮助企业师傅掌握授课技巧和课程计划设计技巧，将企业一线技能经验编排进入课程教案中，一方面提升了企业师傅的授课水平，另一方面教学相长，加深了对技术的认知，提升了他们的业务能力。现代学徒制试点以来，已有多位企业师傅的技术职称得到晋级，岗位得到晋升。

（三）人才培养方面的成效

该职业院校联合企业一起对人才培养方案进行了改革创新。通过校企联合小组，对培养方案、课程标准、实训流程等进行核定，将企业实践与课堂教学紧密结合，将学历、职业资格、企业技能资格等多项考核指标要素纳入教学元素，将多元企业文化融入教学过程，提高了试点班学生的整体综合素养。

将现代学徒制试点班级与普通班级学生进行比较，发现现代学徒制班级学生的岗位服务意识、技术技能的实操水平、职业发展思维等方面都有着明显的优势。学生在实践过程中，更多的体会到企业的发展现状，了解企业对员工的需求特点和需求趋势，对岗位认知比较深刻，学习紧迫感较强，选择拓展性学习的主动性强。例如很多学生除了本专业工科技术外，还主动选修了管理等其他非工科技术类方面的课程，用以提高自己在企业岗位上的竞争力和职业发展能力，"学生"与"学徒"身份之间的切换比较自如。

学生通过参加各类国家级、省级、市级专业技能大赛，开阔了眼界，在与兄弟院校的学生同台竞技的过程中取得了较好的成绩，其中多名同学先后获得全国性技能大赛的一、二、三等奖，表现出较好的专业技术技能水准。

经过试点班毕业生就业跟踪反馈，现代学徒制试点班学生在企业入职后能得到企业的高度认可，很多学生已经成长为企业的技术骨干，例如有学生在毕业半年后已经通过企业内部维修技师级别考试，晋升为工段组长；有学生工作很勤奋，通过半年的努力，取得"优秀员工"称号，得到同事的高度认可，获得企业嘉奖。

（四）教学课程体系建设的成效

为了保证专业技术课程与行业岗位要求之间的衔接度高，人才培养方案的制定要求校企三方共同参与，且在企业内培课程的引入、课程的联合开发、课程标准的统一制定等方面取得了较好的效果。

企业内培课程的引入方面，通过将参与企业内培课程项目有选择地引入职业院校现有课程体系中，科学安排课时，通过论证置换部分课程，使技能教学过程更加紧凑。通过毕业生追踪反馈，一致认为内培课程的引入使学生能优先获得符合市场需求的基础技术技能，而这些大大提高了学生的岗位适应能力。

课程的联合开发方面，通过校企三方的联合调研结果，将企业实际生产需求量化。遵循国家教育部颁布的职业教育标准，组织校企师资联合开发课程，并形成系列教材，且系列教材涵盖工科专业的基础技术核心内容，与企业生产操作流程环节吻合，理论与实操案例高度统一，便于学生课前自习、课中学习、课后复习。据试点毕业生反馈，该系列教材在工作中还可以成为基础工具书，为学生提供实用价值高的技术指导。

课程标准的统一制定方面，根据职业岗位的需求，校企联合工作小组结合职业资格证书、国家技术技能标准、学历标准等信息，在原有课程标准的基础上，综合调整制定该现代学徒制试点班新的课程标准。该课程标准与专业教师培训课程内容挂钩，保证了教学师资能力与教学要求的衔接。

在教学课程体系建设过程中，现代学徒制试点班专业教学小组开发了精品课程三门、优秀信息化课程五门、校企合作开发课程两门。推动教学师资开展教研和科研工作，完成了省级各类教学改革课题四项，公开发表论文十余篇，申请专利若干项，取得了累累硕果。

三、试点存在问题

（一）认知宣传缺乏权威

经过试点院校教师和毕业生调研发现，试点班级的学生尽管在招生过程中已经与企业和学校有所接触，但由于时间较短，获得的信息很难进行有效分析，有学生及家长对宣传内容一知半解。同时由于宣传主要集中在招生阶段，由学校和企业作为信息的发起人，导致作为主要受众的家长和学生对信息的可靠性和权威性产生疑虑，尤其对信息中关于现代学徒制班级学生职业规划的可实现性并不完全报以乐观的态度，而且由于缺乏权威机构的背书，学校、企业、学生、家长对信息内容都缺乏足够的谨慎心理，尤其当学校、企业口径出现差异的时候，这一情况造成的影响被放大。

因此，在现代学徒制班级招生过程中，学校与企业都应将其看成一个长期的持续性的活动，家长和学生的认知有一个培育的过程，系统地规划好现代学徒制宣传工作，统一信息口径，谨慎科学准确用语，避免误导受众，必要时应该争取获得政府教育部门、行业协会的大力支持，背书现代学徒制宣传资料，在社会各界形成对现代学徒制的统一认识，调动社会参与积极性，提升参与企业的信心和积极性，提高现代学徒制学员质量。

（二）缺少师资保障长效机制

该职业院校通过校企联合培养的方式，在现代学徒制试点过程中组建了一支现代学徒制专业教师队伍，但相对于试点班的教学需求，师资团队无论从数量还是质量上都有所不足。此外，试点活动相关的师资保障和激励机制大多是学校和企业为推动试点活动制定，尚未形成长期规范化的制度，尤其未与晋升、晋级建立长效联系机制。因此，此类保障和激励机制对师资而言的吸引力并不大，例如双向跟岗、挂职、师生技能课后指导、班主任工作等活动对师资的时间精力消耗极大，有大量的无形付出，但是在对师资的绩效进行认定的时候缺乏倾斜制度的支撑。

因此，在现代学徒制师资队伍建设中，一应加大后备师资数量的补充，加快师资培训课程体系完善，设置培训模块，以老带新，分项培训，使师资培训常态化、日常化，提高师资培训的效率；二应将阶段性的试点参与激励机制转化为长效机制，尤其对于现代学徒制班级教学管理活动中的隐形劳动要显性化管理，提高教师激励的针对性和全面性；三应积极与学校主管部门和企业人事部门进行协调，对参与现代学徒制教学的师资员工绩效考核应将特殊活动过程量化考虑，不应仅仅考虑活动效果，对此类师资员工在考核奖励时进行倾斜，制定长效的规范化的保障和激励制度。

（三）教学体系缺乏柔性

目前，为更好地兼顾校企三方的技术技能人才培养目标，保障教学效果，在制定教学体系时应更侧重量化标准，便于对整个教学期间进行效果评价。但是为了鼓励学生技能学习的个性化要求和实现技术更新，要求对教学内容进行实时调整，为此在教学体系中设置了部分的弹性学分，这部分弹性学分在教学过程中的真正落实必然会对既定的教学时序和教学评价标准产生冲击，因此，弹性学分制在实现过程中呈现出表面化的状况。没有得到真正落实，整个教学体系的柔性显得比较欠缺。

因此，为了真正落实试点学员的弹性学分制，就必须对教学体系进行进一步的提炼，将课程与课程之间链接关系进一步进行梳理，课程的学分、教学安排、考核办法更加具有规律，使得现代学徒制班级学员有机会真正实施具有个性化的弹性学分制。

第三节　商科类专业现代学徒制运行案例

本节选取某职业院校商科类专业的现代学徒制试点工作为研究对象，该院校根据商科企业岗位分散的特点，采用"一校多企"的方式开展校企现代学徒制技术技能人才的培养合作，对现代学徒制跨校跨企跨地区合作开展提供了经验。本节从试点内容、试点成效、试点存在问题三个方面对该案例进行分析，为进一步探讨和完善现代学徒制运行机制提供依据。

一、试点内容

该职业院校试点前根据商科专业特色，已与多家企业组成合作单位，通过实习转岗方式定向为企业输送毕业生。在多年校企合作实践的基础上，该职业院校在现代学徒制班级试点过程中采用"一校多企"的方式,将学校专业与企业岗位群进行对接,以学校为主导开展校企合作;将商科专业与所属行业相关产业中的多家企业进行合作对接,培养商科技术技能人才,为现代学徒制试点项目的推广开展奠定了基础。

该职业院校以该商科专业为试点项目载体,以学校先行企业参与的方式开展现代学徒制的招生招工、人才培养制度建设、组建师资队伍等工作,围绕岗位群所需的核心职业技术和职业技能,创新现代学徒制教学课程体系,增加现代学徒制班技术技能人才的就业口径,实现职业的可持续发展和社会适应性,为跨校跨企联合开展现代学徒制提供了经验借鉴。

（一）组建校企试点协同工作组

该职业院校按照现代学徒制试点要求组建"一校多企"协同工作组,工作组工作以学校主导企业参与的方式进行,工作组下设理论教学小组、实践教学小组、教学评价小组、师资管理小组等,对试点工作进行分模块专项分工管理。

在校企试点协同工作组组建中,校企共同协作完成了一系列的工作。首先,为了更好地保证试点工作的顺利开展,使多家不同规模的企业在同一试点项目中展开合作,结合校企实际情况,该职业院校提出了现代学徒制试点项目任务书,召开校企联合会议,讨论并修改任务书中的内容,形成校企共识。其次,该职业院校在征求企业意见的基础上,采用"邀请""自荐""投票"等方式产生工作组、分类小组的企业成员,原则上最少"一企一人",保证每个企业都能获得在试点工作中的投票和建议权。再次,制定工作组的例会制度,保证了多家参与主体能够实现有效沟通,及时解决试点工作中的矛盾和冲突,保证各项改革措施能有效实施。从次,该职业院校负责将校企多方提供的可以使用的教学资源进行信息统筹,按照规模、种类、档次高低进行定级管理,方便在未来资源使用过程中能平等地安排给学徒进行技术技能培训,但使用频次和使用效果要进行实时记录,并将其转化为企业在试点工作中的贡献值,与企业未来人才优先选择权、补贴支付等方式进行挂钩,既保障了学徒学员的培训平等权,又保护了企业的利益。最后,为使多家参与企业的权责利更加明确，保护参与各方的最终权益，该职业院校采用协议方式将一校多企的合作方式确定下来，使参与各方对合作的内容和方向进一步得到明确，增加了协议履行的效率和效果。

（二）采用联合招生招工方式

该职业院校在试点现代学徒制过程中，明确企业与学员利益先行的原则，一方面根据企业商科类岗位变化较大的特点，为防止企业产生"畏难情绪"或"被动失信"，暂停在招生过程中具体岗位的绑定，这有助于企业更加从容地面对人才需求的变化。另一方面学校认为只有让学员通过现代学徒制班获得可成长的职业机会，改变"一眼到头"的职业设定，才能让更多的"孩子"愿意选择现代学徒制试点班，才能真正保证生源充足，保证企业高质量人才的获取，保证向社会输送大量技术技能人才的现代学徒制社会目标。因此，在招生招工过程中该职业院校放弃要求学生签订"四方协议"，给学生留出选择未来的余地，也给企业留出了人才选择的空间，促进各家企业在学徒上岗实训过程更为真诚地对待学员，各展所长，留住对企业产生认同感的学员。实践证明，经过上岗体验后选择入职的学徒对企业的归属感比较强烈，企业人才的使用效率大大提高。这一招工招生的原则在该职业院校现代学徒制班级试点中获得了企业和学生的认同和支持。

在联合招生招工过程中，校企共同协作完成了一系列的工作。第一，由该职业院校主导，企业参与组织调研活动，在充分考虑学校、企业、家长、学生需求的基础上制定了相应的具体招生招工实施方案，在实施方案中兼顾四方参与主体的利益，例如招生招工方案中表明录取的学生可以根据自身的需求、兴趣、特长选择合适的企业岗位，通过弹性学分制支持学生进行个性化发展；通过允许企业根据自身实际情况选择加入或退出现代学徒制，符合商务型企业发展特点和利益。第二，进行招生招工宣传活动。例如在升学考试前面向学生和家长组织宣讲会，并提前对成绩符合要求的有意向的学生发放预录取通知书，并制作预录取名单；升学考试后及时联系预录取名单上的同学，询问学生和家长的报道意向和反馈意见。第三，组织召开学校、企业、学生、家长的见面会，对参加现代学徒制班级的各方权责利再一次进行沟通和答疑，邀请意向学生和家长进行入班签约，形成录取信息资料。最后，对招生工作中出现的问题进行及时反馈处理，并形成文字资料，便于跟踪处理，对现代学徒制班级的管理方案进行及时完善。

（三）人才培养方案的定制

该职业院校根据企业岗位状况对接专业，定制现代学徒制班级的人才培养方案。在试点中，该职业院校主导了学校教学方面的改革，并通过协同小组大力促进了企业的积极参与，强调教学内容与岗位能力标准的高度吻合，提高人才技能目标和岗位能力目标的无缝衔接，突破常规职业教育商科专业人才的职业对接瓶颈。

在定制人才培养方案中，校企共同协作完成了一系列的工作。首先，校企联合教学小组专门定制了针对现代学徒制班级的教学计划，根据专业教学的规律和企业的实际情况，对试点班全教学周期的教学计划进行构建，从技术技能传授的特点要求出发，创新教学计划，将理论教学、实践教学、企业岗位实操统筹在一起，打破传统的教学学期划分方式，以技术技能培训模块为基础为现代学徒制班级定制了专门的教学计划；其次，校企联合教学小组根据教学计划定制现代学徒制班级的课程体系，从企业岗位的需求出发，按照岗位链接关系重组专业课程，根据岗位和技能类别构建课程模块，模块化的课程体系既有利于根据岗位需求调整课程方案、又有利于学校整体教学计划的制定。为此，该职业院校结合企业需求，在企业技术骨干人才的积极配合下，专门修订了专业课程标准，将专业课程分为三大部分进行体系构建，一类是思想教育、素养提升类课程；二是校企合作技术课程；三是岗位认证类课程。再次，校企联合教学小组根据课程体系要求校企合作技术课程及岗位认证类课程布置定制教材的编撰工作，例如围绕行业标准，该职业院校联合企业共同开发认证类体系，以企业技术认证要求为目标，编制相应教材，使教学、岗位、能力融合在教材内容中。最后，为更好地实现为社会提供技术技能人才的目标，提升学生的学习积极性，提升现代学徒制教学效果，校企联合定制"学生成长教学档案"，将学生的课堂学习绩效、技能学习绩效、岗位实操绩效进行实时记录，并对绩效进行分层级评价，对学生的技术技能水平进行综合评价，并实时形成反馈分析报告，为校企更好地完善定制人才培养方案提供数据支持。

（四）融通培养师资队伍

该职业院校认为将学校教师的教学素养优势和企业技术骨干的职业技能优势通过校企联合进行融通，就能极大地提高现代学徒制试点班级的师资水平。在校企试点协同工作小组的统一协调下，将学校提供的骨干专业教师名单和各家企业提供的技术骨干人员名单进行考核评价后组成试点班师资名单。通过校企师资的互相学习，将师资培训融入日常教学中，提高了现代学徒制师资培训的效果。与此同时，师资融通培养方式有利于校企教师共同完成教学计划，编写教学教案，为规范化教学提供了可能。

在融通培养师资队伍中，校企共同协作完成了一系列的工作。首先，根据学校和企业提供的师资名单信息，按专业模块将对应学校教师和企业技术骨干召集在一起，鼓励他们积极进行交流，"指定+自愿"组成互助教学研究小组，实现优势能力上的互补融通学习，企业技术骨干指导学校教师提升职业技能水平，学校教师指导企业技术骨干提高教学技能水平，补齐短板，组建一支符合现代学徒制试点班需求的师资队伍。其次，按专业模块下发规范化教学任务，鼓励校企互助教学小组对本专业模块的教学教案等教学材料进行共同讨论，并鼓励校企师资共同参与教材的编写。最后，充分发挥校企师资教学合作的优势，在教学中安排学校教师和企业导师全程共导，理论与实践同步交融，教学任务由学校教师和企业导师共同承担，让教师和企业骨干的优势在教学中真正"双剑合璧"，在同步育人过程中学校教师和企业技术骨干的教学能力都得到了极大的提升。

（五）构建立体化的教学质量监管体系

现代学徒制试点的最终目的是为社会培养出高质量的技术技能人才，因此，该职业院校根据技术技能人才培养方案和培养目标，要求联合评价小组对试点班级的教学质量进行全方位的实时监控，设计实施"学生、教师、企业、家长、外聘专家五方共评"方案，评价主要围绕执行、管理、考核等方面进行，保证现代学徒制试点目标的实现，同时通过教学质量监管体系的信息反馈，为未来扩大现代学徒制应用范围提供依据。

在构建立体化的教学质量监管体系中，校企共同协作完成了一系列的工作。首先，该职业院校联合企业根据技术技能培养目标及标准分模块制定人才培养评价机制，将校内评价和在岗评价进行对接，教师教学评价和学员考核评价并重，日常评价与考核评价挂钩，加大对人才常规化评价力度，增加对人才培养"过程"的监管，使得校企能及时掌握学生技能学习动态。其次，该职业院校加大了教学质量监管制度建设的力度，为确保教学质量符合校企双方技术技能人才培养的预期，保障校企合作的稳定性和持续性，该职业院校在征求各参与企业意见的基础上，制定了教学管理、人才技能考核评价、教学质量监控、教学督导、教学基地评价等方面一系列的制度文件，并积极落实。最后，该职业院校一方面根据企业推荐外聘行业专家担任教学督导，另一方面通过学员家长信息摸排，采用"随机"和"邀请"相结合的方式聘请部分有参与意愿的家长担任场外教学监督员，连同校企人员、学生开展对现代学徒制试点班级教学质量方面的评价监管工作。

二、试点的成效

该职业院校现代学徒制试点过程中，将企业需求融入技术技能人才培养的全过程，取得了显著的成效，主要表现在教学改革、课程建设及教研、师资共建、基地建设等方面。

（一）教学改革方面的成效

该职业院校提出了定制人才培养方案的设计工作，突破常规，将整个培养周期分为三个依次递进的阶段，即"学生—见习员—技能员工"，使学生能够循序渐进地实现身份的转变，在培养过程中形成对企业文化、职业内涵的理解，进而完成从"学生—员工"的转化。这种转化过程改变了以往"定岗先于认知"的做法，使得学生能够在学习过程中自然完成"学徒的身份认知"，同时给了学员一定的选择岗位的机会，这对学徒生源的拓展提供了思路。事实上，通过毕业生调研，发现学生对这种在学校和企业的轮转学习过程中完成"身份认知"的做法比较认可，认为这样"比在一开始就告知我已经是一名定岗员工"更有挑战性，学生更愿意在学习的过程中逐渐选择心仪的企业。相对应的，企业同样能够通过与学员的接触和评价选择适合企业文化、对企业认可度高的人才，更愿意主动地参与到教学中来，通过教学展示企业的实力、文化等信息。这种双向互动促进了技术技能人才的培养效果。

在教学模式改革方面，该职业院校提出"真实为基石"构建现代学徒制试点的教学模式，教学中以"真实案例"展开理论教学，以"真实岗位"展开技能培训，以"真实项目"开展实训活动，以"真实场景"进行监督管理，促使学员从"专业菜鸟"到"技能娴熟者"的转变。

（二）课程建设及教研方面的成效

在课程建设方面，为更好地提高企业参与课程建设的积极性和主动性，该职业院校提出将课程开发目标与企业研发目标结合起来，在课程开发过程中结合了参与企业运营的实际状况和愿景设计，要求课程开发与校企教学资源紧密结合，真正使重构专业课程内容与企业岗位对接，与企业发展愿景对接，减少了课程内容与实际情况的脱节，尤其最大可能的减少了学员入职时技能脱节情况的产生，提高了课程建设的效率和效果。

在实践中，该职业院校对参与企业的相关专业岗位进行了汇总，确定了企业岗位的总量和类别，安排教学小组专门对近百个岗位的共性素质要求和个性素质要求进行分类梳理，形成专业课程模块。根据专业课程模块对职业技能知识、理论教学知识等的不同要求，除思政、通识课程外，对专业技能课程进行梳理重组，形成若干门校企融合课程，将课程与岗位对接起来，更有针对性对学员进行技术技能培养，获得了较好的效果。

该职业院校在现代学徒制试点中，还积极鼓励教师对现代学徒制进行教学研究，在试点期间，院校教师先后发表五篇现代学徒制教学管理论文，完成了两项省级、三项市级的现代学徒制方面的课题，教学研究工作取得了丰硕的成果。

（三）师资共建方面的成效

在现代学徒制试点期间，该职业院校在师资校企共建方面取得了较好的成效。为更好地激励企业参与热情，该职业院校对参与试点教学的教师进行了精心的挑选，以教学责任心、技能实践经验、教学研究经历、年龄、技能资格等作为选拔标准，挑选了一批年富力强的中青年骨干教师组成 20 人左右的学校师资队伍。参与企业按照学校教学要求为现代学徒制班级同样配备了一批生产一线、拥有技术专长、文化层次较高的技术骨干组成十余人的企业师资队伍。为更好地提高学校师资的技能水平，降低长期对企业师资的过度依赖，该职业院校在试点期间选派十余位教师到企业试点技术岗位进行挂职锻炼，和企业同岗员工一起工作一起考核，尽可能掌握企业先进的管理理念和生产技术。这种做法使得该职业院校师资的实操教学能力得到了大幅提高，在企业师资青黄不接的时候减少了由此产生的教学水平下降问题。

除了选派院校教师进驻参与企业进行挂职锻炼外，该职业院校还将师资共建的合作方扩展到行业内其他企业和优秀的兄弟院校。院校在试点期内连续选派多名青年教师到非参与企业进行锻炼和学习，将现代学徒制的理念引入更多的企业，也使更多的企业关注和选择院校培养的技术技能人才，保障了现代学徒制班级毕业入职的比率，解决了因参与企业经营变化造成的入职问题。院校选派试点教学管理人员到优秀的兄弟院校考察学习，获得了更多优秀的校企合作理念和方法，全面提高自身的现代学徒制工作的管理水平，为长期可持续的现代学徒制工作的开展积蓄经验。

（四）实训基地建设方面的成效

生产性实训基地建设对现代学徒制的运行非常重要，该职业院校坚持以技术技能为导向开展实训基地的建设工作，按"仿真与真实"结合，校企共建的原则，构建了"校企主体+校内平台+校外基地"的生产性实训基地架构，实训基地承担着实践教学、日常生产、技术培训、外联服务、技能鉴定五种任务，通过实训基地使学校课堂直接链接真实的工作任务和场景，加强了学生进行生产实习和顶岗实习的真实性，基地效益的产出也减轻了校企双方在现代学徒制试点过程的资金压力，为缓解现代学徒制运行机制的资金问题提供了有效的路径。

在通过对试点班级同学的回访可以发现，校内实训平台和校外实训平台的切换使得学生能够不断打磨技能，接受精细化的技能训练后能够得到企业实际岗位锻炼，夯实了技能，提高了实训的整体效果。

三、试点存在问题

（一）企业参与积极性差别较大

由于该职业院校的现代学徒制试点专业为商科，尽管与其合作的企业有多家，但企业参与积极性差别较大，造成的原因比较多样。例如，有的企业比较小，经营项目比较小众，其岗位需求数量少，在教学资源的提供方面比较缺乏优势，导致在校企试点协同工作组内的话语权较小，很多需求难以得到回应，在试点班级的教学建设过程中逐渐失去参与兴趣，此类企业的积极性受到很大的压制；由于市场竞争比较激烈，有的企业经营风险和不确定性比较大，企业更希望关注目前短期的问题，对于数年以后的人才储备问题缺乏足够的紧迫性，尤其在大多数岗位涉及的专业在人才市场上很容易获得的情况下，这种人才战略意识的普遍性建立很难在短期内得到实现；有的参与企业规模较小，其资金实力相对比较薄弱，而参与现代学徒制需要支付一定的资金，这些支出直接增加了参与企业的经营成本，如果未来经营发生变化或者企业实力下滑，或者培训计划出现偏差，预定的技术技能人才有可能流失或者不再符合企业经营需要，对企业存在一定的投入风险。这些都影响着企业的参与积极性。

因此，在商科类企业，尤其是服务型中小企业参与现代学徒制技术技能人才培养的过程中，应尽可能考虑企业经营实际情况，该职业院校可以通过企业联盟的方式将教学资源、岗位资源进行统筹管理，形成"一篮子岗位"对接现代学徒制班级，增加合作柔性，减少企业参与现代学徒制的后顾之忧，提升企业的参与积极性。

（二）课程教材与企业个性化要求冲突大

由于商科岗位比较分散，尽管专业一致，但企业与企业之间的区别比较大，具体到技术技能培训过程的教材、技能特点等都有所不同，这种情况不仅出现在参与企业之间，甚至对一些大型参与企业内部来说，不同部门对同一专业的技能要求都有差异，尤其当参与企业经营项目比较小众，其岗位需求与其他企业的差异度更大，这些企业个性化的要求在试点班级的教学建设过程中很难完全覆盖，即使是企业技术骨干参与课程教材编写也难以解决兼顾所有企业的难题。

因此，该职业院校要加强对培养目标的标准化建设，求同存异，可以通过发掘不同企业的同类岗位对专业需求的共性，编写主干教材，再结合各参与企业的不同技术要求，形成教材副本，实现教材与企业个性化需求的对接，满足不同企业对技术技能人才培养的独特要求。

（三）招生宣传方式陈旧

目前该职业院校采用的招生宣传方式还是围绕升学考试前后进行招生宣讲，由于时间较短，招生单位众多，在纷繁的招生信息轰炸下，毕业生及其家长很难形成对现代学徒制的正确和完整的认识，往往将现代学徒制理解为提前就业，这种认知对大部分年轻的学生来说容易产生抵触情绪。

因此，该职业院校应联合企业进行日常化的现代学徒制宣传，将现代学徒制教学特色和教学目标，相关企业信息、专业信息、弹性学分制信息、双向选择岗位信息等进行广泛宣传，应逐步收集毕业学员案例建立档案库，用毕业学生的反馈信息证明现代学徒制在技术技能人才培养方面的优势，增加学生和家长对现代学徒制的立体认知。

（四）缺乏长效的制度规范

目前，该职业院校关于现代学徒制方面的各项制度建设还不完善，除了部分教学制度依托学校原有教学制度外，一些针对现代学徒制班级管理特有的制度建设还不完善，大部分处于临时性执行阶段，尤其关于现代学徒制师资评价、晋升制度，学生技术技能评价制度、学生管理制度、课程规范化制度等在执行过程中经常出现与预期不符的情况，需要在实践中根据反馈进行实时调整，导致教学过程的不稳定现象时有发生。

因此，该职业院校应该与参与企业更加深入实际，了解一线工作人员的实际情况，在制度的制定上应该采用先原则后具体，每一条款都要充分论证，采用循序推进的方式，增加制度的稳定性和柔性，在实践中逐步完善各项制度，保证制度执行的长效性。

第四节　本章小结

本章对我国现代学徒制试点情况进行了分析，根据教育部门户网站公布的数据，对公布的三个批次试点名单以及第一、第二批次验收结果进行数据分析，考察我国现代学徒制试点工作推进的总体状况。数据分析不包括我国港澳台地区。数据分析可以看出在目前三个批次的试点中，参与的职业院校积极性最大，企业参与的数量每一批次比较稳定，但数量相对较少。从整体上说明经过一段时间的试点，试点单位已经积累了不少经验，为现代学徒制的推广奠定了基础。

对案例的研究有助于今后更好地探索企业参与的现代学徒制运行机制。本章研究了工科类专业现代学徒制运行案例，对职业院校开展的企业参与现代学徒制进行调研，从试点内容、成效、存在问题等方面进行梳理研究。试点内容主要包括组建校企联合管理团队、采用联合招生招工方案、构建校企"融合人才培养"模式、强化人才"定标"培养和"以工引教"教学改革、建设校企联合师资队伍、完善多方参与的教学考核制度。研究了资源互补共享、师资培育、人才培养、教学课程体系建设等方面的成效。指出了认知宣传缺乏权威、缺少师资保障长效机制、教学体系缺乏柔性等试点中存在的问题。

本章研究了商科类专业现代学徒制运行案例，对职业院校开展的企业参与现代学徒制进行调研，从试点内容、成效、存在问题等方面进行梳理研究。试点内容主要包括组建校企试点协同工作组、采用联合招生招工方式、人才培养方案的定制、融通培养师资队伍、构建立体化的教学质量监管体系。研究了教学改革、课程建设及教研、师资共建、实训基地建设等方面的成效。指出了企业参与积极性差别较大、课程教材与企业个性化要求冲突大、招生宣传方式陈旧、缺乏长效的制度规范等试点中存在的问题。

参考文献

［1］ AJZEN I, FISHBEIN M. Attitude-behavior relations: a theoretical analysis and review of empirical research ［J］. *Psychological Bulletin*, 1977, 84 (5): 888.

［2］ WEBER R. Understanding information systems continuance: an expectation-confirmation model ［J］. *MIS Quarterly*, 2001, 25 (3): 351-370.

［3］ BLATTER M, MUEHLEMANN S, SCHENKER S, et al. Hiring cost of skilled workers and the supply of firm-provied training ［J］. *IZA Discussion Pater*, 2012 (1): 85-115.

［4］ BLAU P M. Justice in Social Exchange ［J］. *Sociological Inquiry*, 1964, 34 (2): 193-206.

［5］ CLEMENT J. *Modern Apprenticeship* ［M］. US: Springer, 2012.

［6］ COLLINGS D G, MELLAHI K. Strategic talent management: A review and research agenda ［J］. *Human Resource Management Review*, 2009, 19 (4): 304-313.

［7］ FOA U G, FOA E B. *Societalstructures of the mind* ［M］. Illinois: Charles C Thomas, 1974.

［8］ FREEMAN R B, JAMES L, MEDOFF. *What do Union do?* ［M］. New York: Basic Books, 1984.

［9］ GOSPEL H, FULLER A. The Modern Apprenticeship: new wine in old bottles? ［J］. *Human Resource Management Journal*, 2006, 8 (1): 5-22.

［10］GREEN F, MACHIN S, WILKINSON D. Trade Unions and Training Practices in British Workplaces ［J］. *Industrail and Labor Relations Review*, 1999, 52 (2): 179-195.

［11］HASLUCK C, HOGARTH T, ADAM D. *The net benefit to employer investment in Apprenticeship training: IT Apprenticeships* ［R］. A Report for the Apprenticeship Ambassadors Netword, 2009.

［12］HASLUCK C, HOGARTH T, BALDUAF B, et al. *The net benefit to employer investment in Apprenticeship training* ［R］. Research Report, 2008.

［13］HASLUCK C, HOGARTH T. *Modem Apprenticeships: Survey of Employers* ［R］. Department for Employment, HMSO, 1995.

［14］HOGARTH T, HASLUCK C, PITCHER J, et al. *Employers' net costs of training to NVQ level* 2 ［R］. Research Brief, 1998, 57 (3).

［15］HOMANS G C. Social Behavior: Its Elementary Form ［J］. *Revue Française De Sociologie*, 1961, 3 (4): 479-502.

［16］ILES P, CHUAI X, PREECE D. Talent management and HRM in multinational companies in Beijing: Definitions, differences and drivers ［J］. *Journal of World Business*, 2009, 45 (2): 179-189.

［17］JANSEN A, PFEIFER H, SCHÖNFELD, et al. *Ausbildung in Deutschland weiterhin investitionsorientiert-Ergebnisse der BIBB-Kosten-Nutzen-Erhebung* 2012/13 ［R］. Forschungs-und Arbeitsergebnisse aus dem Bundesinstitut für Berufsbildung, 2015: 2.

［18］JANSEN A, PFEIFER H, SCHÖNFELD, et al. *Ausbildung in Deutschland weiterhin investitionsorientiert -Ergebnisse der BIBB-Kosten-Nutzen-Erhebung* 2012/13 ［R］. Forschungs-und Arbeitsergebnisse aus dem Bundesinstitut für Berufsbildung, 2015: 2.

［19］KEEP E, MAYHEW K. Globalisation, models of competitiveadvantage and skills ［J］. *Skope*, 2002.

［20］KELLEY H H, THIBAUT J W. Interpersonal Relations: A Theory of

Interdependence [J]. *Journal of Marriage and Family*, 1982, 44 (1): 246.

[21] LINDLEY R. The demand for apprentice recruits by the engineering industry: 1951-71 [J]. *Scottish Journal of Political Economy*, 1975, 22 (1): 1-24.

[22] MERRILEES W J. Alternative models of apprentice recruitment: with special reference to the British engineering industry [J]. *Applied Economics*, 1983, 15 (01): 1-21.

[23] MOHRENWEISER J , BACKESGELLNER U. *Apprenticeship Training- What for? Investment in Human Capital or Substitute for Cheap Labour?* [R]. Leading House Working paper, 2008, (17): 2-15.

[24] MOHRENWEISER J, ZWICK T. Why do firms train apprentices? The net cost puzzle reconsidered [J]. *Labor Economics*, 2009, (16): 631-637.

[25] MOLML. Theoretical comparisons of forms of exchange [J]. *Sociological Theory*, 2003, 21 (1): 1-17.

[26] MONKHOUSE S. Learning in the surgical workplace: necessity not luxury [J]. *The Clinical Teacher*, 2010, 7 (3): 3-11.

[27] MUEHLEMANN S, SCHWERI J, WINKELMANN R. An emkpirical analysis of the decision to train apprentices [J]. *Lab Rev Lab Econ Ind Relat*, 2007, 21 (3): 419-441.

[28] NEUBAUMER R, BELLMANN L. *Ausbildungsintensitat und Ausbildungsbeteiligung von Betrieben: Theoretische Erklarungen und empirische Ergebnisse auf der Basis des IAB-Betriebspanels* 1997 [R]. 1997.

[29] OEHLEY A M, THERON C C. The development and evaluation of a partial talent management structural model [J]. *Management Dynamics: Journal of the Southern African Institute for Management Scientists*, 2010, 19 (3): 2-28.

[30] RAUNER R K. *Untzen und qualitat der beruflichen Ausbildung* [M]. Bremen: ITB-Forschungsbericht, 2007.

[31] SPITHOVEN A, VANHAVERBEKE W, ROIJAKKERS N. Open inno-

vationpractices in SMEs and large enterprises [J]. *Small Business Economics*, 2013, 41 (3): 537-562.

[32] MCINITOSH S. *A cost-benefit analysis of aprrenticeships and other vocational qualifications* [R]. Notting ham: DfES Publications, 2007.

[33] STEVENS M. An investment model for the supply of training by employers [J]. *The Economic Journal*, 1994, 104 (424): 556-570.

[34] STRUPLER M, MUEHLEMANN S, SCHENKER S. *Die duale Lehre eine Erfolgsgeschichte-auch für Betriebe: Ergebnisse der dritten Kosten-Nutzen-Erheburg der Lehrhngsausbildung aus der Sicht der Betriebe* [R]. Glarus/Chur, Ruegger Verlag, 2012.

[35] WALDEN G, BEICHT U, HERGET H. Warum Betriebe (nicht) ausbilden [J]. *Berufsbildung in Wissenschaft und Praxis*, Sonderausgabe, 2003: 42-46.

[36] WALSTER E, WALSTER E W, ELLEN B. *Equity: theory and research 1st edition* [M]. Boston: Allyn & Bacon, 1978.

[37] WINTERBOTHAM M D, VIVIAN C, ILUCKLE A, et al. *Evahiation of Apprenticeship: Employers* [R]. London: BIS Research Paper, 2012.

[38] YARNALL J. Maximising the effectiveness of talent pools: a review of case study literature [J]. *Leadership & Organization Development Journal*, 2011, 32 (5): 510-526.

[39] ZYL V E S, MATHAFENA R B, RAS J. The development of a talent management framework for the private sector [J]. *SA Journal of Human Resource Management*, 2017, 15 (1): 1-19.

[40] 曹美红, 赵丽萍. 构建我国现代学徒制面临的障碍——基于制度学的剖析 [J]. 职教论坛, 2017 (3): 44-48.

[41] 陈波涌. 半工半读职业教育思潮 (下) [J]. 职教论坛, 2004, 20 (31): 58-60.

[42] 陈红, 罗雯. 现代学徒制师徒关系研究 [J]. 襄阳职业技术学院学

报，2015（1）：117-120.

[43] 陈龙，黄日强. 利益相关者在建立中国特色现代学徒制度中的责任分析 [J]. 职教论坛，2014（1）：15-19.

[44] 陈诗慧，张连绪. 利益相关者视角下现代学徒制的主体诉求、问题透视与实践突破 [J]. 职教论坛，2017，38（34）：20-25.

[45] 陈爽. 基于协同育人视角的中国特色现代学徒制探析 [J]. 中国职业技术教育，2015（30）：76-79.

[46] 陈伟芝，陈岩. 基于"现代学徒制"的外贸人才培养模式保障体制机制研究 [J]. 职教论坛，2016（2）：55-59.

[47] 邓小华. 国家资格框架中"资格等值"的学理阐释及推进策略 [J]. 职业技术教育，2018（4）：52-57.

[48] 邓泽民，张扬群. 现代四大职教模式 [M]. 北京：中国铁道出版社，2006.

[49] 杜利. 我国职业教育发展的理论与实证研究 [D]. 武汉：武汉理工大学，2008.

[50] 冯旭芳，李海宗. 德国企业参与职业教育的动因及其对我国的启示 [J]. 教育探索，2009（1）：133-134.

[51] 冯增俊，陈时见，项贤明. 当代比较教育学 [M]. 北京：人民教育出版社，2008.

[52] 关晶，石伟平. 西方现代学徒制的特征及启示 [J]. 职业技术教育，2011，32（31）：77-83.

[53] 关晶，石伟平. 现代学徒制之"现代性"辨析 [J]. 教育研究，2014，35（10）：97-102.

[54] 关晶. 西方学徒制研究 [D]. 上海：华东师范大学，2010.

[55] 关晶. 英国和德国现代学徒制的比较研究——基于制度互补性的视角 [J]. 华东师范大学学报（教育科学版），2017，35（1）：39-46.

[56] 郭全洲，谭立群. 中国特色现代学徒制基本框架及运行机制研究 [J]. 河北师范大学学报（教育科学版）：2014（6）：123-127.

[57] 贺艳芳. 我国企业参与现代学徒制动力问题研究——基于中德企业的对比 [D]. 上海：华东师范大学，2018.

[58] 洪家义. 从古代职业世袭看青铜器中的徽号 [J]. 东南文化，1992 (Z1)：93-97.

[59] 侯延爽. 对现代学徒制中利益相关者的博弈分析 [J]. 职教论坛，2017，33 (12)：12-16.

[60] 黄晶晶. 典型职业教育模式下现代学徒制的形态与特征研究 [J]. 中国职业技术教育，2016 (15)：43-47.

[61] 贾玲玲. 英、德现代学徒制中企业参与机制的比较研究 [D]. 浙江：浙江师范大学，2020.

[62] 贾文胜，何兴国. 美国现代学徒制运行机制研究 [J]. 浙江社会科学，2020 (11)：149-154.

[63] 贾文胜. 我国高职院校现代学徒制运作机制研究 [D]. 上海：华东师范大学，2018.

[64] 姜大源. 德国企业在职业教育中的作用及成本效益分析 [J]. 中国职业技术教育，2004 (8)：54-56.

[65] 蒋竞芳，吴雪萍. 英国学徒制探析 [J]. 职业技术教育，2008 (34)：89.

[66] 教育部. 关于公布现代学徒制第一批试点验收结果和第二批试点检查情况的通知 [Z]. 教职成司函〔2018〕187号，2018-12-21.

[67] 金福. 企业高级技工师徒制培训模式新探 [J]. 中国人力资源开发，2005 (3)：58-68.

[68] 金果. "五双一体"的现代学徒制运行机制探索与实践 [J]. 现代农业研究，2019 (2)：1-5.

[69] 匡瑛. 史上层次最高的学徒制——意大利高等学徒制述评 [J]. 全球教育瞭望，2013 (4)：112-119.

[70] 雷前虎，崔莉萍. 练习生制：我国最早的现代学徒制探索 [J]. 教育与职业，2019 (17)：107-111.

[71] 雷前虎，卫肖，崔莉萍等. 我国学徒制的历史演变及思考 [J]. 邢台职业技术学院学报，2016，33（5）：20-25.

[72] 李朝敏. 企业参与现代学徒制的交易费用及补偿策略 [J]. 职教论坛，2020（5）：36-40.

[73] 李传双. 国外企业参与职业教育激励机制探究与启示 [J]. 中国高教研究，2011，27（6）：83-85.

[74] 李传伟，董先，姜义. 现代学徒制培养模式之育人机制研究与实践 [J]. 职教论坛，2015（9）：75-77.

[75] 李金. 我国现代学徒制发展的历史轨迹及未来趋向—基于政策分析的视角 [J]. 职教论坛，2019（2）：72-79.

[76] 李进，薛鹏. 利益相关者理论视阈下现代学徒制治理结构的构建 [J]. 中国职业技术教育，2015（33）：49-52.

[77] 李俊. 德国职业教育的想象、现实与启示—再论德国职业教育发展的社会原因 [J]. 外国教育研究，2016，43（8）：14-27.

[78] 李玉芳，都秋玲. OJT：为"师带徒"插上知识的翅膀—青岛啤酒一线员工技能培训新探索 [J]. HR 经理人，2008（6）：26.

[79] 李玉珠. 教育现代化视野下的现代学徒制研究 [J]. 职教论坛，2014，（16）.

[80] 李兹良. 共享理念下的现代学徒制公私合作伙伴关系探索：基于利益相关者理论的视角 [J]. 教育与职业，2019（1）：43-49.

[81] 廖礼平. 现代学徒制人才培养模式现状、问题及对策 [J]. 职教论坛，2019，35（6）：134-139.

[82] 刘潇芊. 职业教育现代学徒制中的师生关系研究 [D]. 山东：山东财经大学，2017.

[83] 刘鑫淼. 澳大利亚学徒制集团培训组织研究——基于制度理论的视角 [D]. 上海：上海师范大学，2018.

[84] 刘秀敏. 基于项目引领的高职院校现代学徒制人才培养模式 [J]. 教育与职业，2019（15）：61-66.

[85] 刘晏如. 练习生改编练习工之商榷 [J]. 纺织周刊, 1932 (38)：1056.

[86] 刘盈盈, 徐国庆. 中小企业参与高职院校学徒培训的意愿与动机分析 [J]. 成人教育, 2019, 40 (12)：62-66.

[87] 卢玉梅, 王延华. 从资格框架看我国"学分银行"制度中学习成果框架的建立 [J]. 中国远程教育, 2013 (11)：36-41.

[88] 陆玉梅, 高鹏, 臧志军. 利益相关者视角下企业参与现代学徒制的机制研究 [J]. 职教通讯, 2020 (12)：38-44.

[89] 鹿霖, 温贻芳. 加拿大乔治亚学院 CO-OP 校企合作模式研究 [J]. 职业技术, 2016, 15 (11)：4-7.

[90] 欧阳丽, 罗金彪. 现代学徒制管理制度体系的设计与思考 [J]. 职教论坛, 2017 (4)：28-34.

[91] 欧阳忠明, 韩晶晶. 雇主参与现代学徒制的利益与权力诉求——基于英国学徒制项目调查报告的分析 [J]. 教育发展研究, 2014 (11)：52-59.

[92] 潘建峰. 基于现代学徒制的高端制造业人才培养研究与实践 [J]. 中国职业技术教育, 2016 (5)：46-49.

[93] 逢小斐, 谭穗枫. 现代学徒制多元学生评价体系的探索与实践 [J]. 中国职业技术教育, 2016, 24 (31)：92-96.

[94] 彭南生. 近代学徒的社会状况及社会流动 [J]. 近代史学刊, 2006 (9)：71-82.

[95] 彭南生. 行会制度的近代命运 [M]. 北京：人民出版社, 2003.

[96] 齐爱平. 论职业教育的体系与模式 [J]. 职教论坛, 2009 (16)：4-7.

[97] 齐亚丛. 我国现代学徒制的实践现状及对策研究 [D]. 河北：河北师范大学, 2016.

[98] 强静波. 基于博弈视角的现代学徒制保障机制研究 [J]. 机械职业教育, 2019 (3)：48-50.

[99] 冉云芳, 石伟平. 企业参与职业院校校企合作成本、收益构成及差

异性分析——基于浙江和上海 67 家企业的调查［J］．高等教育研究，2015（9）：59-66.

［100］冉云芳，石伟平．德国企业参与学徒制培训的成本收益分析与启示［J］．教育研究，2016（5）：124-131.

［101］冉云芳．企业参与职业教育办学的成本收益分析［J］．上海：华东师范大学，2016.

［102］冉云芳．企业参与职业教育办学意愿、动因及影响因素的实证分析［J］．职教论坛，2013（19）：70-74.

［103］芮禹．中小企业新员工培训研究—以 GY 公司为例［D］．上海：华东师范大学，2011.

［104］沈澄英，张庆堂．基于国外现代学徒制经验的校企互嵌式人才培养模式研究［J］．职教论坛，2017，33（10）：58-61.

［105］沈剑光，叶盛楠，张建君．多元治理下校企合作激励机制构建研究［J］．教育研究，2017（10）：69-75.

［106］孙梦水，崔俊荣，刘晓辉，等．我国企业新型学徒制实践探索［J］．职业教育研究，2020（4）：11-16.

［107］孙晓玲．企业特征对企业参与高职院校校企合作意愿的影响分析［J］．职教通讯，2015（10）：19-24.

［108］孙章丽．当前我国企业师徒制管理问题研究［D］．北京：首都经济贸易大学，2010.

［109］谭文培，刘望．基于利益相关者的现代学徒制成本分担机制的构建［J］．中国管理信息化，2017，20（10）：6-7.

［110］陶军明．论企业参与职业教育及其实现——生态学的视角［J］．河南社会科学，2012（12）：90-93.

［111］田英玲．瑞士现代学徒制"三方协作"研究［D］．辽宁：沈阳师范大学，2014.

［112］王海林，韩秀景，卢晓慧．基于现代学徒制建设的现代职业教育"导学关系"［J］．教育与职业，2015（16）：30-32.

[113] 王海林，卢晓慧，韩秀景. 国内外现代学徒制文献研究 [J]. 教育与职业，2017（11）：34-39.

[114] 王平. 新中国成立以来我国学徒制政策的演变、问题与调适 [J]. 教育与职业，2015（22）：13-17.

[115] 王星. 技能形成的社会构建——中国工厂师徒制变迁历程的社会学分析 [M]. 北京：社会科学文献出版社，2014.

[116] 王迎春，段鑫星. 企业参与现代学徒制建设的内生动力：明晰人力资本产权 [J]. 职教发展研究，2020（3）：7-12.

[117] 王永春，张向红. 共赢导向视域下现代学徒制博弈风险规避设计——以校企共建百果园职教联盟为例 [J]. 河南科技学院学报（社会科学版），2018，38（10）：44-47.

[118] 吴吟颗，秦炳旺. 论职业教育现代学徒制中的师徒关系 [J]. 职教论坛，2016（29）：5-9.

[119] 吴娉娉. 基于合作博弈视角的现代学徒制利益相关者研究 [J]. 教育与职业，2018（14）：5-11.

[120] 夏恩君，赵轩维. 网络众包参与者行为的影响因素研究——基于小米网络众包社区的实证研究 [J]. 研究与发展管理，2017，29（1）：10-21.

[121] 谢俊华. 高职院校现代学徒制人才培养模式探讨 [J]. 职教论坛，2013（16）：24-26.

[122] 谢燕红，李娜. 基于现代学徒制的各利益主体权益保障研究. 教育与职业，2020（20）：60-63.

[123] 徐国庆. 高职教育发展现代学徒制的策略：基于现代性的分析 [J]. 江苏高教，2017（1）：79-84.

[124] 徐国庆. 我国职业教育现代学徒制构建中的关键问题 [J]. 华东师范大学学报，2017（1）：30-38.

[125] 徐国庆. 职业教育原理 [M]. 上海：上海教育出版社，2007.

[126] 徐金河，陈智强. 破解企业深度参与高职教育之困：借鉴德国的

经验 [J]. 高等教育研究, 2018, 39 (02): 54-58.

[127] 徐小英. 校企合作教育对技能型人才创造力的影响研究—知识分享的中介作用 [D]. 湖北: 武汉大学, 2011.

[128] 许世建, 杨进. 职业教育校企合作中企业的主体地位如何落实——基于激励效应的实证分析 [J]. 中国职业技术教育, 2018 (6): 31-38.

[129] 闫运珍, 贾利娴, 康艳珍. 教育教学理论 [M]. 上海: 华东师范大学出版社, 2008.

[130] 杨公安, 崔晓琳, 赵英华. "五位一体、多元立交" 现代学徒制的模型建构及运行机制 [J]. 职教论坛, 2017 (33): 18-22.

[131] 杨丽好. 基于现代学徒制的校企协同育人机制研究 [D]. 江西: 江西科技师范大学, 2019.

[132] 杨小燕. 现代学徒制的生长点、切入点与落脚点 [J]. 四川师范大学学报 (社会科学版), 2017 (9): 109-113.

[133] 杨正勇. 基于工作室的现代学徒制创新实践 [J]. 职教通讯, 2015 (24): 70-71.

[134] 詹华山. 现代学徒制校企合作中利益冲突与平衡机制构建 [J]. 教育与职业, 2017 (23): 17-23.

[135] 张斌. 英澳德三国现代学徒制比较研究 [J]. 北京财贸职业学院学报, 2014 (3): 30-34.

[136] 张桂芳. 企业参与下我国现代学徒制发展的实践与探索 [J]. 黑龙江教育, 2019 (3): 83-84.

[137] 张晶. 我国工厂师徒制的历史嬗变和背景分析 [J]. 职教通讯, 2012 (28): 54-56.

[138] 张启富, 邬琦姝. 我国高职教育推行现代学徒制的对策思考——基于 32 个试点案例的实证分析 [J]. 中国职业技术教育, 2017 (29): 60-65.

[139] 张启富. 高职院校试行现代学徒制: 困境与实践策略 [J]. 教育

发展研究，2015（3）：45-51.

［140］张伟远，谢青松. 资历框架的级别和标准研究［J］. 开放教育研究，2017（2）：75-82.

［141］张祎，姚利民. 英国学位学徒制的先进理念——基于英国大学联合会三份报告的分析［J］. 中国职业技术教育，2020（6）：79-85.

［142］张渝. 企业"师徒制"培训模式的实践与探索［J］. 中国电力教育，2013（8）：134-135.

［143］张运嵩，蒋建峰. 我国现代学徒制研究现状综述［J］. 苏州市职业大学学报，2020，31（1）：72-76.

［144］张运嵩，肖荣. 现代学徒制：构建以学生为圆心的"命运共同体"——基于利益相关者视角［J］. 高等职业教育探索 2020，19（01）：79-85.

［145］张志平. 企业参与现代学徒制的制度困境与纾解路径［J］. 教育与职业，2018（4）：12-18.

［146］赵鹏飞. 现代学徒制人才培养的实践与认识［J］. 中国职业技术教育，2014（21）：150-154.

［147］赵志群、陈俊兰. 我国职业教育学徒制——历史、现状与展望［J］. 中国职业技术教育，2013（18）：9-13.

［148］郑荣弈. 我国学徒制的历史演变与改革方向［J］. 当代职业教育，2017（3）：30-33.

［149］周丹. 战略人才管理系统构型、匹配和演化研究［D］. 湖北：中南财经政法大学，2018.

［150］周红利. 德国企业参与职业教育的动因研究［J］. 全国商情，2010（5）：29-30/35.

［151］朱厚望. 产教融合、校企合作视域下高职专业结构调整研究与实践［J］. 中国职业技术教育，2014（26）：57-61.

［152］庄力群. 技术的思想方法［M］. 厦门：厦门大学出版社，2013.